Matalauê está me chamando

Matalauê está me chamando

Romance

Vera Moll

alameda

Grafia atualizada segundo o Acordo Ortográfico da Língua Portuguesa de 1990, que entrou em vigor no Brasil em 2009.

Edição: Haroldo Ceravolo Sereza
Editora assistente: Danielly de Jesus Teles
Projeto gráfico e diagramação: Airton Felix Silva Souza
Capa: Danielly de Jesus Teles
Assistente acadêmica: Bruna Marques
Revisão: Alexandra Collontini
Imagens de capa: *Puri na choça*, Maximiliano, Príncipe de Wied Neuwied. In: *Viagem ao Brasil*, Companhia Nacional, gravada por Seyffer e Rist. Stuttgard

Sindicato Nacional dos Editores De Livros, RJ

M738m

Moll, Vera
Matalauê está me chamando / Vera Moll. - 1. ed. - São Paulo : Alameda, 2019.
336 p. ; 23 cm.
Inclui bibliografia
ISBN 978-85-7939-604-5

1. Romance brasileiro. I. Título.

19-55415 CDD: 82-31(81)

ALAMEDA CASA EDITORIAL
Rua Treze de Maio, 353 – Bela Vista
CEP: 01327-000 – São Paulo, SP
Tel.: (11) 3012-2403
www.alamedaeditorial.com.br

Para aqueles que me inspiraram na aventura de escrever este livro:

Matalauê Pataxó
Darci Tupã Guarani
Marcos, filho de tia Nair e tio Moreno
Rosita, amiga e professora de literatura

Para Rubens, companheiro de toda uma vida

Para aqueles que são meus amores e esperança em um futuro distante:

João
Catarina
Diogo
Mateus
Pedro
Rafaela
Felipe
Lucas Gabriel

Sumário

O que me provocou verdadeiro espanto foi o fato de a História do Brasil começar, em quase todos os manuais, em 1500, porque isso não corresponde, de todo, a uma verdade histórica. Os índios estavam aqui antes de os portugueses chegarem. Isso é um fato. A História do Brasil começa pelo menos há 11 mil anos.

O GLOBO, "Conte algo que não sei", Jorge Couto, historiador. Brasilianista português, 5/7/2016

Os índios do Brasil conheciam a natureza melhor do que nós a conhecemos.

Svetlana Aleksiévitch. 7/2016. Paraty

Prefácio

Márcia Denser

Matalauê está me chamando, romance-depoimento que pesquisa a saga dos índios brasileiros da carioca Vera Moll, representa uma verdadeira aventura literária, tanto por parte de quem o escreveu – o grande desafio narrativo da autora – como por parte do leitor que a partir deste momento está convidado a ingressar nesta expedição pelas mãos seguras e emocionadas da autora, que funcionarão como guias por tais territórios, vidas, vivências, lendas, relatos seculares, obras antigas, figuras históricas do passado e presente, praticamente desconhecidos de nós.

Mas não devia ser assim, uma vez que os nativos do continente estão na formação do povo brasileiro, enriquecendo-nos com suas línguas, costumes, nomes, comidas, objetos, artesanato, lugares, mas que a partir deste *Matalauê* ganharão um sentido novo, mais íntimo, pois é assim que Vera vai nos guiar pelos assombros e obsessões que a impeliram em dois planos: o externo, pelo texto apaixonado da *Outra Carta 500 Anos Depois,* lida na televisão pelo índio Matalauê, denunciando o extermínio e nossa responsabilidade e cumplicidade como brasileiros perante tal situação; e o interno: por ser ela própria descendente da personagem que ela chama Irene, "uma índia pega a laço".

O dialogismo de Vera Moll é o recurso narrativo, o fenômeno estético por excelência deste romance-pesquisa que nos fará conhecer profundamente um a um de seus personagens – reais ou imaginários: um Pedro Álvares Cabral jovem e fogoso, a sensual índia Jaciá, o guerreiro Kirimã; Jorge, o pajé amigo, ou Antonio Overa, o índio erudito, os guias da autora na materialidade do presente no Rio de Janeiro, nos fazendo percorrer aldeias e vilarejos indígenas, discutindo o choque de culturas, as adaptações bem e mal sucedidas, a ameaça permanente de expulsão, suas profundas contradições e armadilhas; Irene, a trisavó da autora, a tal índia pega a laço, a quem Moll presentificará, dando voz e vida.

Sem contar os relatos e as sagas de cientistas, expedicionários, aventureiros, desbravadores, personagens profundamente envolvidos com os índios para o bem e para o mal, alguns pouco conhecidos do grande público, como o inglês Anthony Knivet, Jean de Léry, André Thevet, Auguste de Saint-Hilarie, Von Martius, Spix, Rugendas, Maximilian Wied Neuwied, o português Pero de Campo Tourinho e o General Couto de Magalhães. Sem contar Pierre Clastres e o etnocídio, o papel sangrento dos Bandeirantes, a outra face da moeda que nos vendem eternamente luminosa.

Embora muitas vezes imaginemos o contrário, alguns grupos indígenas resistiram aos brancos durante séculos, bravamente, encarniçadamente. Sobre tudo isto e muito mais dará testemunho este *Matalauê,* mas – o mais importante – permitirá que os próprios índios façam sua defesa, eis a grande contribuição literária de Vera Moll: trazer à vida àqueles eternamente mortos e silenciados.

Márcia Denser

Apresentação

No fim da década de 90, início do século XXI, comecei a escrever sobre os habitantes nativos desta terra, os índios. A data é significativa, com ela adentrávamos em outra era, e nela a questão indígena se tornaria tema relevante a exigir a atenção do país e do mundo para genocídio levado a feito na América e a busca por visibilidade de homens esquecidos, agora em luta pública e política pela homologação de suas terras e reservas.

A primeira história que coloquei no papel nasceu do projeto de me guiar pelas narrativas inscritas no imaginário brasileiro. Nela reconstruo o encontro dos índios Tupiniquim com a frota de Pedro Álvares Cabral. A seguir, viria a expedição de Tomé de Souza trazendo colonos, soldados e jesuítas, entre os últimos, Manoel da Nóbrega. Mas a história que com tinta mais forte se inscreveu no nosso imaginário foi a do bispo Sardinha, devorado pelos índios Caeté, que seriam, portanto, antropófagos.

Tão logo escrevo, tão logo vou descobrindo o equívoco, os europeus chegam como invasores em nome de impérios criados a partir do ciclo das grandes navegações. Seus propósitos são abençoados e legitimados pela Igreja, cujo maior representando no Brasil, o bispo Sardinha, segundo o testemunho de Manoel da Nóbrega, não acreditava sequer que os índios fossem ovelhas do seu rebanho. Percebo que não posso, portanto, me deixar conduzir por histórias narradas a partir das façanhas dos conquistadores.

A versão oficial foi contada pelos vencedores, mas, por mais enganadoras que fossem, elas têm um papel originário, submersas nos vãos da memória, encontram uma brecha para emergir como deflagradoras da escrita. Não têm, no entanto, força para sustentar um projeto literário. Eu poderia ter desconstruído a história oficial, é verdade, mas não seria essa a intenção das musas e de uma poderosa força interior que, para o bem ou para o mal, dirigem a mão da romancista.

Meu trabalho agora tinha um propósito, do qual eu não mais me afastaria, os protagonistas seriam os habitantes nativos da terra, os índios. Nas leituras feitas eu havia descoberto um personagem mitológico, Zumé, Zomé ou Sumé, que os indígenas afirmam ser seu grande caraíba, ele é o homem da palavra, um profeta, e, dizem, foi ele que lhes ensinou o uso do fogo, a cultivar e utilizar a mandioca, o milho, o mate; antes dele, alimentavam-se de ervas e raízes. Muitos dos cronistas que aqui estiveram já no século XVI nos falam deste mito, e novamente parto da descrição com que Manoel da Nóbrega o apresenta. Em carta de agosto de 1549, ele não titubeia em informar aos padres e irmãos em Coimbra: "Dizem eles que São Tomé, a quem chamam Zomé, passou por aqui, isso lhes vem dito por seus antepassados, e que pegadas dele estão assinaladas à beira de um rio." Nas palavras de Nóbrega, ele ia fugindo dos índios que o queriam flechar, mas que o rio se abriu e São Tomé passou para outra margem sem se molhar, e dali foi para a Índia.

Assim como larguei no papel, inconclusa, uma primeira tentativa de construir o romance, fui obrigada a abrir mão de fazer de Zumé um personagem. Os colonizadores europeus são súditos de uma ideologia de superioridade étnica que fundamenta suas pretensões imperialistas, na qual se insere a apropriação pelos jesuítas da lenda de Zumé. Dito sem misericórdia, seria ao lado deles que eu me colocaria.

Eu poderia desconstruir essa versão e recriar a mística sul-americana tupi Guarani que sustentava a trajetória de Zumé, mas, na ficção, embora, possa se pensar o contrário, não manejamos os cordéis ao nosso querer, seguimos por atalhos e veredas onde das trevas nasce um alvorecer de luzes. Um caminho se abriu quando uma aldeia Guarani se instalou em Niterói e, indo ao encontro de meus desejos, ofereceu uma oficina de língua e cultura Guarani. Uma vez por semana, segui o curso durante vários meses. Premiando meu esforço e teimosia, as musas se abrandaram e se colocaram a meu favor. Embasada nessa experiência, criei um personagem, o Jorge. Eu precisava, no entanto, de um roteiro que desse sequência ao texto, um bom gancho foi a lenda que havia em minha família de que a avó de meu avô paterno era uma índia que fora pega a laço, imagem que constrói grande parte da gênese das famílias brasileiras. Para criar meu personagem, viajei em companhia dos naturalistas europeus que aqui estiveram no século XIX, no trajeto descobri que a cidade de São Fidélis, de onde meu avô emigrou, foi fundada como uma aldeia indígena por frades capuchinhos italianos em 1776. Os índios que viviam nessa aldeia eram considerados civilizados, isto é, batizados, mas, na selva que circunda a outra margem do Rio Paraíba vivia uma tribo de índios semicivilizados, os Puri. Para recriar essa trisavó, a quem dei o nome de Irene, tento refazer esse caminho e desfazer o laço com o qual ela foi capturada.

E, por fim, atormentada pelas musas e os demônios interiores que precedem a minha escrita, recuperei a primeira história, aquela que recria o momento em que a frota de Cabral desembarca em Porto Seguro e se defronta com os donos da terra, os índios Tupiniquim. Fiquei obcecada pela ideia de que, para unir as diversas tramas que eu havia colocado no papel, tinha de voltar ao início, pois acredito que onde está o começo está também o fim. O ato, porém, que inaugura e legitima essa narrativa se deu por ocasião da festa dos 500 anos que comemorava o início da nossa história com "a descoberta do Brasil". Revoltado, Matalauê, um índio brasileiro, leu em frente às câmeras de TV um manifesto, suas palavras "acordaram meu coração" e, a partir daí, em anos e anos de dedicação e trabalho, intentei, se com acerto ou não, colocar no papel outra versão da História do Brasil, tendo os índios como protagonistas, com os quais dialogo ao longo do livro.

A Outra Carta, 500 Anos Depois

Impediram a nossa marcha com um pelotão de choque,
tiros e bombas de gás.
Com o nosso sangue, comemoram mais uma vez o descobrimento.

Matalauê, 27 de abril de 2000

Imagem: *Paisagem na mata virgem.* Johann Moritz Rugendas, 1830.

"Hoje, é esse dia que podia ser um dia de alegria para todos nós", com estas palavras um índio Pataxó da Bahia chamado Matalauê inicia a carta que endereça ao povo brasileiro por ocasião da comemoração dos 500 anos. Os Pataxó e os Aimoré e todos os povos que mais tarde foram genericamente tratados por Botocudo, eram considerados desde o século XVI os mais resistentes e hostis à colonização portuguesa

Como todos os outros índios brasileiros, Matalauê ficou fora da festa dos 500 anos. Planejaram uma festa do descobrimento sem os índios, seria festa de branco para homenagear aqueles que nos trouxeram os ventos da civilização e a doutrina cristã e, nos lembramos bem, a festa do sociólogo fracassou, um evento esquálido, que frustrou o povo. A caravela, feita especialmente para a ocasião, não navegou por erro de execução ou de projeto, foi um fiasco. Caso houvesse um diálogo com a sociedade brasileira, talvez alguém tivesse sugerido, entre outras coisas, uma encenação da carta de Caminha e, se a sugestão tivesse sido acolhida, haveria de ser soberbo o espetáculo do encontro de duas forças que dali pra frente haveriam de se confrontar. Há um momento em que nosso primeiro escrivão, Pero Vez de Caminha, fala que seriam 400 a 450 índios na praia; os nativos, bonitos, corpos sarados, recepcionariam uma grande esquadra, que trazia homens metidos em lã grosseira, outros em túnicas de seda bordada. Não vamos nos estender em comparações porque, como o evangelho nos ensinou, nem Salomão em toda a sua glória se vestiu como os lírios do campo. Em seguida, os portugueses fabricariam a cruz, os índios descobririam o machado de ferro e com ele ajudariam a cortar a madeira com que os visitantes abasteceriam a sua frota. A primeira missa seria rezada, os índios compreendendo se tratar de coisa sagrada, muitos, em sinal de respeito, se ajoelhariam, embora os recém-chegados os tenham visto como presas fáceis de suas verdades absolutas. Seria refeita a cena onde índios e portugueses se encontraram na primeira hora de um tempo que, para os inocentes, seria de perdição.

Os índios não foram convidados para os festejos e reagiram à provocação do governo brasileiro. Revoltados, organizaram um encontro nacional de populações indígenas, seu propósito era fazer uma manifestação que atestasse que eles estavam ali, vivos, e eram cidadãos brasileiros que não podiam ser ignorados ou suprimidos. O governo, percebendo a dimensão que teria semelhante marcha, cercou Coroa Vermelha, onde todos estavam acampados, ninguém podia sair ou entrar, durante dois ou três dias helicópteros sobrevoaram constantemente a aldeia, e a Marinha foi chamada para fiscalizar o mar.

Filho de bravos que era, Matalauê não se intimidou, escreveu uma carta dirigida ao povo brasileiro, e diante das câmeras, proclamou:

> — Vocês estão dentro da nossa casa. Estão dentro daquilo que é o coração do nosso povo, que é a terra, onde todos vocês estão pisando. Esta terra nos pertence.

> Quinhentos anos de sofrimento, de massacre, de exclusão, de preconceito, de exploração, de extermínio de nossos parentes, aculturamento, estupro de nossas mulheres, devastação de nossas terras, de nossas matas, que nos tomaram com a invasão.
>
> Hoje querem afirmar a qualquer custo a mentira do descobrimento.

Matalauê solta o grito que tem preso no peito, não é o grito de um homem ou de um índio, é o grito de um povo. Que Matalauê libere o grito que quase não o deixa respirar, não precisa ser explicado, ele se explica por si mesmo, mas, por que, eu me pergunto, esse grito ecoa dentro de mim, o que faz com que eu o ouça?

Tornei-me cativa de suas palavras e de sua figura heroica, desde então tenho sido arrastada por elas. Somente quando o vi denunciando a injustiça imemorial de que eles foram e continuam sendo vítimas tomei consciência de que os índios tinham sobrevivido e eram parte da grande nação brasileira, foi um flash, um momento, uma imagem na tela, uma fala que sai do coração e me fulmina, a força de suas palavras e de seus gestos me arrastam, em segundos, faz o cego enxergar, sim, eu estava cega, pensava, ah, os índios, eles foram dizimados, são parte de um folclore bonito e colorido que podemos exibir em dias de festa, não sabia de sua existência real, de que eles tinham resistido, estavam vivos, estavam vindo, crescendo em força e número e exigiam a terra que era deles dentro do solo brasileiro.

Foi uma experiência fulminante, desde então sou arrastada pelo guerreiro que se instalou no meu peito, e exige minha participação e minha luta. Essa é uma das respostas que procuro para o caminho que foi sendo traçado à margem e a minha revelia, os índios que eu conhecia e pretendia retratar eram figuras que recortava dos livros, eu nunca os tinha visto e, se não tinha visto, não foi por cegueira, eles tinham se tornado invisíveis. Matalauê abriu meus olhos, meu caminho passava pelo caminho do guerreiro que erguia os braços, sua altivez me despertava e, se estava perdida, me achei, eu os vi, eram homens de carne e osso, existiam e eram protagonistas da história do Brasil.

Matalauê está me chamando, mas ele também está sendo chamado.

Ser índio significa ouvir a voz dos ancestrais e se pôr a caminho.

Jaciá e Kirimã

Eram todos pardos, todos nus,
sem coisa alguma que lhes cobrisse suas vergonhas.
Nas mãos traziam arcos com suas setas.
Vinham todos rijamente sobre o batel
e Nicolau Coelho lhes fez sinal que pousassem os arcos.
E eles os pousaram.

Carta de Pero Vaz de Caminha

Imagem: *Esquadra portuguesa,* Litografia de autoria de José Ferrer do Couto para a obra *Historia de la Marina Real española,* 1849.

Cabral em Vera Cruz

Quando Pedro Álvares Cabral desembarcou em Porto Seguro, ficou abismado de encontrar homens que viviam nus, banhando-se no mar ou no rio quatro ou cinco vezes ao dia, sempre a brincar e refrescar-se e, para sua decepção, não acumulavam nem possuíam riquezas e tudo que tinham eram penas e pedras para adornar o corpo. Frei Henrique e outros bem pensantes homens da esquadra disseram que estes índios eram pagãos e viviam na ignorância das leis humanas e divinas. Preciso era salvá-los para a vida eterna em Cristo. Mas o espírito do capitão da esquadra, inquiridor e meditativo, logo se inquietou, sim, são pagãos, mas Jesus nos fala no Evangelho das aves do céu que não semeiam nem colhem nem juntam alimentos no paiol e, no entanto, diz o Mestre, "o Pai de vocês que está no céu, lhes dá o alimento".

Depois de dois meses no mar em companhia de homens barbudos e fedidos, a lembrança da índia nua, que ele viu de relance na praia, dominava a mente do comandante, nem conseguia sossego para dormir o nosso homem e, ainda que as raparigas de sua terra possuam grande formosura, a mais primorosa delas não é superior em beleza à visão que agora o atormenta e tira o sono. Cabral era homem de grande vigor físico e intelectual, repara que os índios que aqui encontra vivem como Adão e Eva no paraíso, precisa entender o que está acontecendo e sabe que não pode questionar os desígnios de Deus Nosso Senhor; abre, então, a Bíblia Sagrada, a ver se não comete algum engano, sim, está escrito no *Gênesis* exatamente como lhe ensinou a Santa Igreja Católica Apostólica Romana, depois de criar o universo, do barro Deus modela o homem e com um sopro nas narinas lhe insufla a vida. E, da costela de Adão, ele cria a mulher e lhe dá como companheira. Está, desde os princípios dos tempos, determinado pelo Senhor Nosso Pai que não podemos viver metidos só no meio de homens, precisamos de uma mulher ao nosso lado e daí resulta o meu grande sofrimento que é viver, tão longo tempo, contrário ao plano divino.

Mas isto também são digressões no pensamento do navegador que, por causa da falta que sente da presença feminina, começa a ter alucinações. É outra a linha que segue seu pensamento, a ela torna Cabral, o Senhor Caminha diz que estes índios são pagãos e que é preciso cristianizá-los. Mas, se eles estão nus e não se envergonham, que havemos de pensar? Que estes homens não pecaram e não foram expulsos do paraíso? Que não comeram da árvore proibida? Não trazem eles na alma a marca do pecado original? Jeová colocou Adão e Eva no paraíso e lhes interditou os frutos da árvore do bem e do mal, mas a serpente tenta Eva e ela toma deles e come e os dá a seu marido que também deles come. Depois de comido o fruto, quando Jeová procura por Adão, este se esconde, pela primeira vez, envergonhado da sua nudez. Perdida a inocência, são expulsos do paraíso.

Os sentimentos de Cabral a respeito das mulheres eram sempre dramáticos, devemos acautelar-nos delas, para nós elas representam a tentação, mas não posso viver só como tenho vivido, não foi esse o plano do Senhor que a fez e quis como nossa companheira, sou, no entanto, uma criatura desgraçada que nelas só vê o pecado e a luxúria, e, por não ter uma ao meu lado, tantas e tantas vezes tenho sido vítima das garras do Satanás.

O capitão da Esquadra cá esteve por uma semana e pouco viu, e o que a seus olhos foi dado ver muita confusão traz-lhe a mente. Estes índios não comem o pão com o suor do rosto, antes, como Adão e Eva no paraíso, recebem da natureza o alimento, da terra eles tiram as raízes e delas se nutrem, o mar lhes dá os peixes, e eles não criam rebanhos, por que foram estes homens poupados do sofrimento? Que é que posso pensar em minha ínfima ignorância? São estes homens completamente inocentes ou pagãos, a quem é preciso levar a palavra de Cristo, como pensa Frei Henrique e o Senhor Caminha?

Com ninguém fala das dúvidas que o atormentam, não quer ser acusado de heresia, em tal caso, Deus livre e guarde, seria metido em uma masmorra e, na melhor das hipóteses, deportado para o fim do mundo, que ninguém, pois, suspeite que tenho essa ordem de pensamentos, mas não posso evitar que eles povoem a minha mente como não posso evitar desejar as mulheres, mas com o coração posso afastar de mim a tentação e com meus lábios proferir preces de louvor a Nosso Senhor. Da minha boca não saíra palavra que escandalizasse meus irmãos, tenho certeza que do Senhor receberei, quando digno for, o esclarecimento. Adormece rezando e suplicando que a misericórdia divina venha socorrê-lo.

Quando de novo o Sol se ergue no céu, Cabral preparou uma comitiva de reconhecimento com os melhores homens de sua armada. Todos carregavam espadas e facas, alguns portavam arma de fogo para com elas intimidar os gentios. Andavam eles pelas extensas e ermas praias, um deles fala e os outros confirmam, a imagem que o sítio traz é a do paraíso onde quis Jeová colocar Adão e Eva. E o que dizer desta temperatura amena que não aflige nem sacrifica o corpo?! Sopra a brisa e, eles não sabiam, mas sabemos nós que, sem seus benéficos efeitos, a roupa que trazem no corpo tornar-se-ia desagradável.

Enquanto os companheiros folgavam em rir e conversar, a questão continuava afligindo o espírito de Cabral, a Bíblia não nos fala de homens que não pecaram, por que foram estes índios poupados e a nós imputado o pecado original? Em seu coração, Pedro faz preces, preserve o Senhor a minha fé e não permita que minha alma se perca por causa das heresias e se, antes, tiver mesmo que pecar, que o seja pela tentação do corpo, fosse o bom Deus castigar os homens pelo pecado da luxúria já não havia cristão no mundo, falta que não os afligia grandemente porque, entre todas, é a que os confessores perdoam com mais brandura, basta que se diga o penitente arrependido e que reze alguns pai-nossos e breves ave-marias. Na praia, os homens, revigorados e livres, tiravam botas e sandálias, andavam com pés mergulhados em águas mansas e mornas, como a areia os convidava ao descanso, sentaram-se, tendo a mente distraída.

Em Cabral, cavalheiro da mais alta estirpe, o raciocínio alia-se à imaginação. Estes homens, que vivem nus e livres, apresentam belas cores e são esguios e bonitos de corpo, e que falar da mulher, aquela que meus olhos viram, meu Deus, por causa de uma mulher pode o homem perder-se; por instante, pensa, poderia ficar aqui e construir um novo mundo, ele sorri diante de tão absurda fantasia, é, até poderia ser!

Os homens passeiam contentes, esquecidos de dores e penas, uma gargalhada se ouve, ninguém se espanta com tão bom rir, todos contagiados pelo clima de alegria e folgar, mas eis que um deles avista no mato o pé de uma fruta que já dela receberam dos índios mais de um cesto em troca de pentes, agulhas e um machado. É comestível e, creio eu, se trate da nossa pitanga. Interrompem o passeio e olham cobiçosos as árvores frutíferas que, vistas à distância, parecem numerosas.

Cabral segue com seus pensamentos, se estes índios, que vivem do que lhes dá a natureza, estão bem dispostos e gozando de excelente saúde, preciso é observá-los, tirando deste convívio algum proveito, por exemplo, se eles tanto se banham na água do oceano, possível é que ela tenha efeitos curativos e medicinais. Veja só, da minha nau talvez seja dos poucos que não traz chagas ao corpo, mas, tirante estes bichinhos que se agarram como praga ao cabelo, desde que aqui desembarcamos todas as feridas que nossos homens trazem na pele estão a secar.

Após alguns minutos, não resta na praia nenhum indeciso, todos seguiram o Senhor Caminha em direção às frutinhas pequenas e vermelhas e dali vão tomar os barcos em busca dos palmitos, foi essa a intenção que manifestaram. O pensamento de Cabral gira obsessivo, se esses homens se banham várias vezes ao dia nas tantas águas que os cercam, é possível que assim queira Deus que nos façamos delas o mesmo proveito.

Cabral está sozinho diante do mar, entregue à ideia que o domina. E do pensamento logo passa à ação, longe das vistas de seus companheiros, desfaz-se das roupas que vai estendendo na areia branca e fria. Estarei eu folgando nestas águas brandas enquanto eles distraem-se com as frutas e, em ambos os casos, só fazemos uso daquilo que a natureza, criada pelo Bom Deus, coloca ao nosso alcance.

A água, de início fria, torna-se, em poucos segundos, tépida. Embalado pelas águas mornas, ele esquece os problemas passados e não pensa no que os aguardam no futuro. Os homens, distraídos com as frutinhas e raízes, são capazes de ali passar a manhã, enquanto Cabral se deleita no mar. De repente, ele se assusta, de pé, diante de suas roupas, vê a mulher nua.

Jaciá, guerreira

Jaciá é mulher de Kirimã, o mais nobre e corajoso guerreiro da tribo. Jovem e bonita, suas pernas bem torneadas; são, há um tempo, esguias e fortes, os quadris estendem-se em curvas suaves e tentadoras, e, se a vista percorresse tal corpo, ia dar com seios tenros e firmes que sugeriam fruta ainda no pé. A pele tem a textura aveludada da flor, suas feições como que esculpidas a mão.

Assim é Jaciá, superior a todas as outras em formosura. Kirimã, ainda curumim, querendo-a por sua prometida, convencera o pai a tratar o casamento. A simples visão da menina o enternecia e, desde então, ele não concebe o mundo sem o consolo de sua beleza e a majestade natural da sua pessoa.

Que outras qualidades possui Jaciá que sejam dignas de nota? Além da beleza, que salta aos olhos de todos, ela possui leveza. E o que é a leveza, meu Deus?! E como se pode falar dela? Seu espírito distraído e cordato, como uma criança que é bem guardada por seus pais, se dá conta do lado amável das coisas e das pessoas e percorre o pequeno mundo que a circunda com pés firmes, ligeiros e destemidos. E essa leveza alivia o pesar que cobre o coração do guerreiro, ele vive em sobressaltos, sempre adivinhando a emboscada do inimigo, a presença do jaguar ou a cobra no calcanhar. A leveza de Jaciá penetra em sua alma como bálsamo que cura a desconfiança do guerreiro e preenche a brecha que se abre com frequência no espírito inquieto de Kirimã.

Jaciá nada bem, destemida, mergulha no fundo dos rios e sempre surge à tona trazendo alguma riqueza que acaso ali se escondesse. E, além dessa destreza, que mais faz ela bem? Torneia o barro para as vasilhas; uma vez prontas, as pinta com um talento desconhecido na tribo.

Mas Jaciá não dera filhos ao guerreiro e ele nem tinha mais notícias de quantas luas se passaram desde o casamento, e o ventre dela nunca crescera, envergonhando-o. Ela não é como as outras mulheres que encontram prazer em preparar alimentos e bebidas e servi-las ao marido até quando ele desejasse e se fartasse. Antes gosta de pescar, e nesta tarefa o índio permite a companhia da mulher, onde a destreza de um completa a do outro. No rio, logo que o olho de Kirimã localiza o peixe, sua flecha de imediato o atinge; uma vez ferido, o peixe muitas vezes se esconde no fundo e como o índio não gosta de mergulhos profundos e demorados, é Jaciá quem mergulha e volta à flor d'água trazendo-lhe a presa. Com a mulher por perto, não se dão conta os outros do mal-estar que ele sente quanto tem a cabeça debaixo d'água.

Como trouxessem sempre de volta à aldeia muitos peixes, caças e frutas, Maíra, mãe de Kirimã, os prepara e serve ao jovem casal, como se eles ainda fossem seus pequenos curumins. Sendo a sogra mulher de muito bom trato, as coisas até então tinham se acomodado, com Jaciá descuidando do preparo da bebida, da comida e do bem servir ao marido.

Mas um dia, Kirimã separa uma nova acomodação dentro da cabana, quer o canto direito livre. Jaciá não perguntou, mas soube que coisa boa não resultaria dali. Ele esperou que a lua completasse o ciclo, quando teve certeza que o útero da mulher permanecia estéril, trouxe outra índia para morar com ele.

Outra teria se alegrado, a posse de muitas mulheres traz prestígio e honra para o marido, Kirimã começa a demonstrar quanta força possui, e muito em breve poderia se tornar o chefe da tribo, e conseguir mais duas ou três mulheres. Jaciá engoliu em seco, o encanto se perdera, no amor e no sexo sempre fora o desejo dela que guiara o do homem e não o contrário, ela o atrai para os ermos, muito frequentemente, para a mata que se fechava em torno do córrego e ele lhe seguia o rastro, embora Kirimã presumisse que a surpreendia no esconderijo.

Breve ele sentiria falta da mulher sentada em seu colo com as pernas enganchadas nos seus quadris. Ofendida, Jaciá haveria de lhe negar o calor do seu corpo e Kirimã não era homem de impor ou suplicar. O ventre da índia nova também não enrijeceu, e o guerreiro, embora lamentasse o engano, não pôde durante o verão luminoso e ensolarado, ter de volta o consentimento de Jaciá.

Foi nesta disposição de espírito que ela viu o homem branco mergulhar no mar, deixando na areia as roupas estendidas.

Jaciá agora divide o marido com outra índia instalada na cabana, no canto oposto ao seu. Por causa de tal abuso, ela perdeu o apetite e permanecia inerte na rede; não tem forças nem vontade de fazer coisa alguma a não ser ficar quieta, esperando que o tempo venha curá-la da tristeza que invadiu seu coração. As mulheres se dividiam: umas se aborrecem com tão mau feitio, outras riem e, compadecidas, levam-lhe alimento.

A mãe é taxativa, ele tem direito. Para aborrecê-la, pensa Jaciá, melhor que a mãe a deixasse em paz, o que os homens podem ou não fazer a ela interessa pouco, traição é coisa de cobra. Maíra, mãe de Kirimã, por conhecer a natureza delicada da jovem, teme as consequências que possam advir do ato mal pensado do filho, temerosa, consulta o maracá, que confirma suas suspeitas, por vontade de Tupã, a semente de Kirimã não haverá de crescer em ventre de mulher.

Jaciá, por sua beleza, encantos e habilidades, honra à família do marido que tudo pôs a perder por nada. As coisas hão de ajeitar-se, logo Kirimã se enjoa da índia nova e, num piscar de olhos, vai dela fazer prenda a outro homem, mas Jaciá repete para a sogra o que já disse à mãe, traição é coisa de cobra.

O tempo, que tudo cura, traz o consolo ao coração da jovem: ela não esquece a ofensa, mas retoma a vida costumeira. Não permite, no entanto, que o marido se aproxime dela, Kirimã, por mais que tente, não consegue atraí-la para o sítio onde tinham seus encontros reservados. Vieram as chuvas, foram três luas de água, depois a canícula. Os dias luminosos e longos chegavam ao fim. Então o futuro veio. Era sabido que eles haveriam de vir, os homens brancos. O coração da jovem sofre muito alvoroço e ela, atingida pela magnitude do fato, sem se dar conta, recupera a leveza. E, na manhã ensolarada e fresca, Jaciá acorda esquecida da traição, conhece então que é chegado o momento de entregar-se novamente ao marido. Obedecendo à voz que fala do ventre, ela vai para o mar onde se banha, depois caminha por praias ermas na esperança de que Kirimã possa estar no seu encalço.

O encontro

Quiseram de outra forma os fados: nas águas do Paraná ela vê o homem branco. As roupas dele estão estendidas na areia, bem aos seus pés, Jaciá quer tocá-las, está fascinada pelo tecido, como é possível? Sim, os guerreiros estão aterrorizados, mas, vendo as roupas trabalhadas em ouro e prata, têm agora certeza, são deuses que vieram nos visitar, embora Kirimã guarde deles muita desconfiança e noite e dia os vigie, por isso perdeu a oportunidade de vir ter com ela.

Quando vê a mulher agachada diante de suas roupas, Cabral se apavora, pensa, ela vai se apossar delas, ficarei desprevenido e como vou aparecer nu diante dos meus homens? Está de tal maneira atrapalhado que não consegue agir rápido, muito menos raciocinar, grita, hei, as roupas são minhas, deixe-as estar aí. A índia se ergue assustada, sabe que o homem está zangado, sente medo, mas está fascinada pela túnica, quer se apossar dela. Cabral, refeito do susto, sai do mar protegendo o sexo com as mãos, ciente de que, nunca em sua vida, esteve numa situação tão embaraçosa.

Frente a frente, encontram-se o homem e a mulher. Movem-se em círculo tentando, cada um, abaixar-se para pegar o que está na areia; Cabral, diante do inevitável, solta os braços e deixa o corpo livre aos olhos da moça, ela, como é de se esperar, não se surpreende e Cabral fica vexado de atacar a índia, quer recuperar a roupa sem tocar na mulher, o demônio, porém, sopra-lhe alguma coisa no ouvido, sua atenção muda de foco e comovido diante da nudez feminina, não é mais senhor dos seus atos. Estende a mão e toca os seios da mulher.

A criança

Quando o menino nasce, Jaciá dá-lhe o nome de Coema, porque veio à luz em uma manhã ensolarada, segundo a vontade de Tupã. Logo se instala na tribo a desconfiança quanto à paternidade da criança, confabula-se, murmura-se, mas o menino cresce e desenvolve-se, até que, muitas luas à frente, a certeza torna-se verbo, ele é filho do homem branco. A beleza da mulher não a favorece, antes prejudica, ela é desejada pelos deuses, por causa disso o marido a repudia perante a tribo, ela, envergonhada, retorna à cabana de seus pais, onde passa a viver junto de seus irmãos e uma cunhada.

Maíra, mãe de Kirimã, a tem como filha e continua zelando pelo seu futuro, consulta o maracá e lhe diz: — Jaciá, é preciso que você continue a fazer as vontades de meu filho, no dia em que você se recusar a segui-lo, Tupã diz que o menino vai morrer. Sou uma mulher velha e sei o que acontece no coração dos homens, pois vou lhe dizer, eles olham para Coema e dizem, Caray, branco. Só não o matam porque sabem que Kirimã, apesar de tudo, a protege.

Jaciá, embora repudiada, deita-se com o guerreiro e a vida do menino segue protegida. Kirimã, quase como se fosse uma doença, enquanto for vivo não poderá prescindir da beleza de Jaciá, mas, como reflexo da estranha situação em que vivem, começa a enciumar da mulher, quer que ela volte a ser como antes, por que você não engancha mais as pernas em torno de mim, você perdeu o gosto, lhe diz em queixa. Logo, ameaçador, acrescenta, se eu descubro que você se deita com outro homem, ele será meu inimigo, mato você e ele. A essa questão seguem outras, até que ele finalmente chega ao ponto de partida, aquilo que ele não pode nunca suportar: por que você se deitou com o homem branco? Foi Anhangá quem entrou no seu corpo.

Ela então lhe conta, não, Kirimã, você está enganado, eu tinha saído a sua procura porque naquele dia me deu vontade de deitar de novo com você, então, caminhei pelas praias afastadas onde ninguém vai, pensando que poderia encontrá-lo, mas por vontade de Tupã, o homem branco saiu do mar e colocou o menino dentro de mim. Assim foi e assim sempre será.

À medida que o menino cresce, a semelhança com o pai se torna visível, distinguindo-o da tribo, e todos evitam sua companhia.
Kirimã diz a Jaciá, Coema é filho de Caray, os guerreiros agora têm certeza disso e querem matá-lo. Quando as lágrimas começam a descer pela face da mulher, o amante se cala. Ela conhece que a batalha está perdida, eles estão determinados a matar seu filho, é questão de hoje ou amanhã, e desde este dia não pôde mais ir ao encontro do homem que, na verdade, ela continuava honrando como se ainda fosse seu marido. Deste momento em diante, ela decide, não o será mais.

Ela e o filho agora vivem a maior parte do tempo na mata, acuados, e só retornam à aldeia cobertos pelas sombras da noite. Numa manhã, eles se atrasam, e quando o primeiro guerreiro avista o menino, grita Caray, e lhe atira uma pedra, as mulheres seguram Jaciá, o menino tenta fugir, mas está perdido, logo outros acodem e o cercam, as pedras começam a atingi-lo, tonteiam-no, o matador toma do tacape e dá-lhe uma pancada na nuca, os miolos voam pelos ares.

A tragédia

Fogo, Terra, Água e Ar são os elementos de que são feitas todas as coisas palpáveis. Quando ocorre grande desproporção entre eles, o equilíbrio se rompe e as tragédias, mais cedo ou mais tarde, ocorrem. Jaciá era feita de água e ar, sendo leve e flexível como o pássaro que corta os ares, enquanto o guerreiro Kirimã, quase inteiramente terra e fogo, possui força igual e semelhante aos animais ferozes. Como é sabido, a água corre nos leitos de terra, por isso Jaciá é atraída de maneira desmedida para Kirimã, atração mútua e perigosa, pois, como fogo, ele precisa do ar para nele se consumir.

Desgostosa, Jaciá caminha para o grande Paraná, onde costumava banhar-se, mas, como os deuses que precedem os oceanos ficassem inconformados com as lágrimas de sangue que viram escorrendo por sua face, formou-se à frente da índia uma grande onda e ela foi tragada e desapareceu entre as águas.

Kirimã, que não soube ou não pôde fazer a mulher feliz, não podia suportar o mundo sem a presença dela, eram dois destinos amarrados, diz o maracá para Maíra. Mas cansado das buscas infrutíferas, ele foge para o mato, onde é abatido pelo Jaguar, e seu espírito inquieto aprisionado nas matas possui e perturba desde então os homens que nela se perdem.

JORGE

Nhande ru papa tenonde
guere rã ombojera
Pytũ yma gui

Pensamento metafísico religioso sobre a criação do mundo segundo a tradição oral Guarani.

Antes que existisse o sol
Ele existia pelo reflexo de seu próprio coração
E fazia-se servir de sol
dentro de sua própria divindade.

Literatura Guarani Mbyá

Imagem: Representação gráfica da figura do colibri nas linhas de Nazca.

A voz de Tupã

Os tambores estão tocando, rufam como homens desesperados, são mãos frenéticas que batem furiosas, é a floresta que está uivando, tanta é a força que racha os troncos das árvores, ruge como furacão, vence o tempo, vence o espaço, caminha à velocidade da luz, me alcança, ouço, é a voz de Tupã que está chamando, é um guerreiro que convoca seu povo para a guerra.

O tambor se cala, faz silêncio na mata, por que se cala se é tão forte tão possante, a lua desponta atrás da montanha, ouço uma flauta, a música vem tão de longe, tão sussurrante, que me entorpece, tão suave me adormece, sonho, ele me leva para um passado tão distante que não posso reconhecer, caminho pela floresta, ouço a voz do vento, mas não sei quem sou, nem em que país estou.

A flauta se cala, acordo sozinha em uma noite traiçoeira, o firmamento está cheio de estrelas, de que me queixo se a lua ainda ilumina a alma dos homens, cadê a flauta que me adormece e faz sonhar, por mais que apure os ouvidos, procure os ermos e os silêncios, não ouço nenhuma melodia, espero o amanhecer, sei que ele vai me trazer a resposta que procuro. Quando o dia raiar de novo, vou ouvir a voz do maracá.

Aproximações à Matalauê: encontrando Lúcia

Conheci Lúcia em um lançamento de livro, a amiga que nos apresentou disse: ela é antropóloga, quanto a mim, disse, Vera é escritora, está escrevendo um livro sobre os índios brasileiros. Em segundos, um retrato pouco lisonjeiro abate meu orgulho: que posso dizer sobre meu trabalho para a pessoa que acabo de conhecer, que pesquiso há muito anos e, por causa de um sonho, não produzi mais nada, escritora de um livro só, lamenta-se o editor, ele não disse desse jeito, mas foi como soou, ah, busco exemplo na mitologia grega, como Sísifo carrego a pedra até o alto da montanha, quando chego lá, exausta, ela me escapa das mãos e rola montanha abaixo, em um movimento que nunca cessa e não dá descanso.

Coloquei histórias no papel, mas a tentativa não deu certo, estou perdida, não que eu traga as mãos vazias por completo, ao lado de Matalauê perfilam agora Jaciá e Kirimã, mas as musas me sussurram aos ouvidos, à frente será preciso que se injete mais sangue no rastro da caneta para que a epopeia de seus heróis ganhe foros de verdade. Lúcia demonstra interesse, há luz em seus olhos, em que etnia você quer focar? Etnia? Não, houve um fato que me marcou, na festa dos 500 anos, você deve estar lembrada, um índio Pataxó da Bahia, Matalauê, fez um manifesto que foi transmitido pela TV, afirmando que essa terra onde estamos pisando lhes pertence.

Ele tocou em um sentimento latente que mexe com os brios do país. Nós pensamos: isso é passado, a terra é de todos nós, os brasileiros, mas a dívida permanece viva e está sendo cobrada, não posso esquecer seu braço levantado e as suas palavras desafiadoras, "Hoje querem afirmar a qualquer custo a mentira do descobrimento", eis o problema, quero escrever um livro que abarque os 500 anos a partir da chegada dos europeus.

Ela me adverte, seria mais fácil se você escolhesse um acontecimento ou um personagem e, a partir dele, construísse sua história. Não é só isso, pesquiso há anos, mas meu conhecimento é teórico, não é suficiente para construir o romance, de tudo que escrevi, só guardei a história de Jaciá e Kirimã, que é, na verdade, uma fabulação com raízes no inconsciente e no imaginário. Quero, agora, conhecer os índios, índios de verdade, quero dar um passo além dos livros, quero ir para uma aldeia, ver como eles vivem, sentir como é a realidade da vida na tribo, em Paraty tem três aldeias Guarani, gostaria de visitar uma delas.

Como num passe de mágica, a pessoa que acabo de conhecer traz a resposta que aguardo: na Universidade, existe um núcleo de pesquisa sobre os Guarani, eles têm contato permanente com essas aldeias, eu conheço a Verônica, se você quiser, posso falar com ela, posso pedir que ela nos leve lá. Antes de sair da livraria, percorremos as estantes, *As lanças do crepúsculo* de Philippe Descola chamou minha atenção, na lombada estava escrito *Relações Jivaro na Alta Amazônia,* Lúcia pegou *Tristes Trópicos* de Lévi Strauss, recomendou que eu levasse.

Por dois meses estive em companhia de leituras inspiradoras, esses homens haviam feito o caminho que eu pretendia percorrer, abandonaram o conforto de seus gabinetes de estudo e se meteram nas selvas americanas e, em mim, só fizeram exaltar o desejo que me possuía de abrir um novo caminho até a verdade. A espera me afligia, quando Lúcia retornaria com a resposta sobre a visita a uma aldeia Guarani, nesse tempo de inquietude, deu-se uma epifania, não foi apenas a fala de Matalauê que me despertara para a tragédia que atingira os homens que há milênios viviam em terras americanas, havia uma gênese anterior tumultuando meus sentimentos.

Eu me criei em uma fazenda, nos seus terreiros descobri a magia do luar e a amplidão de um céu estrelado, o lugar onde nasci não era um pequeno e estreito rincão de terra coberto de verdes, o universo ali se descortinava aos meus olhos de menina, a luz vivificante do sol abrasava meu peito e incendiava tudo que existia ao meu redor, nele eu podia tocar o umbigo do mundo, precisava adentrar nos matos e voltar aos córregos da minha infância, diante da garota se erguia soberana a horta que mamãe cultivava com capricho, cheguei a subir a serra para o encerramento da festa do Divino, aquela terra nos confins do mundo estava repleta de espíritos que atestavam a presença dos homens que há muitos séculos ou milênios viveram nela, deve ter demorado para que, no alto daquelas serras que um dia alcancei, alguém os encontrasse, nela vejo flechas céleres atingindo o flanco de pacas e cotias, mulheres nuas espalhadas pelas roças coletam frutas, verduras e raízes, vejo o pajé por horas debruçado sobre o mato colhendo ervas para as curas que devia realizar, antes de mim, em tempos imemoriais, os índios foram seus primitivos habitantes, foi dali que veio o primeiro chamado, aquele que atinge a alma e corre pelo sangue.

Não pude deixar de prestar atenção às palavras de Lúcia, ela não disse que Verônica poderia me levar até uma aldeia Guarani, posso pedir que ela nos leve lá, foi o que ela disse. Se o interesse dela fosse sincero e profundo como dera a entender, eu poderia esperar o retorno prometido, um dia o telefone toca, era ela, Verônica não está no Rio, foi convidada para dar uma série de palestras nos Estados Unidos. Estou ligando por outro motivo, o Pajé Sapain está no Rio, veio pra realizar uma cura, você não quer marcar uma consulta? Sem pensar um segundo, sem fazer perguntas, em uma decisão que veio direto do coração, respondi, claro que quero, liga logo para marcar.

Foi meu primeiro contato com os índios: Sapain pertence a uma aldeia Kamaiurá, vive no parque Nacional do Xingu, não foi difícil chegar a Rio das Pedras, bairro próximo da Barra. Ele estava hospedado com um amigo de Lúcia, arquiteto, em um sobrado com amplo jardim de onde se descortina uma bela vista.

Primeiros Contatos: Pajé Sapain

Três semanas depois que Sapain nasceu, sua mãe morreu, ele foi criado por uma tia a quem chamava de mãe. Ele foi escolhido para ser pajé por Mamaé, o espírito da floresta. Quando contava nove anos, veio o primeiro sonho: ele fumava charuto, o charuto do pajé. Muitos outros sinais lhe foram enviados através dos sonhos. Com dez anos, ele adoeceu acometido por uma febre alta e intermitente, não conseguia comer nem beber nem pronunciar nenhuma palavra, ficou um mês em desmaios frequentes. Mamaé então aparece e diz que o escolheu para pajé e lhe transmite sua própria energia. E anuncia: vou te colocar dentro da sua oca, você vai ficar três anos, você não pode sair, não pode pescar, não pode caçar, não pode trabalhar, não pense em namorar, se você namorar, você morre. Começa uma difícil iniciação. Após os três anos, ele começou a trabalhar, Mamaé não considerou o tempo suficiente, volta para sua oca, você precisa ficar mais quatro anos, ninguém aguenta, eu aguentei. Há outros pajés na tribo, mas só ele foi preparado por Mamaé. Em essência, ele resume seus poderes: eu posso ver e curar a dor das pessoas.

Eu tinha lido no livro de Daniel Munduruku sobre a profunda impressão que a flauta de Sapain havia causado no músico Egberto Gismonti. Pois bem, pedi, você não podia tocar um pouquinho para nós. Diante do acolhimento que tivemos por parte do pajé Sapain, causou-me surpresa que ele não respondesse ao apelo de tocar a flauta, ainda mais que em um momento ele chegou a dizer: eu fico aqui quietinho tocando, sendo, portanto, um ato de grande prazer e até de labor cotidiano, nesse caso, indago, por que ele não atendeu ao meu pedido?

Se a flauta é a jacuí, é certo que ele não podia atender ao pedido, sei agora. A flauta jacuí, em tempos míticos, pertencia às mulheres, houve, no entanto, um momento em que os homens se revoltaram, tomaram-lhes o instrumento e construíram a Casa dos Homens. Resulta daí a interdição, as mulheres não podiam entrar nesse recinto nem ver a flauta jacuí. Se o fizessem, seriam estupradas por todos os homens da aldeia como forma de castigo e punição. Concluí que se tratava de um momento de transição, provável que a tribo vivesse sob o domínio da mãe, o matriarcado, sendo a posse da flauta pelos homens o símbolo de passagem à nova forma de poder, o patriarcado.

O pajé Sapain não me levou a mal o nosso desconhecimento dos costumes dos Kamauirá, povo ali representado pelo homem que tão generosamente nos transmitia seus conhecimentos e descrevia parte importante de suas crenças e costumes. E que informações novas a respeito do ser índio nos são fornecidas por Sapain? De imediato, podemos dizer, que é outro o imaginário que se revela, além de uma cosmogonia muito diversa da nossa, a medicina que praticam é parte de uma fonte de cura, profecia e conhecimento, xamanismo. São outros seus costumes e rituais, possuem, como se evidencia na parte em que fala das flautas, instrumentos musicais e melodias originais, e do pertencimento do individuo à tribo.

Os sambaquis

Quem se põe na estrada, ainda que no embaraço dos caminhos, encontra atalhos, saídas inesperadas, um dia leio no jornal, em uma praia em Niterói, uma aldeia Guarani foi incendiada, a evidência é clara, uma comunidade Guarani havia se instalado do outro lado da baía, quase debaixo de nossos olhos, e suas ocas foram consumidas por um incêndio. Pouco depois, Lúcia recebeu o convite para a reinauguração da aldeia, e pra lá nos batemos, numa tarde de sábado, em um dia qualquer de setembro.

A aldeia fica em um platô, à beira da praia, marcando o início da Serra da Tiririca, uma das muitas serras da Serra do Mar, a área é considerada de preservação permanente, pois o local é cercado de sítios arqueológicos, os sambaquis, mariscos em Tupi. Os antigos habitantes do Brasil que viviam no litoral e nas margens dos rios comiam os mariscos e jogavam fora as conchas que iam se empilhando. Os montes de conchas iam crescendo e acabavam adquirindo a forma de colinas.

Foi um dia festivo, de confraternização, todos ali eram amigos, havia um pouco de tudo, uma cabana com comidas indígenas, oficina de pintura corporal, artesanato, cabanas sendo erguidas pra demonstrar o processo de sua construção. Para fechar o belo espetáculo, a apresentação do coral de crianças e jovens que cantam em Guarani e o discurso do cacique com seu magnífico cocar. Quando a noite começou a cair, a fogueira foi acesa.

Uma amiga de Lúcia, Renata, me apresentou ao cacique, Jorge Tupã, ele me disse, temos água encanada, ao lado tem uma lagoa de água doce onde podemos pescar; estamos de frente para o mar, de frente para a lagoa, ao lado da floresta que se ergue na Serra de Tiririca. O local é encantador, de encher os olhos, mas seria suficiente para a subsistência de uma aldeia Guarani? De que mais vocês precisariam para viver bem?, indaguei. Um local para plantar, precisamos de terra para nossas roças, para plantar o milho Guarani, a mandioca, o amendoim, a melancia. Olhei ao redor, pouco espaço havia para as roças, daria pra plantar o que ali? A melancia daria bem, talvez a batata doce que se esparrama pelo chão, mas onde seria plantado o milho Guarani? A prefeitura ficou de nos ceder um terreno perto para nossas lavouras, acrescentou esperançoso. E a melhor de todas as notícias, a promessa, ah, a promessa de uma oficina de língua Guarani, Jorge seria o nosso professor.

Os nomes Guarani

Em nosso primeiro encontro, de um passo só, Jorge nos colocou no coração da cultura mbyá a que pertence. A entidade sagrada dos Guarani é Nhanderu, que pode ainda ser designado por Jakaira ou Tupã. Diferente da cultura ocidental, onde o nome das crianças é escolhido pelos pais, entre os Guarani o nome é dado pelo pajé na cerimônia do batismo que se realiza em janeiro, quando todas as coisas se renovam, ou na Noite Sagrada, Ka'a Karai'i, no batismo da erva que se realiza em abril. Fora de uma dessas duas datas, a criança só pode receber nome em cerimônias onde se reúnem vários pajés, o que dificilmente ocorre.

O nome é dado em função do grupo de espírito a que a criança pertence, e só o pajé, investido dos seus poderes, tem como conhecer a vontade e os desígnios de Nhanderu. Os espíritos que

precedem a existência dos homens são por concessão de Nhanderu em número de cinco. Aqueles que recebem o nome de Karai são espíritos sábios, próximos a Nhanderu. Aqueles que recebem o nome de Verá são ligados ao relâmpago. Aqueles que recebem o nome de Tupã são ligados ao Trovão. Aqueles que recebem o nome de Mirĩ são espíritos fracos.

E, finalmente, os que recebem o nome de Jekupe são aquelas crianças que não têm um grupo de identificação. Por um ato de traição de um dos pais ou de ambos, a criança não pertence a nenhum grupo de espírito, Nhanderu não dá nome à criança, essas crianças, segundo eles, são fracas e provavelmente não vão sobreviver.

Enquanto nos ensina, percebo que diante do olhar de Jorge se estende um abismo, então faço a pergunta, você teme pela criança que vai nascer? Ele responde, eu era casado, tinha filhos, mas minha mãe diz que Nhanderu tem o dom do perdão. Destacada do grupo, no fundo da oca, sua mulher acompanha o nosso curso, ela é branca, de pele muito clara, suponho que para entender melhor a cultura estrangeira onde se abriga e também para estar perto do marido ela fica ali tranquila, como se não tivesse mais nada a fazer na vida, a barriga já proeminente, estampa no rosto a serenidade que só uma mulher grávida possui.

O casamento, ainda que seja monogâmico, não exclui a separação, mas Nhanderu não consente na traição, se o marido trai sua mulher ou a mulher ao seu marido, a criança que está sendo gerada não recebe de Nhanderu a identidade espiritual, Jorge quer garantir a proteção para o filho que está sendo gerado, quer que a criança receba um nome. Como se obtém o perdão de Nhanderu é a outra pergunta faço.

Jorge nos diz: o que mantém a identidade de uma aldeia Guarani é a casa da reza, opy, é lá que estão os liames, os rumos, é lá que eles rezam, cantam, dançam, se educam, é lá que as crianças são educadas, segundo os princípios de Nhanderu. É lá que as crianças recebem o nome na cerimônia do batismo. Toda noite os Guarani se reúnem na opy, a casa da reza, eles não são ímpios como nos fizeram crer os europeus, são profundamente religiosos, lá eles se reúnem todas as noites, rezam, cantam e dançam durante algumas horas ou em algumas ocasiões, até o nascer do sol, e é lá que também se obtém o perdão, pedindo e rezando.

Luiz, irmão de Jorge, tem uma resposta para o sofrimento que acaba por atingir toda a família, ele nos diz: aquele que está em falta não vai sozinho, primeiro a gente chama e conversa com ele, depois vamos para a casa de reza, aquele que cometeu a falta deve pedir perdão, os ouvidos de Nhanderu certamente se abrirão porque não é um só que pede, mas todos estão ali para obter o perdão para aquele que o ofendeu. Quando o pajé colocar a mão na cabeça daquele que guarda a culpa, nada lhe poderá ser ocultado, ele conhecerá o que vai no coração do que pede o perdão de Nhanderu e ele será perdoado se for sincero o seu arrependimento.

Após os cumprimentos iniciais, Jorge escreve no quadro:

Paraguaxu - mar grande
Guaxu - coisa grande
Ava - homem
Ava kunha – homem que vira mulher

Conhecemos e usamos o termo Paraguaçu, sendo esse, inclusive, o nome da mulher de Caramuru, ambos personagens da história do Brasil, Jorge nos diz, com essa grafia o termo do tronco tupi Guarani foi incorporado ao português, sendo seu significado original Mar Grande, mas em Guarani não são usados o S nem o C, dizemos guaxu e não guaçu.

Guaxu significa coisa grande, e é desta maneira que qualifica os vocábulos que a antecedem, assim guaxu = coisa grande, para = mar, portanto, paraguaxu, mar grande. Mas guaxu usada separadamente tem outro significado: veado (homossexual). Jorge não usou a palavra gay como sou tentada a usar, gay é um termo atual, que faz referência a um tipo de orientação sexual que não cabe muito bem neste contexto.

Para colocar fim a essa ambiguidade, guaxu significando coisa grande e veado, criando embaraço no uso, os Guarani lançam mão de outra palavra que define o homem que vira mulher: ava kunha. É assim que eles são conhecidos pelos antigos. Então, reunidas, as várias aldeias, os Guarani decidiram que guaxu signifique apenas coisa grande.

Jorge nos conta que encontrou em uma de suas viagens a outras aldeias um desses homens, mas faz uma ressalva, hoje os índios têm muito contato com a sociedade, eles vão ao colégio, fazem faculdade, trabalham e, se algum índio Guarani é um Ava kunha, ele aprendeu isso fora da nossa cultura. Ele conclui, sucintamente, é um tipo de comportamento que não faz parte da cultura Guarani.

Beth, uma das participantes da oficina, contesta, como negar um fato que faz parte da natureza humana? Ponderação razoável, em toda parte, em todo tempo, a natureza humana segue com estes exemplos que, exceção ou não, estão presentes em todas as sociedades. Estou dividida, não posso deixar de encontrar razão em Jorge, ele rebate, não, é um tipo de comportamento que não faz parte da cultura Guarani. Essa oposição, no entanto, me traz de volta ao texto inicial, há um desdobramento na sua fala, ele diz, nós nos reunimos e decidimos, guaxu significa coisa grande e ava kunha se refere ao homem que vira mulher. Se a palavra é do conhecimento dos mais velhos, podemos concluir que o fato também o era.

Opy, a casa de reza

Jorge escreveu no quadro:

Japereroike ka'aru nhavõ
Opy ire javy'a japerojy
Nhanderu oexa aguã .
Vamos dançar para Nhanderu iluminar.

A poesia, muito além da prosa, amplia nossa compreensão ao limite da magia e da espiritualidade. Estamos na casa de reza, Opy, onde Jorge administra o curso de língua e cultura. Como é uma casa de reza? É uma oca feita como as outras de madeira, barro e palha seca, com uma pequena porta baixa na entrada. Ela é ampla, o chão é de terra batida. Os móveis são algumas cadeiras de plástico onde nós, os alunos, nos acomodamos. Um quadro negro serve de suporte ao professor. Mas parece que até estes móveis estão fora de lugar e servem apenas para o nosso conforto. Na parte da frente, encontra-se o mba'i, que corresponderia ao nosso altar, onde fica o fumo, a água preparada pelo pajé, os cachimbos e, às vezes, os instrumentos musicais. A opy é o lugar onde se reza, se canta, se dança, se fuma, e como eles são muito religiosos, as rezas têm lugar ali todas as noites, até tarde, às vezes duram mais de um dia, quando é muito o que pedem a Nhanderu.

A oca é fresca, a palha filtra a luz e o calor, a claridade suave propicia o repouso e, durante a noite a temperatura é tépida, como nos diz dona Elisa, o pajé da tribo, "onde está Nhanderu sempre estamos aquecidos, nunca sentimos frio". Sob efeito poético de suas palavras, reflito sobre o estar ali numa oca indígena. Digo para Evaristo, nosso companheiro ocasional de turma, pode-se viver bem em uma casa como essa, a palha filtra a luz do sol criando um ambiente propenso ao relaxamento e à reflexão e, quando feita com a técnica milenar Guarani, não deixa passar a água da chuva. Para nós, acostumados que fomos durante toda uma vida aos assoalhos de madeira, cerâmica, cimento, mármore, granito ou qualquer outro material, a ideia de viver sobre um chão de terra batida pode causar má impressão, denunciando pobreza, mas dentro da oca ele não é causa de nenhum incômodo, antes nos reconcilia com o mundo ao nosso redor. É uma sensação agradável a de ter a terra debaixo dos pés. Por cama, os Guarani usam a rede, uma maravilhosa invenção dos nossos índios, feita com o algodão que, como disse Manoel da Nóbrega, eles têm muito. Tecida pelas mulheres da tribo, ao menos em tempos idos ela é macia e muito confortável, acomodando-se ao corpo que a ocupa. A rede os mantém elevados, fora, portanto, do alcance dos bichos que por ventura possam ali penetrar e serve também como manta que os aquece. Evaristo é da mesma opinião.

Culinária & Lévi-Strauss

Sem que indagássemos, movido pelo próprio desejo, Jorge nos presenteia com receitas da culinária dos mbyá. Como nos confessa, sente muita falta da comida Guarani. Fala primeiro da palmeira, que se chama pindo. Dela tudo se aproveita, as folhas fornecem cobertura para as ocas, ela dá um cacho cheio de coco – hi'a, do seu caule tiram uma substância que fortalece o cabelo, algo, suponho, semelhante à babosa. Ainda no caule eles cavam buracos onde se criam larvas – yxo, que se transformam em deliciosa iguaria. Essas larvas são levadas ao fogo numa panela, elas soltam uma gordura, come-se a larva quase frita, guarda-se a gordura. Segundo Lévi-Strauss, que delas provou no Pantanal, têm a consistência e a delicadeza da manteiga, e o sabor do leite de coco.

Outra comida de que ele sente falta: rora – farofa de milho. Preparo: rala o milho e torra na panela. Com uma massa de milho ralado se faz outra receita de que ele gosta muito, o mbyta, com ela se recheia o peixe que, depois de enrolado em folha de bananeira, põe-se na brasa para assar, tendo o cuidado de colocar umas brasas em cima. E, por fim, ele ensina uma receita feita com o avaxi xĩ ou milho branco. Coloca-se em uma vasilha a água e a cinza, mexe-se bem, deixa-se de molho. O milho fica em outra vasilha, só com água. Pega-se então o milho amolecido, tira-se a pele e soca-se. A cinza que ficou de molho na água desce e se acomoda no fundo da vasilha. Tira-se a água desprezando-se a cinza e cozinha-se o milho socado nesta água. Não leva nenhum outro tempero, é a canjica.

Para minha surpresa, o trigo também faz parte da alimentação tradicional dos Guarani, eles são originários de regiões frias como o Paraguai, parte da Argentina e o sul do Brasil, onde o cultivo deste cereal foi introduzido pelos europeus e incorporado à alimentação dos nativos. Temos então o xipa – massa de trigo bem fina e frita. Chego à conclusão que dos Guarani herdamos não apenas a rede, mas a canjica, prato tradicional em nossas mesas, a que fomos adicionando temperos, adaptando ao gosto dos portugueses, acrescentamos o açúcar e o leite do gado, que uma vez introduzido no Brasil, rapidamente se adaptou, enchendo as capoeiras naturais. Os negros, na Bahia, devem ter adicionado o leite de coco e, em outra variação da mesma receita, os caboclos colocaram o amendoim, que, segundo Lévi-Strauss, seria planta nativa do Estado de Mato Grosso.

O Natal está chegando, todo mundo começa a se preparar para a grande festa da cristandade ou do consumo, no dizer de muitos, eu gostaria de saber se, após séculos de evangelização, eles também participam desse acontecimento que marca o fim do ano em nosso calendário.

Jorge havia nos dito: a cerimônia do batismo acontece em janeiro, e deve se realizar até o dia 15, porque é nesta época que todas as coisas se renovam. Entre eles, concluo, existe um tempo que deve ser deixado para trás, para nós também é um tempo que se finda, mas nós o sacralizamos festejando o nascimento de Cristo.

E os Guarani? Luiz nos diz: dezembro é muito difícil para nós, ele é a vida e a morte, dois meses são muito difíceis para nós, dezembro e abril. Por que abril, queremos saber. Corresponde à chegada dos portugueses em 1500 e ao extermínio.

Caçadas, Curas, Costumes, Efemérides

Em nosso próximo encontro, Jorge nos conduz ao interior da Mata Atlântica, em Angra, local da floresta que nem em sonho antes penetramos, não consigo segui-lo em suas andanças pelo mato, fico cheia de medo, para onde ele nos leva? À toca do sal, toca da onça, lugares perigosos, só para caçadores que conhecem o chão onde pisam, horrorizada com o perigo a que se expõe, indago, você vai sozinho? Não, entro no mato sempre em companhia de meu pai. Contesto, seu pai não é índio. Toda vida ele viveu em companhia de índios, conhece o mato como nós, tem tanta coragem como qualquer um de nós. Por que se embrenham no habitat da onça pintada, num empenho que pode lhes custar a vida?

Procuram uma ave chamada makuko. Seria uma iguaria inigualável que valha o risco? A cabeça do makuko seca e defumada tem uso terapêutico: corta o veneno da cobra. Em caso de picada, toma-se o caldo preparado com a cabeça torrada. Não tem valor científico? Eu sou das tais que acreditam em tudo, essa é a medicina que os tem socorrido contra a morte que a serpente simboliza, assim eles têm sobrevivido há milênios. É verdade que este procedimento se associa a outros, como o torniquete para impedir que o veneno se espalhe pelo corpo e a sucção para a retirada do veneno.

Aos poucos, guiadas por Jorge, conhecemos os segredos da cultura Guarani. O ritmo da vida dos mbyá não segue como uma sucessão de dias em que predominam o caçar, o comer e o dormir, ela é sacralizada por suas festas, que regulam o passar do ano. A primeira que marca o ano é o Ara Pyau, é a festa do Ano Novo, que se comemora no primeiro dia do ano, dezembro é o mês da vida e da morte, quando Ara Yma está se despedindo, em janeiro todas as coisas se renovam, mas não é como em nosso réveillon um momento de alegria, brindes e fogos, é um momento de concentração, de reza, deve-se ficar sentado na casa, ficar lá na Opy com os filhos, os pais têm de proteger as crianças porque o espírito delas é fraco. E é o momento em que os espíritos estão subindo, os mais antigos podem ver os espíritos subindo, eles são levados pelo relâmpago, não o Overa, o relâmpago que leva o espírito é o Nhe'ẽ–revaa.

A segunda festa do ano é Nhemongara'i – a festa do batizado que deve ser realizada até o dia 15 de janeiro. Para o batizado, os homens precisam procurar mel no mato. O fabricado pela abelha jataí não serve, o da jurua'i também não pode, ela também está ligada ao branco. O mel do batizado deve ser produzido por outras espécies de abelhas: pyngare'i – uma abelhinha bem pequena; yvyra'ija, esta abelha possuiu um espírito sábio, não se pode dizer, eu vou lá tirar o mel, aquele que o faz, ela o amarra, a pessoa fica com os braços amarrados. Tatali, conhecida como caga-fogo, é uma abelha com a qual também se deve ter muito cuidado, quando pousa, queima a pele da pessoa e se forma uma bolha. Mandori e haviju foram as abelhas das quais Jorge tirou o mel para o batizado que logo vai se realizar. Hapu'a – é a última que ele cita, mas suponho que existam outras.

As mulheres devem preparar o mbojape, que é um bolo feito de milho Guarani e cinza coada. Os homens devem ficar de um lado, as mulheres do outro, todos virados para o sol nascente. Todos devem cantar e dançar por muitas horas ajudando o pajé, que, por inspiração de Nhanderu, dá nome às crianças segundo o espírito que Dele recebem. Em 28 de fevereiro é o reforço da festa de batismo.

A terceira festa do Ano – Nhemongara'i aguã havi – é o batizado das sementes. A festa do batizado da semente se realiza em julho. Os Guarani trazem as sementes para fortalecê-las. Semente de: milho – avaxi, melancia – sanja pororo (melancia pequena) e amendoim – manduvi. Uma vez plantado, a colheita do milho se dá em três meses. A base alimentar dos tupi é a mandioca, a base alimentar dos Guarani é o milho, o milho Guarani, como Jorge gosta de frisar, pois pode haver diferença entre esse milho e o que se cultiva fora de uma aldeia Guarani. A semente do milho Guarani é batizada na casa de reza, na Opy, portanto, há uma sacralização do alimento que consomem.

A quarta festa do ano acontece em outubro – Nhemongara'i aguã pira ha'e guyra. Batismo dos peixes e dos pássaros.

O batismo

Após as palavras iniciais de cortesia, Jorge escreve no quadro o tema que dentre em pouco se tornará o centro da vida da tribo, no rosto de nosso amigo forma-se um vinco, como se a simples menção da palavra tivesse o dom de lhe abrir uma ferida no peito: o batizado.

Jorge é um homem dividido entre a cidade e a aldeia, transitando pelos dois mundos e com grandes questões por resolver e muitas coisas por fazer. Ele é um professor, ensina língua e cultura Guarani, é o chefe de uma aldeia de sessenta pessoas, a quem deve assegurar o direito de ali permanecer. Ele é um e é múltiplo, quer manter a cultura de seu povo, mas quer se inserir na modernidade. Tem um passado, era casado, mas se apaixonou por outra mulher com quem vive, ela espera um filho. A cultura Guarani não aceita a traição, ele precisa obter o perdão de Nhanderu para que a criança que vai nascer tenha um nome. E onde se obtém o perdão de Nhanderu? Na casa de reza, Opy. O que se pode fazer pelas crianças a quem Nhanderu não concede um espírito? Deve-se rezar, cantar e dançar por algumas horas, por uma noite, por um dia, por mais, o quanto for necessário. Não somente ele, mas todos juntos. O pajé conhece o que vai no coração dos homens, vai entrar em contato com o mundo dos espíritos, para conhecer e intermediar os desígnios de Nhanderu. Jorge nos diz, quando o marido trai a mulher ou a mulher trai o homem, a criança fica triste, e quando isso acontece, é preciso rezar muito para que Nhanderu libere o espírito da criança. Alguns, céticos, dirão que são crendices de homens primitivos. Mas, por tudo que vi e vivi, esse que de superioridade não tem razão de ser, o domínio do sagrado iguala todos os homens. Somos seres que criam cultura e só dentro dela conseguimos viver.

Existe aí o enunciado de outra verdade, quando, dentro de um casamento ou relação o homem ou a mulher se apaixona por outro e uma criança está sendo gerada, o pacto que resultou na fecundação foi rompido, é o amor dos pais que garante o direito a uma existência feliz, quando ocorre essa ruptura, o sofrimento se instala já no útero, não se trata, portanto, de crendices, são coisas das quais todos nos damos conta, conhecemos o rosário de sofrimentos, queixas, desentendimentos e infelicidade de muitos daqueles que são vítimas desses amores e famílias desfeitas. Mas existe outro dado forte a dar razão ao Guarani, quando há traição entre o marido e a mulher, a criança gerada pelo casal se entristece. Não é desse fato de que nos dá conta a psicanálise?

Os pais sabem o quanto o choro de um recém-nascido que, às vezes, é capaz de se prolongar por horas a fio, pode levar a família a um estado próximo ao desespero. Segundo os Guarani, as crianças, ao nascer, são dominadas pelo sentimento da cólera, que deve ser combatida desde a mais tenra idade, na cerimônia do batismo, quando o pajé dá aos meninos o nome sagrado, de acordo com a região de onde tenham vindo as palavras-almas. Estamos, pois, todos suspensos à espera do Nhemongara'i que vai se realizar, quero participar do ritual que nos coloca próximos ao coração do povo Guarani, fomos acolhidos nesta aldeia, começamos a nos ligar a essas pessoas não apenas pelo conhecimento, um compromisso vai se formando entre nós, pergunto a Jorge, se posso participar do batismo, pergunte a ela, indicando que é dona Elisa a autoridade nos assuntos espirituais, fico preocupada, ela diz sim.

Surge um fato novo com o qual devo lidar, Renata, uma de nós, vai se batizar, sou tomada pela fantasia, e se eu também fosse batizada, será que estou preparada? Um batismo é uma conversão, criei um princípio em torno do qual tenho orientado minha vida, uma pessoa deve ser fiel a si mesmo, devemos lutar pela liberdade a tão duras penas conquistada e por nossas verdades, aquelas que, por esforço ou circunstâncias, nos foram dadas alcançar. Minhas crenças são poucas, mas acredito em algumas coisas, sobre as quais não transijo, no momento que a possibilidade do batismo se apresenta, sou obrigada a lidar com meu ceticismo, se eu me batizo, me torno uma Guarani? Estou preparada para ser uma índia, será que existe realmente uma mulher de pele vermelha e cabelos lisos e negros que me acena lá de trás? Talvez eu nunca consiga averiguar, sei que alguma coisa me chama, é essa interrogação que me leva pra frente, mas quem ou o quê?

Jorge nos fala sobre o batismo, estamos interessadas e ele quer falar, é o assunto dele no momento. Para o batizado, os homens precisam procurar mel no mato. O mel fabricado pela abelha jataí não serve porque o espírito que a anima é português, o da jurua'i também não pode, juruá significa homem branco, também não se pode falar: eu vou lá tirar mel. As mulheres devem preparar o mbojape que é um bolo feito de milho Guarani e cinza coada.

No dia 15 de janeiro, lá estávamos nós para o batizado. Dona Elisa havia pedido que trouxéssemos o fumo; de posse dele, sigo para Niterói, chego cedo, é sempre assim comigo, chego cedo, saio cedo, quantas vezes me privo sempre do melhor e do principal, tanto faz que seja uma festa, uma cerimônia religiosa ou um debate, não importa, é meu destino, mas, hoje, desafio, não tenho hora para chegar, bato a porta apressada e, em um átimo, alcanço a rua.

A cerimônia deveria começar às sete, mas, como estivéssemos no auge do verão, as pessoas e as formas de todas as coisas ainda se destacavam iluminadas pelas últimas luzes do dia. Antes que as trevas cobrissem a terra, nos acomodamos todos na casa de reza, índios, brancos, homens, mulheres, crianças. O que haveria a temer é que lá dentro seríamos mortificados por temperaturas abrasivas, no entanto, como nos diz dona Elisa, "onde está Nhanderu sempre estamos aquecidos, nunca sentimos frio", tampouco sentimos calor. Apesar da estação do ano e das muitas pessoas que se ali se abrigavam, o ar fresco nos envolvia em uma atmosfera de conforto e proteção.

A Festa do Nhemongara'i tem início com a fala do cacique que saudou a todos como irmãos, ainda que não eu tenha sido batizada, não posso esquecer o laço que a partir daquele momento me unia a eles e a fidelidade de que lhes sou devedora. Segundo o roteiro que Jorge nos havia fornecido, a seguir, seria a hora da apresentação do coral. Em duas outras ocasiões, eu os ouvira cantar e me perguntava como é possível a existência de um coral tão bem ensaiado em uma aldeia Guarani, não seria algo fora de lugar, é a interrogação que ao início, perplexa, me ocorreu.

Procuro referências, Debret assegura que "os Guarani são todos músicos, nos domingos e dias de festa é costume pagá-los para cantarem nas igrejas", e Montoya, já em 1639, atesta que os Guarani são de modo notável aficionados à música, mas seria, me perguntava, o coral uma forma de composição musical que lhes fosse própria, e novamente é Montoya quem fornece a resposta, "oficiam eles as missas com aparato musical, de dois a três coros". As moças e meninas, vestidas de saia longa amarela e blusa bege com franja desfiada, os rapazes e meninos, de calça branca e colar vermelho, cantam os hinos com as belas palavras criadas por Nhande ru papa tenonde, Nosso pai primeiro "antes que a terra existisse, em meio às trevas originais".

Após esses atos inaugurais, o pajé fuma o petyngua sobre o mel e o mbojape que os homens e as mulheres trazem como oferendas a Nhanderu. Luiz toca o violão, outro o acompanha com a rabeca. A música traz leveza e paz ao meu coração. O que virá a seguir? Segundo León Cadogan, a mãe leva o filho até aquele que dá nome às criaturas. Esse se comunica com os deuses. Acende o cachimbo, sopra sobre a cabeça do menino e comunica à mãe seu nome sagrado.

Os homens se põem à frente, a mulheres se posicionam atrás, todos virados para o sol nascente, entoam o mborai ete'i, o canto sagrado, dançam e cantam por muito tempo, quando a reza fica mais forte faz-se a roda, dá-se o mbaraka mirĩ para os homens e o takua pu, instrumento de percussão em bambu, para as mulheres, tocam e dançam para que o pajé consiga entrar em contato com Nhanderu. Quando a magia se realiza, o pajé diz: Chegou a hora do Petyngua; ele fuma sobre a cabeça dos que vão ser batizados e é alçado ao mundo dos espíritos de onde vêm as palavras-almas. Lúcia recebeu o nome de Jaxuka, que significa o único espírito de mulher que vem da morada do Sol.

Que grande sorte tem Lúcia, Renata recebeu o nome de Yua, que é o espírito do orvalho, estamos nos movendo num universo poético, onde as belas palavras, por inspiração de Nhanderu, foram pronunciadas e delas recebemos, nós também, as dádivas. E indago de mim, por que não pude eu também me batizar se desde o nascimento vivi sob o encantamento dos espíritos que habitam as serras e o vale onde nasci e me criei. Canta-se a música: Nhande ru ete - Nosso Pai Verdadeiro. A cerimônia aproxima-se do seu fim, todos se levantam e bebe-se o ka'aguijy, bebida feita de milho. O bolo e o mel são comidos no outro dia.

O Guarani: uma língua viva

O marido me questiona, por que estudar Guarani, uma língua morta, que ninguém fala. Não adianta protestar ou transformar isso em questão doméstica, pra que falar Guarani, muitos devem repetir a pergunta, inconformados ou perplexos. À questão que me foi colocada, argumento que é uma língua falada pelos Guarani, não é, portanto, língua morta. Digo ao questionador, sei que não vou falar Guarani, não tenho essa pretensão, gostaria de saber pronunciar as palavras, que também pouco consigo aprender, gostaria de conhecer a origem de milhares de vocábulos com os quais eles enriqueceram o português, mas, sobretudo, meu interesse está centrado na cultura Guarani, o curso tem essa amplitude, versa sobre a língua e a cultura Guarani.

O questionamento traz outros desdobramentos. Por que a visão de que o Guarani é uma língua morta se ela é falada pelos índios Guarani? Se ela faz parte do tronco tupi Guarani, língua falada por milhões de nativos quando aqui chegaram os portugueses; se ela é hoje língua oficial do Paraguai ao lado do espanhol, se ela era falada correntemente em São Paulo dos séculos XVII e XVIII, se parte das frutas que comemos, dos lugares que habitamos, se tantas das nossas plantas, das nossas árvores, dos nossos animais têm nomes que se originaram do tronco tupi-Guarani. Exemplo: de frutas, só pra citar de relance, sem pensar muito, pitanga, cajá, caju, ananás. De bichos, tucano, arara, paca, tatu, cotia. De lugares, para ficar só nos que nos rodeiam, Niterói, Ipanema, Marapendi, Jacarepaguá, Itanhangá. Como vamos então ignorar essa língua? E se ignoramos, deve haver aí um propósito, que pressuponho seja o de negar a existência e a relevância dessa cultura.

Se nos dirigimos até Niterói com o propósito de aprender Guarani, fomos recompensados com a possibilidade de entrar em contato com uma aldeia Guarani Mbyá. Segundo León Cadogan, "os mbyá são os Guarani que menos sofreram a influência ocidental. Indomáveis, reacionários a toda catequese, representam o 'montês' por excelência". Podemos considerar um presente que, sem merecimento, recebemos de Nhanderu. Alguns índios Guarani, remanescentes de Paraty, se estabeleceram em Niterói, construindo, em um platô, no final da praia, sua aldeia. E por que eles abandonaram a aldeia em Paraty? A explicação que ouvi é de que lá estava muito cheio, e faz sentido, uma vez que as populações indígenas voltaram a crescer, as aldeias (são três) teriam se tornado pequenas para abrigar tanta gente.

Mudar de lugar de tempos em tempos, quando o lugar não produz mais o alimento suficiente para o grupo ou quando suas casas são invadidas por baratas e percevejos, faz parte da cultura indígena. Mas dona Elisa, mãe de Jorge e Luiz, que detém a maior autoridade espiritual entre eles, em um momento de muita emoção, confidenciou-nos que ela gostava muito de Paraty e sentia muito ter abandonado sua aldeia, suas roças de que outros agora estão aproveitando, seu pai e sua mãe ficaram lá e, pelo visto, lá ficou seu coração.

E, por que eles foram obrigados a abandonar a aldeia de que ela gostava tanto? É comum que uma briga dê lugar à formação de um novo grupo que se separa e forma outra aldeia. Dona Elisa estava sentida, ela ainda não superou a mágoa, como foi que aconteceu essa separação e por que ela tem de rimar com dor? A aldeia é formada por sua família, ela tem nove filhos, mas em suas contas são dez porque tem como filho um neto que criou. Além de tudo, o número de pessoas tende a se multiplicar muito rapidamente porque os índios formam família muito cedo, Luiz, por exemplo, tem 17 anos, é casado e já é pai.

A família de dona Elisa é grande, a aldeia tem em torno de sessenta pessoas, eles têm a pele bronzeada, próxima à pele amarela dos asiáticos, mas o tom deve conter uma parcela de vermelho, que suaviza e embeleza a cor da terra. Os cabelos são pretos e lisos, rosto redondo, maçã do rosto pronunciada, feições finas, com traços harmoniosos. Jorge é destemido, as dificuldades não o assustam, ele procura um lugar pra estabelecer sua gente e não vai desistir com facilidade.

A família é talentosa, a mãe nos conta, Luiz pediu um violão, ela comprou, os Guarani, é sabido, são músicos, ele é herdeiro do dom de seu povo, depois ele pediu, compra um teclado, ela comprou, ela tinha sua própria casa de reza, por causa da música, sua casa se enchia de gente, mas o cacique disse: vocês têm de sair daqui, eles foram expulsos, tiveram de sair de lá.

Apesar da dedicação do professor e, sem modéstia, das alunas, progredimos pouco no estudo do Guarani. Logo nos primeiros aprendizados, conhecemos o alfabeto: A, B, D, E, G, H, I, J, K, M, N, O, P, R, T, U, V, X, Y. Eles não utilizam: C, S, Q, F, L, Z, W. Só o Y é difícil de pronunciar, Jorge afirmou na primeira aula, o que não me convenceu, naquele momento inicial, as dificuldades se somavam umas às outras e nos assombravam. Mas, à medida que avançamos, vemos que podemos reproduzir os outros sons, estremeço quando vejo o Y metido no meio de uma palavra, e parece que ele é um desmancha prazer com quem temos de lidar constantemente.

Algumas coisas são fáceis de apreender, grafar e utilizar, por exemplo: XEE significa eu, mas uma língua guarda em cada canto uma armadilha, atente a pronúncia do x (tch), logo eu se diz tche. O Xee entra na formação de uma infinidade de vocábulos: Xeru (tcheru) – meu pai. Xexy (tchetchi) – minha mãe. Xejaxepe – minha prima. Se pronuncia – tchechatchepe. Xeme – marido. Xerayxi – minha mulher. Dee é você, Dee Ru – seu pai.

A essa altura, posso me apresentar em Guarani: Xee Xerery Vera, eu me chamo Vera. Só não sei como vou pronunciar o Y na sílaba ry. Uma língua se estrutura em torno dos sons que utiliza, não é um fortuito sistema de sons, palavras dão nome às coisas, existe uma gramática que rege a maneira como elas se organizam e dão origem às frases, que se encadeiam em um discurso e permitem a expressão do pensamento.

Podemos, e digo hipoteticamente, formar algumas frases, isto é, as mais elementares fórmulas que permeiam os relacionamentos sociais, ou os cumprimentos: bom dia, boa tarde, como vai ou as apresentações: meu nome é Vera, prazer em conhecê-lo. Mas à medida que arranhamos sua sintaxe, vemos como a língua se fecha a nossa compreensão. Já consigo identificar na fala Guarani outra entonação, mas como adotar essa entonação se nem sabemos as regras que regem a ordenação das palavras dentro do discurso? Estou desolada, nunca serei capaz de me de expressar corretamente em Guarani. Poderei vencer, em uso imperfeito, a pronúncia do Y, recorrendo à imitação, a repetição ao infinito poderá levar a uma prática possível, mas como vou dominar o idioma estudando apenas uma vez por semana, tirando os feriados e, vez por outra, os compromissos inadiáveis que impedem nossa presença na oca.

Para minha felicidade não preciso falar o Guarani, temos uma língua comum, que nos permite a comunicação, o português. A constatação é dolorosa, uma língua diferente impõe uma terrível distância entre os humanos, seres falantes que somos, acostumados à palavra e ao discurso. Não pretendo falar o Guarani, não quero tanto, quero uma compreensão da cultura, por isso me esforço por aprender seus rudimentos, sem esperança, no entanto, de adquirir a mais elementar fluência em sua língua. Vamos primeiro ao fácil, os cumprimentos ou saudações: Peiko Porã pa. Equivale ao nosso "como vai". Ao que o outro responde: Aiko porã, que expressa o nosso "tudo bem". Deve-se retribuir a gentileza, perguntando: Ndee havy, e você? Ao que o outro repetirá: Aiko porã. Para se despedir: Rooju ma – estamos indo. Xee aaju ma – tchau, ou o nosso esquecido "até logo"

Ainda estamos nos preâmbulos, não entramos na sintaxe da língua, Jorge escreve no quadro: Xivi ou orea katy. A análise sintática é animadora, as palavras dentro da frase escolhida obedecem à mesma ordenação que se observa no português: sujeito, verbo, locução adverbial de tempo: Xivi ou orea katy – A onça veio em nossa direção. Xivi – onça. Ou – verbo. Orea – em nossa. Katy – direção.

Não seria uma felicidade se as frases fossem regidas pela mesma sintaxe que rege nossa língua materna? Mas como a querer nos confundir, ele escreve:

Avakue ma oota ei ka'aguy gui ogueruvy – Os homens vão no mato tirar mel.

Avakue – os homens. Ma – palavra que indica gentileza, sem ela, seria não uma sugestão ou pedido, mas uma ordem, um imperativo. Oota – vão. Ei – mel. Kokue – roça. Gui – na – sem essa palavra significaria trazer não só mel, como o mato. Ogueruvy – tirar.

Aldeia Guarani em Niterói

No dia em que fui a Niterói para as festividades na aldeia Guarani, para o lançamento do Centro de Cultura Tupi-Guarani, foi a primeira vez que tive a oportunidade de ver como é a fogueira feita por eles. O evento começou mais ou menos às duas da tarde e se estendeu pelas primeiras horas da noite. Em setembro, a noite ainda cai cedo, portanto, lá pelas seis horas, à hora do crepúsculo, começaram a preparar a fogueira de um jeito bem diferente daquele que em pequena fui acostumada a ver em nossas festas juninas. Primeiro eles cavam um buraco no chão, calculo que tenha aproximadamente uns cinquenta centímetros de profundidade e um metro ou pouco mais de diâmetro.

Eles o preenchem com a palha seca, a mesma que serve de cobertura para suas ocas, sobre ela colocam pedaços de madeira, só então ateiam o fogo que, confesso, não prestei atenção como o obtiveram. Enfim, uma bela fogueira ardia diante de nossos olhos, formou-se logo uma roda em torno dela, estávamos no finzinho do nosso cálido inverno e, como estivéssemos à beira mar, onde é habitualmente mais fresco, pensei, deve ser agradável sentar no chão em torno do fogo; certa de experimentar uma sensação de bem-estar e aconchego, eu me aproximei a uma distância de mais ou menos dois metros e, para minha surpresa, o calor que se espalhava à volta era quase insuportável. Seria próprio para aquecer homens nus em temperaturas que poderiam estar em torno de zero grau. Manoel de Nóbrega escreve em agosto de 1549: "Tem esta terra mil léguas de costa, toda povoada de gente que anda nua, assim mulheres como homens, tirando algumas partes, muito longe de onde estou, nas quais as mulheres andam vestidas com traje de ciganas, com panos de algodão, por ser a terra mais fria que esta, a qual, aqui é muito temperada"

Os Guarani moram em ocas feitas de madeira e barro, cobertas com folhas de palmeira, eles também dormem em rede, Hans Staden, aventureiro alemão, que aqui esteve no século XVI, diz sobre os Tupinambá, com quem viveu como prisioneiro, "que durante à noite, uma fogueira permanece acesa ao lado da rede. E, mesmo para fazer suas necessidades, os selvagens não gostam de sair das cabanas sem levar uma tocha, tamanho o medo que sentem do demônio chamado por eles de anhangá, que acreditam ver com frequência"; e, qual era minha expectativa, que os Guarani partilhassem o costume de ter um pequeno fogo debaixo de suas redes para se aquecer e, no caso deles, essa necessidade seria mais premente, seu habitat natural é a região meridional, ou seja, em zonas temperadas: Paraguai, Uruguai, parte da Argentina, sul do Brasil até o litoral de São Paulo.

Mas nesse tempo que tenho estado lá, não vi nenhum outro vestígio de fogo na aldeia, senão a fogueira no dia do evento. Gostaria imenso de saber, como é que se acende fogo debaixo da rede, é uma coisa que eu queria ver, tinha a impressão que poderia causar incêndio ou queimadura, e sendo a cobertura da oca de palha seca, material inflamável, seria perigoso e um acidente poderia facilmente destruir toda uma aldeia. Pergunto a Jorge, como é esse fogo que vocês fazem à noite dentro de suas ocas, não, ele rebate, nós não usamos fogo para dormir, o calor do fogo deixa os homens preguiçosos.

Então, pergunto o seguinte: os Guarani que habitam as zonas temperadas, como o Paraguai, Argentina e sul do Brasil, onde no inverno as temperaturas podem chegar a zero grau, ou mesmo abaixo de zero, como eles fazem sem a proteção do fogo? Perguntei a Jorge se mesmo os Guarani que habitam o sul do Brasil não usam o fogo durante a noite, ele disse que é natural do Rio Grande do Sul e que, além disso, morou em Santa Catarina, e no Paraná onde o inverno é rigoroso, mas eles não utilizam o fogo para se aquecer, e repete: o fogo deixa os homens preguiçosos.

Outra pergunta que me ocorre é, mesmo que as atuais populações Guarani não usem mais o fogo, não poderia ter sido este um hábito de seus ancestrais? E, se eles não usam e nem usaram nunca o fogo, eles usariam roupa? Como seriam essas roupas? Tecidas com algodão pelas mulheres da tribo, já que elas também teciam as redes em que dormiam, elas também fabricariam mantas grossas com o algodão? Seria o poncho, um tipo de agasalho usado no sul e no centro oeste brasileiro, de origem Guarani? Seriam estes índios, de quem Nóbrega fala, Guarani? Sim, Nóbrega está se referindo aos Carijó que habitavam o sul do Brasil.

Faxinal do Céu

Jorge vive entre dois mundos, há muito tem livre trânsito por estas duas culturas distintas, como se a elas pertencesse igualmente, a do índio e a do branco. Com ele se abre para nós não apenas um mundo fechado de uma pequena aldeia Guarani, é outro Brasil que de repente se abre aos nossos olhos, um Brasil que fermenta longe da vista do citadino, longe dos cariocas e dos paulistas, que pensam que o Brasil se faz a sua imagem e semelhança. Parte expressiva do território nacional, 12% para ser exata, são áreas indígenas demarcadas, mas os homens a quem essas terras são destinadas permanecem à parte, encobertos, sem que a maioria dos brasileiros dê-se conta de quem são, de suas vidas e culturas.

Jorge é um professor de Guarani, não só porque é índio e esta é sua língua materna, mas tem capacitação, uma das etapas da sua formação foi realizada em Faxinal do Céu, no Paraná, no município de Pinhão. Trata-se de um lugar onde as casas e as propriedades não têm cerca e o que é produzido é dividido entre os membros da comunidade, local que o MEC escolheu, em convênio com a prefeitura local, para a realização de dois módulos para formação de professores de língua Guarani. A Jorge coube a pesquisa do passado e presente do Guarani.

Foram acomodados em abrigos extremamente simples como deve ser a vida da comunidade local, contavam apenas com um fogão e um pequeno aquecedor, sem geladeira ou TV. Faz muito frio, é um Brasil diferente do país tropical que mostra sua cara ao mundo. No inverno as ruas ficam desertas, não se vê ninguém, para se distrair eles vão até um bar, onde a dona lhes permite assistir filmes na TV. Em um desses dias, o local é invadido por uns trinta professores de Guarani. Eis que, aos olhos espantados dos homens, surge uma pantera de olhos azuis. Os homens momentaneamente cegos se desorientam, o que faz aqui, exatamente no meio do nada, essa pantera?

Homens, que mal podem respirar, observam-na, ela, impassível em sua pele listrada e botas altas, olha indiferente como se não os visse, são presas fáceis, homens soltos no mundo, separados de suas mulheres e de sua família, em breve estão todos hipnotizados, o filme não passa mais, não é mais o bar, é a selva e, diante deles, existe apenas uma fera pronta para saltar, mas é o coração que eles devem resguardar, é lá onde ela os pode estraçalhar.

Jorge tenta se enganar, não vai entrar nesta briga, mas por Nhanderu! Foi ele que permitiu que ela lhe atravessasse o caminho, a pantera tem a pele tão alva que sua luz irradia na noite fosca, o cabelo liso é uma nuvem de seda caída sobre os ombros, o par de olhos azuis tem a força e o brilho do aço, o guerreiro não precisa de aviso, a qualquer hora ela vai dar o bote, mas ele não pode fazer nada, os braços paralisados, o coração trota, quer fugir para o mato, está pregado no chão, vencido, espera o ataque e a morte próxima.

Enquanto ele se esvai em sofrimento, ela se chega, sorri, oi, ele responde a saudação com uma voz quase inaudível, único som que consegue tirar de dentro do peito oprimido. A pantera quer um chocolate quente, é ele quem sorri, não é lugar para estes luxos de brancos, ela pode escolher entre um café ou um refrigerante, ela escolhe o café, mas pede que lhe pinguem o leite, vai esquentar do mesmo jeito.

O que, aqueles homens se perguntam, essa gata veio fazer em Faxinal do Céu?! Talvez tenha vindo ver neve, quem sabe tenha sido esta a previsão de um serviço de meteorologia local. Quem pode adivinhar o que traz a pantera e a coloca no meio deles, qualquer que seja o motivo, ela está ali para alterar a composição do sangue que lhes corre na veia, ela não sabe, mas, quando se caça, não se sabe quem sairá vencedor. Jorge calcula o risco, imediatamente se arvora em seu protetor, ele conhece a sanha dos machos, mas quer um conselho, é você quem deveria se proteger, os olhos azuis brilham na escuridão, ela escolhe a presa e se arma para dar o bote.

União com Fernanda, a mulher branca

Fernanda termina o ensino médio, o frio chega, no Paraná faz frio de verdade, as duas, mãe e filha, adoram ficar na cozinha aquecida com o calor do fogão à lenha, é o melhor lugar da casa, a mãe passa a roupa e vai colocando em cima da mesa, Fernanda rompe o silêncio, minha prima de Faxinal do Céu ligou, me convidou para passar uma semana lá. É nesse momento que a mãe entende que a filha cresceu, é moça, precisa aproveitar a juventude, depois que a gente tem filho, a vida é só trabalho, está na hora desta menina arrumar um namorado. Alegre por ter obtido a permissão, Fernanda começa a colocar em ação o plano que tem na cabeça, preciso de uma calça preta, não tenho roupa para sair de noite, nessa época sempre tem baile, se eu tiver uma calça preta eu me viro. Baile! que negócio é esse de baile, a mãe logo se policia, não posso impedir que ela viva a vida dela, mas vê lá, juízo, hein! Fernanda não conta pra mãe, mas a prima diz, vem, tá cheio de homem bonito, cada índio! Índio? É, muito índio bonito. Não dá para namorar índio! A prima contesta, bobagem, você vai ver, eles são iguais à gente, usam Internet, meu primo me falou que eles vivem na cidade, não querem saber mais de aldeia.

Um homem apaixonado corre riscos, faz promessas, se você me quiser de verdade, volto em dezembro para te buscar, diz afoito. Confidências são trocadas, meias confidências, melhor dizendo, que sabe um índio sobre uma mulher branca que conhece faz uma semana, mas ele precisa acreditar, é uma moça desamparada, perdeu o pai, no mundo são apenas ela e a mãe, que também é jovem, 42 anos, também está ferida, também quer viver. É um momento delicado, o espelho confirma, ela agora é uma moça, não é mais uma menina, também não é uma mulher, a mãe quer proteger a filha que não conhece os perigos do mundo, ainda mais agora que elas estão sozinhas sem pai e marido que olhe por elas. Impõe limites, horários, deveres.

A moça sonha, a mãe repete, não quero te ver metida em bagunça, a hora de chegar em casa é esta, você é menor, não pode sentar em bar pra beber cerveja. Ih! mãe, para com isso, eu não bebo! Mas se continuar com essas companhias, logo vai estar bebendo. Fernanda quer se divertir, todas as minhas amigas se divertem, vão às festas, têm namorado, quando estão em casa ficam no Orkut falando com os amigos, o mundo em que a mãe dela vive não existe mais, coitada da mãe, a vida dela é horrível, é só trabalhar pra ganhar o salário, pagar as contas, nem namorado ela consegue arranjar, a única vaidade dela é o batom.

Ele é um índio, levou a moça para cama, tem de assumir a responsabilidade, ela foi embora, não antes dele fazer juras de amor, está enredado, traiu a mulher com uma mulher branca, sim, ele é casado, mas que fazer, se apaixonou por outra mulher, pensa nela noite dia, não tem sossego, não consegue dormir, não faz nada direito, sonha com ela, é tudo que ele faz agora, ele foi bem claro, conversou tudo muito direitinho, se você casar comigo tem de comer o que índio come, a gente não come arroz e feijão todo dia igual vocês, tem dia que a gente come só peixe ou batata doce assada. Ele mora na aldeia, é pra lá que ela tem de ir, nós moramos em ocas cobertas de palha, com chão de terra, dormimos em rede.

Antes de voltar para buscar Fernanda, Jorge precisa construir a própria oca, não pode levar uma mulher branca para viver na oca junto com o resto da família, ela não vai se acostumar, nem ele quer mais. Minha mulher vai levar um susto quando eu disser que arranjei outra, que estou me separando dela, mas ela foi viver em outra aldeia para cuidar da mãe, eu fiquei sozinho, homem é um bicho que não pode ficar livre como um passarinho, é como se eu não tivesse mulher! Na aldeia, todo mundo comentava, ela estava me fazendo de bobo, todo mundo viu, foi ela quem me abandonou, nem a menina ela levou, não queria mais é viver conosco, queria voltar para a gente dela.

A filha voltou diferente, alguma coisa virou a cabeça dela, passa o dia inteiro à-toa, não quer fazer nada dentro de casa, quando falo que ela precisa procurar emprego, ela diz que não quer trabalhar, Fernanda, minha filha, nós não somos ricas! Mas ela nem liga, quando não está dormindo, fica na frente da televisão, eu falo, levanta daí e vai lavar a sua roupa, lava você, responde com maus modos. Quanto você pegou na gaveta? Isso tudo? Não foi isso que nós combinamos, eu já tinha te dado dinheiro pra viagem, e agora como eu vou pagar as contas? Nem sei o que a gente vai comer. Ora, mãe, arroz com feijão e ovo. No fim do mês você recebe seu salário e paga as contas. Não tem graça, Fernanda, coloca o dinheiro onde você tirou.

A moça emburra, você acha que eu não preciso de nada, quer saber, eu te odeio, vou arrumar minhas coisas e vou-me embora desta casa. A mãe pensa que ela está falando da boca pra fora, como se fala na hora da raiva, mas a moça vai jogando tudo que tem de melhor dentro de uma mala, pega o celular e liga pra um amigo, é um menino que gosta dela, ele tem carro, você pode me levar na rodoviária? Enche a mochila com o restante das coisas, a mãe segura a filha pelo braço, com um safanão ela se liberta, sai trombando com o peso pelos móveis, ela ameaça, olha, mãe, se você me fizer passar vergonha na frente do meu amigo, nunca mais você vai me ver na vida, vou sumir no mundo. A mãe se resigna, criou essa filha com tanto amor, não quer agir com precipitação, pra onde você vai, ficou louca? Não te interessa, estou indo embora, quando eu puder, ligo dizendo onde estou.

E agora, Jorge, o que é que você vai fazer? Nem se passaram dez dias e ela está de volta de malas feitas, veio viver com você, está disposta a morar na oca, comer peixe e batata-doce assada, está enjoada de arroz com feijão.

Você explicou pra ela que tem mulher e filha? Mulher, a bem dizer não tenho, a minha foi embora cuidar da mãe, ela devia saber que índio não vive sem mulher, pensou que podia fazer o que quisesse de mim, mas só durmo direito se tiver uma mulher ao meu lado. Fiquei louco quando vi Fernanda entrando porta adentro, dizendo que veio morar comigo, se fiquei louco foi louco de amor, queria beber todo o seu veneno, eu nunca antes soube o que era o amor, se for pra viver sem ela, antes a morte, não queria morrer, queria o amor dela.

O curso estava terminando, liguei pra minha mãe, que me disse, meu filho, não posso resolver isso pra você, você é quem tem de saber o que quer. Decidi levar Fernanda para morar comigo, aliás, quem tomou a decisão foi ela, só me restava aceitar, eu só não sabia da loucura para a qual estava sendo arrastado, quando chegamos lá ela confessou, minha mãe deve estar maluca, ela não sabe onde eu estou nem que vim morar com você. Fernanda, nós, Guarani, temos muito respeito para com nossos pais, os mais velhos são os sábios da aldeia, é deles que recebemos os ensinamentos de Nhanderu, você me colocou numa situação difícil, você acabou de fazer dezoito anos, se sua mãe descobrir onde você está, como é que eu fico, os brancos não gostam de índio, muitos pensam que nós é igual bicho, os brancos não conhecem a natureza do índio, por isso pensam tão mal de nós. Minha mãe não vai fazer isso, ela vai esperar eu dar notícia. Vamos, pega o celular, vamos contar pra ela o que foi que nós fizemos.

A preterida xingou a outra de todos os nomes, gritou, esbravejou, se jogou no chão com a boca espumando de raiva, em vão,

Jorge tinha feito sua escolha. Se você estivesse comigo isto não teria acontecido, você foi viver com sua gente, fiquei igual cão sem dono, não quero mais viver com você. A mulher joga sua última cartada, a outra é branca, branco é cobra, você não perde por esperar, um dia quando estiver dormindo, ela vai enfiar uma faca no seu peito.

Jorge tem uma resposta na ponta da língua, não é a primeira vez que isso acontece, meu pai é branco, eu sou índio porque minha mãe é índia, meu pai veio morar na aldeia, fui criado como índio, tenho o cabelo de índio, a cor do índio, sou um índio Guarani. Tá bom, de tanto viver com a gente, meu pai é um índio, como qualquer um de nós, mas os pais dele tinham terra, pasto, gado. Na ocasião, o pai da minha mãe disse, se quiser casar, pode, mas vai ter de comer o que índio come, se a gente comer minhoca frita, você vai ter de comer minhoca frita, meu pai e minha mãe se casaram e estão juntos há quase quarenta anos. Mas Jorge está assustado, mulher é tudo igual, são todas loucas.

A história se repete, estamos nos miscigenando desde que aqui chegaram os primeiros homens brancos, eles logo descobriram o quanto era melhor dormir com índias e negras, elas tinham o corpo mais macio e flexível, não tinham sido criadas na cultura do pecado e do inferno, as mulheres brancas estavam muito descontentes de viver no meio dessa gente bruta e selvagem, Deus me livre, as que para cá vieram, parte delas, se tornou amarga, o coração endureceu, mas o sexo com elas se tornou a forma correta de constituir família, ter e criar os filhos e delegar a herança.

Não é a primeira vez que nos defrontamos com uma história de paixão entre um branco e uma índia, uma delas se tornou célebre, na década de 50 do século passado, o sertanista Ayres Câmara Cunha se apaixonou por uma índia de uma etnia com a qual havia estabelecido contato. Ela chamava-se Diacuí, que significa a planta que brotou no campo. Os estatutos do SPI (Serviço de Proteção ao Índio) não permitiam o casamento, o caso, no entanto, ganhou as páginas das revistas e jornais e, sob a proteção de Assis Chateaubriand, eles obtiveram a autorização da Igreja Católica e se casaram na Candelária. Diacuí teve uma filha, poderia ter sido uma história singela, com final feliz, mas não quiseram assim os astros, ela morreu no parto.

Jorge foi convidado para dar aula na aldeia de Pinhal, na Reserva Indígena de Rio das Cobras. Aceitou, ganhava 800 reais, tinha casa de graça, cesta básica, poucas despesas, a adaptação da nova mulher seria suave, em Pinhal os índios vivem em casas de alvenaria, ele estaria trabalhando no magistério, atividade para a qual se preparou e, suponho, seria um tempo em que ele aproveitaria para consolidar o casamento.

Como fica próximo à cidade de Fernanda, combinou-se que a mãe dela iria visitá-los, a filha tinha certeza que ela não faria cena, viria em boa paz. Jorge sentia-se culpado, afinal, levou a moça sem consentimento da família, tremia ao pensar no encontro, a mãe podia querer que ela voltasse para casa, está certo que Fernanda, com o temperamento que tem fugiria de novo e viria ao seu encontro, mas um homem de bem não gosta de ser confrontado, ele deve sempre agir com retidão, a vida de Jorge perdia as certezas, o chão se movia sobre seus pés, o amor veio, mas não encheu de paz o seu coração, trouxe rompimentos, uma parte de sua história se fechava, houve discórdias, brigas, desaforos, poderia ouvir outros tantos da sua sogra, e que haveria de fazer, tinha de ouvir calado, sabia que agira errado, mas, afinal, por que um homem tem de se submeter à loucura das mulheres?! Ora, índios e não índios me responderiam, é o único jeito de viver com elas.

Pinhal, Rio das Cobras e a cultura ameaçada pelo alcoolismo

Onde fica Pinhal? Fica no estado do Paraná, a duas horas da cidade de Quedas de Iguaçu. Vivem lá cerca de quatrocentos índios. Jorge nos abre o coração, não tínhamos ideia da dimensão dos problemas, não se trata apenas de sua vida pessoal e familiar, a aldeia não tem casa de reza nem artesanato, todo sábado tem baile, com música de branco e bebida. Todos bebem muito. Se o índio perde sua cultura, cria-se o vazio, é na casa de reza que o índio se fortalece, é através de Nhanderu que nos mantemos unidos, firmes, protegidos pelo saber dos mais velhos, os homens protegendo as mulheres, homens e mulheres cuidando e protegendo as crianças, sem a casa de reza, o índio apenas vaga pelo mundo, é assim que eles estão vivendo em Pinhal, dançando nos bailes, bebendo, atacando as mulheres, esfaqueando-se. O MEC e a prefeitura fizeram duas escolas novas, mas falta professor.

As crianças roubam, entram nas casas, pegam o que querem, estão aprendendo a beber com os pais, a geração de 10 aos 40 anos está perdida. Mas, segundo ele, ainda dá pra salvar a aldeia, a aldeia de Pinhal dá pra salvar, ele repete. O que é preciso fazer? Acabar com os bailes, parar de vender bebida, ensinar as crianças a não roubar, construir a casa de reza, ele mesmo conseguiu implantar um programa, Artesanato Que Alimenta – troca artesanato por cesta básica.

A Reserva Indígena de Rio das Cobras tem seis aldeias, uma delas com uma população de cerca de seis mil índios. Nelas vivem duas etnias, Guarani e Kaingang. Tem muito branco também, todos os índios vivem sem casa de reza, sem artesanato, os homens ficaram tão viciados na bebida que se acham felizes assim. Por causa da cerveja, acontecem muitas brigas, andam armados de faca, ocorrem assassinatos, as mulheres têm filho sem saber quem é o pai. Sem a bebida isso não aconteceria, uma criança sem pai seria uma coisa impensável na cultura Guarani. O marido da minha irmã se envolveu numa briga, recebeu uma facada, quase morreu, ela agora está morando com a gente.

Conhecendo as várias referências sobre o costume dos tupinambá de beber o cauim, tenho enorme curiosidade em saber se os

Guarani também fabricam e tomam ritualmente bebidas alcoólicas. Jorge nega, não temos nenhuma bebida alcoólica. A cauinagem, própria da cultura Tupi, tão largamente descrita pelos cronistas já no século XVI, que tanto contribuiu para formar a imagem do índio como um beberrão contumaz, não é uma prática que seja própria da cultura Guarani.

As bebidas alcoólicas não fazem parte da cultura Guarani, Jorge repete com veemência, esse é também o testemunho do padre Antônio Ruiz Montoya: "Não ocorre neles [entre os Guarani] a embriaguez, porque seus 'vinhos', por serem fracos, não causam tais efeitos", mas indago, o que é que os Guarani bebem?

O chimarrão que os gaúchos consomem regularmente é feito à base da erva mate, planta nativa do Paraguai, domesticada pelos índios Guarani. Lévi-Strauss em *Tristes Trópicos* diz que, entre as bebidas utilizadas na América, a erva-mate é a mais revigorante. Várias das plantas com que são elaboradas as bebidas estimulantes mais consumidas hoje no mundo foram domesticadas na América: o cacau, nativo no México, era utilizado pelos Maia como moeda de troca, ele é a matéria prima de um dos alimentos mais apreciados no mundo inteiro, e muitos até se viciam nele: o chocolate.

O guaraná é nativo da Amazônia; a coca, uma planta sagrada na América andina, apesar de tão difamada por causa do refino da cocaína, entrava (não entra mais?) na composição do mais popular de todos os refrigerantes, a Coca-Cola. Talvez seja importante ressaltar, eles mastigavam a folha da coca para mitigar os efeitos físicos causados pela altitude, não produziam o refino, a cocaína.

O que mata, então, a sede dos Guarani? Vejo Luiz, irmão de Jorge com a cuia de chimarrão, seria então a erva-mate que os alimenta e hidrata? Antes da cerimônia do batizado, Dona Elisa nos pediu que trouxéssemos fumo e erva mate, faço duas perguntas: quantas vezes vocês tomam o mate por dia? São vocês mesmo que cultivam e preparam a erva para a bebida?

Jorge nunca nos deixa sem resposta, está sempre pronto a satisfazer a nossa curiosidade, quando a gente tem a planta perto de casa, nós mesmo preparamos. E como se prepara? Ele nos traz uns ramos dela, exemplifica, primeiro, retira-se os galhos, faz-se um molho, amarra, leva pra casa de reza. Depois se faz um fogo e queima a planta, passando os galhos por cima dele. Uma vez seca e queimada é só triturar a erva. Mas o chimarrão, como é que se prepara? É simples, coloca-se a erva no fundo da cuia, despeja-se água quente (ele disse morna), ontem mesmo vi a chaleira ao lado daqueles que estavam bebendo, está pronto o chimarrão. Toma-se pela manhã e à noite.

Jorge atribui o consumo da cerveja e da cachaça uma das causas das desordens e da dissolução social que ele pôde verificar na reserva do Rio das Cobras. Enumera os problemas de difícil solução: eles bebem muito, frequentam bailes, não têm casa de reza nem artesanato. O quadro descrito provoca uma contrariedade que ele não consegue dissimular. Por que eles abandonaram a casa de reza e se entregaram à bebida? Por que a violência se instalou entre eles, gerando brigas, assassinatos, estupros? Porque as mulheres têm filhos e não sabem quem é o pai?

Ele faz uma descrição geral do que seja a reserva de Rio das Cobras. Ela é composta por seis aldeias, as casas são de alvenaria. As aldeias não ocupam toda a reserva, as áreas em torno são próprias para o plantio. O que os índios plantam? Um pouco de milho e feijão. Grande parte, porém, destas áreas são arrendadas para a prefeitura ou particulares, que nela plantam soja.

Jorge é um homem dividido, pode ser que seja sua metade branca que nos torna tão próximos, ele partilha conosco os conhecimentos que possui, suas angústias nos contagiam, passamos a vivenciar seus problemas, o que está acontecendo com os índios Guarani da reserva do Rio das Cobras? Por que eles estão bebendo tanto, continuamos a nos perguntar.

Ele me leva para conhecer a cabana que está construindo para Fernanda e ele. Cada família tem sua oca, a sua é a oitava a ser construída, mas as contas fecham em 12. Nestes meses que temos convivido na aldeia Guarani, aprendemos várias coisas sobre a casa dos índios: olhando de fora, tem-se a impressão de espaço pequeno, exíguo, mas, uma vez dentro, a sensação que experimentamos é de conforto, aconchego e amplidão. Ele vai me explicando, a palha pegou ali mesmo, em um mato próximo, uma vez tirada, leva três dias para secar, se tiver sol. A madeira ele trouxe de fora, não, ela não recebe nenhum tratamento, deve, no entanto, ser tirada na Lua Nova, na Lua Crescente ou Cheia dá bicho, se perde. Dois esteios, um de cada lado da construção, dão o suporte ao conjunto, e a protege da força dos ventos.

Ele gosta de dormir em rede, a mulher dorme em cama, nas ocas Guarani usa-se fazê-las na meia lua, isto é, na parte do fundo, constrói-se um jirau, os pais dormem em cima, os filhos embaixo. Solução prática e engenhosa, que cria um espaço privado para o casal. Estou ficando encantada com as ocas, um amor e uma cabana podem de fato garantir um bocado de felicidade. E, o mais impressionante, utilizando os mesmos materiais que usavam seus antepassados. A cabana não está plenamente coberta, falta um espaço não muito grande do teto para ser preenchido, tem um monte de palha seca no chão, mas não sei se é suficiente para terminar a cobertura. Ele diz que a oca que ele e Luiz constroem não deixa vazar água da chuva, e mostra o capricho da terminação na palha bem cortada, por quanto tempo ele poderá usar a cabana? Seis anos, depois é necessário trocar a palha.

Quando vejo uma mulher com uma barriga bem grande, que logo vai ter o neném, fico muita aflita, nunca é bastante o cuidado que se tem na hora do nascimento, há que se temer a força e a violência da natureza. Por esse motivo Fernanda passou a ser um dos centros da nossa atenção, na sexta-feira passada, quando cheguei, ela estava saindo do carro da Fundação Nacional de Saúde, tinha passado mal durante a noite, e foi levada ao hospital para ser examinada, mas como não estivesse ainda em trabalho de parto, a trouxeram de volta, ela soltou rápido do carro e não a vimos mais, provável que lhe tenham recomendado repouso.

Jorge nos confidenciou, se nascesse agora, a criança seria prematura, teria de ficar quinze dias no neonatal. Nesta sexta-feira a encontramos firme, sentada na roda da família, esperando. A vida de uma mulher grávida consiste em esperar, onde nós temos medo, ela tem certeza, sabe que tem de parir a criança que gerou, mas quando ela diz, estou com 4,5 de dilatação, eu me assusto, começo a me indignar, será que é certo, com as novas práticas médicas e com toda a tecnologia disponível, mandar uma mulher pra casa com tal dilatação sem fazer uma ultra?

Antes de descer para a casa de reza, converso um pouco com a família de Jorge, os homens tomam chimarrão, noto que a quantidade de erva-mate é grande, as mulheres fazem artesanato, elas usam miçangas que, como sabemos, os índios prezam muito. Outro dia, quando tentava fazer uma descrição de Fernanda, fiquei em dúvida, qual é a cor do seu cabelo? Algum dado me escapa, olho com atenção e pergunto, você pintou o cabelo? Ela confirma, a diferença se mostra na raiz castanha, o cabelo preso em rabo é negro. Quando estamos já por descer para a casa de reza, Dona Elisa chega. Usa saia marrom rodada com uma bonita blusa estampada, faço um parêntesis para ressaltar outro dado, as índias da aldeia só usam saias, não se vê nenhuma delas de calça, short ou bermuda. Manuel da Nóbrega, já em 1549, ao se referir as índias que habitam o sul, diz que elas "andam vestidas como ciganas, com panos de algodão, por ser a terra mais fria que esta", podemos constatar que a força da cultura ainda se mantém, as saias não são tão compridas que cheguem aos pés, no entanto, longas o suficiente para cobrir as pernas.

Dali nos dirigimos à casa de reza. Jorge zela pelo bem-estar da comunidade, esse é o fundamento da sua autoridade. As preocupações e problemas que vem enfrentando não são pequenos, desde que saíram de Paraty, vivem na incerteza e na luta, primeiro a aldeia foi queimada para aterrorizá-los e inviabilizar sua permanência nesse recanto escondido e aprazível da praia, seria o platô, no qual edificaram suas ocas, um início da Serra do Mar? Sabemos que nos últimos cinco ou seis séculos tem sido este um dos destinos das migrações Guarani. A verdade é que a vida não tem sido fácil pra eles, Jorge é contido, mas oprimido pela situação dramática na qual estão vivendo, desabafa, o Presidente do Instituto Estadual de Floresta tentou impedir a ligação de água e esgoto para aldeia, diz que já existe um acordo entre as entidades de que vamos ter de sair daqui, que se trata de um parque sob sua administração, e que no local será criado um pequeno centro de valorização da cultura indígena.

Parte deste problema encontrou uma solução feliz, uma vez que a Concessionária de Águas de Niterói fez a ligação. Mas a briga não terminou, o Instituto Estadual de Floresta inseriu a área nos limites do Parque Estadual da Serra da Tiririca, onde qualquer ocupação é vedada, mas os Guarani já se encontravam no local antes do decreto aludido. As ameaças que pairam sobre a aldeia nos afligem, na véspera, havíamos recebido uma convocação pra participar de uma Assembleia Extraordinária da Comissão Indígena de Niterói, eis a pauta:

- *Situação sobre a transferência (dos Guarani) para Maricá*
- *Situação sobre o acréscimo de ocas e mais índios Guajajara na aldeia Guarani.*

Jorge garante que a mudança para Maricá não está em seus planos, segundo ele o verdadeiro problema são os índios Guajajara. Hoje, um caminhão de madeiras foi entregue com a finalidade evidente de construir outras ocas, Jorge as reteve, outro dado o mantém muito apreensivo, eles são liderados por dois índios, formados em direito, que moram na cidade e que já manifestaram a intenção de ali estabelecer uma aldeia, expulsando de lá os Guarani.

Quero saber de nosso amigo por que os índios Guajajara estão ali, por que você os deixou ficar? A resposta versa sobre a confiança que depositamos na palavra das pessoas, os Guarani estavam se preparando para reinaugurar a aldeia, planejavam eventos com a participação de um público amplo, os Guajajara apareceram por lá pedindo para construir uma oca onde venderiam seu artesanato, prometendo que a seguir voltariam para o Maranhão.

Mas uma questão tem sempre muitos lados. Enquanto estamos em aula, Geovani, o motorista, circula e se inteira do que acontece em torno, ele que é, por natureza, comunicativo e curioso, dona Elisa lhe confidencia, vamos sair daqui, estamos de mudança para Maricá, vai ser muito melhor, lá temos lugar de plantar. Existe também uma tensão interna, ela não suporta mais a presença dos Guajajara, que são gentes de outros costumes, outra língua, outra cultura, além disso, os Guarani são agricultores, a base tradicional de sua alimentação é o milho, não lhes é próprio um lugar onde não possam plantar. No primeiro dia em que estive na aldeia, me disseram que a prefeitura lhes cederia um espaço para cultivo, pergunto, a promessa se concretizou? Não sei a resposta. Eles recebem bolsa-família, por que não compram o milho? Como foi dito anteriormente, o milho Guarani não é como aquele plantado em roças comuns, a semente que germina em suas roças é abençoada na Opy, os Guarani não separam o social do religioso, todas as dimensões de sua vida ocorrem dentro do espaço do sagrado.

A eterna questão fundiária

A aldeia Guarani em Niterói tem sido notícia constante na imprensa carioca pelas disputas que a área, por sua localização privilegiada, tem acirrado. Os moradores dos condomínios próximos estariam insatisfeitos por acreditar que a presença dos índios desvalorizaria o local, sem ter como causa necessária esta pendência, um incêndio consumiu a aldeia Guarani ali instalada. Quando índios e moradores pareciam ter chegado a bom termo, surge essa contenda maior, que se transformou em briga de foice. E por fim, para definir a questão, recebemos um boletim informativo da CESAC (Centro e Etnoconhecimento Socioambiental Cauiré), entidade presidida por um advogado da etnia Guajajara do tronco Tupi, alegando que a área na praia foi comprada do velejador George Mollin para dar início a um projeto de manejo sustentável e que, em 2007, a associação foi procurada pelo representante da FUNAI/RJ para assentar uma família Guarani Mbyá, oriunda da Argentina, que havia sido expulsa da comunidade de Paraty-Mirim.

Segundo o relato, a família foi alocada sobre a área do Sambaqui Duna Pequena por princípios humanitários e legítimo anseio de reparação, pois a mesma – expulsa das aldeias Guarani de Paraty--Mirim, Bracuí e Araponga – "estava sem eira nem beira", condenada a viver de favor na ocupação do antigo Museu do Índio, no Maracanã. Afirmam que os índios Guajajara, de Tronco Tupi, constituem o maior grupo de refugiados étnicos do país. Habitam onze terras indígenas na margem oriental da Amazônia, tendo sido paulatinamente expulsos de suas terras e que, em ação coordenada com o CCOB (Conselho Comunitário da Orla da Baía de Niterói), a FUNAI, na segunda semana de fevereiro, estabeleceu um prazo até o fim daquele mês pra que os Guajajara deixassem a área Do Sambaqui Duna Pequena, caso contrário, sairiam judicialmente.

Essa entidade acusa o representante da FUNAI, no Rio de Janeiro, de ser o responsável direto tanto pela instalação dos Guarani na aldeia, quanto pela expulsão dos Guajajara do local. A FUNAI teria maculado a impessoalidade do cargo que ocupa, sob pena de Improbidade Administrativa, ao eleger uma família Guarani em detrimento de outras famílias, uma etnia em detrimento a outra, ferindo os direitos dos Guajajara, como os direitos dos Tupinambá e dos pescadores de Itaipu, herdeiros da área do Sambaqui Duna Grande e Duna Pequena. O relatório cita ainda o depoimento do xamã Guarani Mbyá Jonas Tupã, segundo o qual o Paraguai é a "Terra Mãe", o "Centro da Terra" para a etnia Guarani. Finalizando, dá-nos conta de que o CCOB começou uma campanha difamatória contra a pessoa do advogado da Providência e o CESAC, coagindo-os a retirar seus parentes Guajajara da área, pois, os Guarani poderiam partir para a violência e o CCOB, tal como Pilatos, lavaria suas mãos, colocando-os como responsáveis pelo dissenso que o próprio CCOB alimentara.

Migrações Guarani, a Terra Sem Mal

Ontem, quando cheguei à Aldeia, encontrei dona Elisa às voltas com seu artesanato, rodeada por suas filhas, e junto delas estava Antônio Overa, índio Kaiowa, de etnia Guarani, do Mato Grosso do Sul. Dona Elisa estava com a cuia de chimarrão, observei quando Antônio Overa despejava água sobre a erva-mate, era água quente, saía fumaça, a cuia passava da mão de um para a mão de outro. A presença de Fernanda na aldeia tem me obrigado a pensar na adaptação de um branco ao modo de viver do índio, somos mais individualistas, nos limitamos à família nuclear, eles vivem juntos, as atividades são quase todas coletivas, embora na aldeia Guarani cada família tenha sua própria cabana.

A oca de Jorge e Fernanda está pronta, eles terão um espaço só deles pra viver com o filho, assim vai ser mais fácil para ela, que vem de fora, conviver com outros usos e costumes. A criança ontem não tinha ainda nascido. Outra coisa que me chamou atenção foi que a oca dos índios Guajajara não estava mais lá, confirmando o que dizia os relatórios da CCOB, eles haviam sido expulsos da aldeia pelos índios Guarani.

Jorge, que estava no dentista, avisou que não chegaria a tempo, dona Elisa pediu a Antônio Overa que o substituísse, ele se propôs a falar dos tempos verbais, mas de pergunta em pergunta, ficamos apenas na cultura dos Kaiowá e não chegamos à construção dos tempos verbais. Como ele se prepara para o doutorado, eu quis saber se a formação exigida deles é igual a que se exige dos não-índios, isso é, o ingresso na Universidade pede que o aluno tenha completado o primeiro e o segundo graus, totalizando 12 anos de estudo. Ele disse que sim, com a ressalva de que até a quarta série o estudo é feito nas aldeias, mas daí em diante, aqueles que querem seguir os estudos, devem frequentar escolas comuns, e é sobre este processo que versou sua dissertação.

Qual é o seu habitat dos Kaiowá? As terras deste grupo são cortadas por quatro rios, que dividem as diversas aldeias. As terras que margeiam o Rio Brilhante são o espaço de sua aldeia, com 12 mil Kaiowá. Aquelas em torno do Rio Dourado abrigam 10 mil Kaiowá. No Amambaí vivem mais 10 mil índios. E, ao redor do Rio Iguatemi, são 10 mil índios incluindo os que estão no Paraguai. O que significa Iguatemi? Igua – fonte. Mi – pequeno. Temi pequeno, mas o TE junto ao MI lhe dá um significado especial, de encanto, portanto, Iguatemi significa uma fonte de água pequena, um lugar bonito e encantador. Quando os europeus chegaram à América do Sul, no século XVI, os Guarani ocupavam uma vasta área que hoje inclui os estados do Rio Grande do Sul, Santa Catarina, Paraná, São Paulo, Mato Grosso do Sul, além de parte dos países vizinhos.

Segundo Pierre Clastres, sob a condução de seus profetas, os Karai, os índios Guarani, abandonando aldeias e plantações, jejuando e dançando sem parar, punham- se em marcha para o leste, ao lado do sol nascente, em busca da Terra sem Mal. E, para encontrá-la, eram feitas, já no final do século XV, as grandes migrações religiosas dos Guarani. Sobre as migrações em busca da Terra Sem Mal, eis o que diz Overa, de acordo com a cultura kaiowa, quando algum mal acontece à tribo, quando as coisas não estão boas, quando algum mal os atinge, eles devem rezar um dia inteiro, o dia e a noite sem interrupção. Quando eles conseguem realizar a nemoa, isto é, a reza completa, eles se tornam invisíveis, podem permanecer escondidos, por isso eles não mudam de lugar, permanecem lá, a reza os torna invulneráveis ao mal. Aqueles que não conseguem tornar-se invisíveis e invulneráveis ao mal partem em busca do lugar em que possam viver bem. Segundo Overa, essa denominação, Terra Sem Mal, teria sido criada pelos não-índios.

O habitat dos Kaiowá é diferente e distante daquele onde vivem os mbyá, mas suas culturas se encontram na mesma religiosidade que temos presenciado na aldeia e da qual Antônio Overa dá seu testemunho. Segundo os kaiowa, o que determina o que uma pessoa é ou o seu comportamento é o lugar de onde ela veio. Vera (se pronuncia Verá) é um dos espaços de onde vêm as pessoas. Significa brilhante, iluminado. Overa controla o trovão. Tupã ou aquele que Jorge diz ser Nhanderu, Nosso Pai Primeiro, controla esses espaços. Jaxi, não só a Lua como o espaço, é a guardiã das mulheres. Kuara'y são os filhos da morada do Sol, guardião dos espíritos que vêm da morada do sol.

Não sei se a questão que vou colocar pode ser entendida como uma traição, mas é uma oportunidade, que não posso desperdiçar, a palavra sai da minha boca sem que eu a possa segurar, qual a reação da família de Jorge à presença de Fernanda? Overa é cauteloso, na sua aldeia, quando isso acontece, as mulheres ficam vigiando, dizendo, duvido que ela vá se adaptar à vida de índio. E como são vistos os casamentos entre índios e brancos na cultura Guarani?

Os casamentos entre culturas diversas, quer se realizem entre Guarani e brancos, quer seja entre etnias diferentes, são sempre vistos com restrição. Aquele que vem de fora deve se adaptar ao modo de vida dos Guarani. Nos casamentos entre membros da mesma etnia, é regra que o homem vá morar com a família da mulher, aquele que não se integra é mandado embora. Quando o homem vai embora, tem de deixar os filhos, eles ficam com a mãe, que também permanece com a família, quem vai embora é o homem. Na sociedade dos não-índios não é muito diferente, mas ele acrescenta, a criança não pertence só à mãe, ela é da família. Todos são responsáveis por ela.

A vida Guarani se organiza na casa de reza, é lá que as crianças são educadas, desde pequenas elas sabem que têm um pai supremo, Nhanderu, que é dele que eles receberam os espíritos que fazem deles o que são, que uma ofensa que se faça aos pais ou aos irmãos é ao grupo de espíritos lá de cima que se ofende, é ali, na casa de reza, que aprendem a respeitar pai e mãe e a acatar as leis da sociedade em que vivem, pela inspiração sagrada e pelo exemplo. Nós respeitamos os mais velhos, nós nos respeitamos uns aos outros, porque, quando se ofende um irmão aqui, é o lá de cima que ofendemos, como minha mãe me dizia, se você me desobedecer, é a mãe lá de cima que você está desobedecendo.

Os índios são brasileiros?

Os índios são brasileiros? É uma questão que, não tenho certeza, se perguntado, como o povo brasileiro responderia, o ministro Ayres Britto afirma, baseado na Constituição, que os índios são brasileiros, o antropólogo José Ribamar Bessa Freire, em seu artigo, "Cinco Ideias Equivocadas sobre os Índios", enumera como o quinto equívoco a ideia de que o índio não é brasileiro, reafirmando o que nos diz o ministro, que o povo brasileiro foi formado por três grandes matrizes, as matrizes europeias, as matrizes africanas, e as matrizes indígenas; os índios são, portanto, brasileiros.

E os índios, Antônio Overa, como responderiam à questão, eles se consideram brasileiros? Ele pensa um pouco sobre o que responder, responde com outra coisa. Ele faz diferença entre o discurso e a prática, entre o que se diz e o que se faz. O povo ao qual ele pertence é Guarani, mas pertence a um subgrupo, os Kaiowá que vivem no Mato Grosso do Sul. Os Kaiowá que vivem próximo ao Rio Iguatemi estão em contato direto com os índios do Paraguai. Antônio Overa afirma que os índios brasileiros têm uma série de vantagens que seus irmãos do Paraguai não possuem: casas de alvenaria, bolsa-família, atendimento de saúde, etc.

Então os dirigentes da FUNAI e outras autoridades lhes dizem: esses privilégios são para os índios brasileiros, não podem ser dados àqueles que vivem no Paraguai. Os chefes índios dizem em público, é verdade, temos que preservar nossos direitos, não podemos deixar que os índios paraguaios usufruam o direito que é nosso de brasileiro. Esse é o discurso, mas na prática procuram inscrever seus irmãos paraguaios na FUNAI, para que eles possam gozar dos benefícios concedidos aos Kaiowá do Brasil. O mesmo ocorre quando o assunto é a pinga. A FUNAI diz: não pode vender pinga aos índios, os chefes repetem, não pode deixar vender pinga aos Kaiowá, mas na prática eles compram e bebem a pinga proibida.

A família de Jorge estava reunida em torno de dona Elisa fazendo artesanato, Renata lembrou-nos que, no dia seguinte, 28, seria o reforço do Nhemongara'i, dona Elisa disse, vamos batizar as sementes de milho. Eu me desculpei, infelizmente no sábado não posso vir, o fim de semana é dedicado à família, o marido não vai gostar. Marido é um problema! Tudo dito em tom de brincadeira, assim como os homens devem dizer, minha mulher vai criar caso. Destacada entre as filhas de dona Elisa estava Cema, ela repetiu o refrão, marido é um problema, trata-se da irmã de Jorge que vivia na Reserva Indígena de Rio das Cobras, aquela que o marido se envolveu numa briga, foi esfaqueado, quase morreu. Entre os Guarani, quando há uma separação, a mulher volta para a família, como muito bem salientou Antônio Overa, é o homem quem vai embora, os filhos são da família.

Cema tem um tipo diferente do resto da família, mais que uma índia, lembra uma cabocla. Foi só quando cheguei em casa que me dei conta, ela estava usando calça comprida, peça de roupa que nunca vimos em outras índias da aldeia, todas usam saia, estão sempre ocupadas, amamentando os filhos, ou cuidando de seus trabalhos, são boas mães, boas esposas, boas filhas. Boas filhas de Nhanderu.

Entre elas destaca-se Cema, seria o que os homens dizem uma bela morena, pressente-se nela a rebeldia da mulher moderna, está vivendo em um platô, encravado entre o mar e a serra, é só descer que está na praia. No Carnaval, a praia fica cheia de banhistas que passam o dia ao sol ou nos bares que se erguem na areia onde se vende peixe frito e cerveja. Eu me pergunto, terá ela descoberto esse prazer de frequentar a praia, não apenas para se banhar como as índias sempre fizeram, mas para curtir. É na beira do mar que o povo gosta de passar o Carnaval, onde a brisa é fresca e pode-se mergulhar a qualquer hora na água fria, nesses dias em o que os termômetros beiram os 40 graus, dias de não fazer nada, descansar, esquecer o trabalho, os problemas, a vida dura. Hoje, sexta-feira, o Carnaval oficialmente terminou, mas o ano só começa a sério na segunda-feira, o povo brasileiro aproveita este finzinho de férias e festas, Cema pode ser, findo o Carnaval, apenas mais uma moça bronzeada na cidade de Niterói, quiçá do Brasil.

Ela vivia com o marido na aldeia de Pinhal, lá, onde, segundo Jorge, tem baile toda semana, onde os índios bebem cerveja e pinga. A cerveja não é boa conselheira, deixa que os desejos aflorem e saiam do controle, as mulheres dançam, se vão ao baile, provavelmente mudaram a sua maneira de se vestir, usam calças justas que insinuam as formas do corpo, são mulheres jovens, querem se divertir. As etnias se misturam e, como nos diz Jorge, há brancos também, homens de pé ao redor da pista olham as mulheres que dançam, dançam e dançam. A poucos passos dali, em algum canto escuro, a faca tinge de sangue o ventre do inimigo.

Como afirma o Ministro Carlos Britto, "assim como os não índios conservam a sua identidade pessoal e étnica no convívio com os índios, os índios também conservam a sua identidade étnica e pessoal no convívio com os não índios, pois a aculturação não é um necessário processo de substituição de mundi vivências, mas a possibilidade de experimento de uma delas." É provável que Jorge tenha de aceitar o baile como um fenômeno de uma sociedade que entra em contato com a outra e se modifica, adota outros hábitos, outros costumes, que são diferentes e não necessariamente maus ou errados. Nós também temos de modificar nossa maneira de olhar o índio, como diz o professor José Ribamar Bessa Freire, a imagem que temos do índio é uma imagem congelada, aquela descrita na carta de Caminha há mais de 500 anos: nu ou de tanga, no meio da floresta, com o arco e a flecha, "qualquer mudança nela provoca estranhamento. Quando o índio não se enquadra nessa imagem vem logo a reação: Ah! não é mais índio".

Existe aí, no entanto, um problema que convém não menosprezar. Jorge se aflige, não se trata apenas do baile, na visão dele, esses índios Guarani estão abandonando sua cultura ancestral por costumes que geram comportamentos violentos e dissolutos. Na reserva, as casas são de alvenaria, existe aí uma ruptura, tradicionalmente, os índios tiram tudo que precisam do mundo a sua volta, da floresta ou dos rios que o rodeiam. Suas casas são feitas com a madeira que eles tiram da mata, onde empregam a mesma sabedoria gerada por seus ancestrais, a palha que lhes serve de teto, eles tiram da palmeira, que lhes é extremamente generosa, oferecendo-se inteiramente ao seu desfrute, seja no caule, nos frutos, nas folhas.

Hoje este trabalho de tirar da floresta tudo de que precisam ficou mais leve, porque podem utilizar ferramentas modernas, menos rudimentares que os machados de pedra usados pelos índios em 1500. Das árvores, os índios extraem não só a madeira como os frutos, além do mel que tiram das colmeias encravadas nos troncos. Da terra, onde plantam, tiram o milho, a mandioca, o amendoim e a melancia. É uma maneira de viver em harmonia com a natureza, o empenho constante os torna fortes e aguerridos. Da água do rio, tiram o peixe, do Atlântico, os frutos do mar, da floresta a caça que abatem. É um estilo de vida que nós, urbanos, não suportaríamos: soltos na mata, sem provisões, teríamos muita dificuldade de sobreviver.

De Jorge recebemos outra informação. O que é feito das terras da reserva que contornam as aldeias, eles plantam? Um pouco de milho e de feijão. O restante das terras é arrendado para a prefeitura ou para os agricultores que plantam soja. Nós estamos falando da Reserva do Rio das Cobras, cujo rumo tem causado tanto desgosto a Jorge. À medida que essas rupturas acontecem, e eles não têm uma casa de reza, não fazem artesanato, não seria apenas um movimento de aculturação; os jovens estão se alienando de sua cultura e adotando o comportamento dos brancos, sem estarem devidamente enraizados neste novo universo, onde se sentem forasteiros. Chegamos, pois ao tema da cachaça e da cerveja, problema que aflige, segundo nos diz Jorge, todas as aldeias da Reserva de Rio das Cobras e que o deixa desarvorado. Ele sofre, no seu parecer, entre os que lá vivem, a geração que vai de 10 a 40 anos está perdida pela bebida e pelos bailes.

Os primeiros cronistas, que testemunharam a vida dos índios no Brasil no início da sua colonização, nos dizem que os índios fabricavam suas bebidas alcoólicas e as consumiam em suas festas, Hans Staden nos dá conta da regularidade com que ocorriam: "Cada cabana prepara sua própria bebida. Devendo-se celebrar uma festa na aldeia – normalmente uma vez por mês, todos se encaminham para uma primeira cabana e ali bebem toda a bebida. Seguem assim em círculo, até que as bebidas de todas as cabanas tenham acabado".

Conheciam, pois, os índios as bebidas embriagantes e estavam acostumados ao álcool, que consumiam com alguma regularidade. Porém, como já foi dito, estas bebidas eram fabricadas pelas mulheres, com a mandioca ou o milho de suas roças, em áreas preparadas com machado de pedra, o que implicava trabalho árduo. Além disso, as mulheres deviam tirar a mandioca ou o milho e preparar a bebida, um processo que envolvia quase todas de uma mesma família e que se estendia por dois ou três dias. Essas bebidas que eram consumidas ritualmente, e não segundo a hora e o gosto de cada um. Em relação à tradição Guarani, Jorge nos assegura que eles não consomem bebidas alcoólicas, não estavam, pois, os Guarani, acostumados ao álcool. Hoje, o consumo de bebidas alcoólicas foge ao controle das famílias, são produzidas fora das reservas e fartamente consumidas em festas alheias a sua cultura, os bailes.

Ensinamentos sagrados e as belas palavras

Nosso amigo Jorge não nos abandonou, ele se encontra envolvido em preocupações maiores, os ensinamentos, no entanto, não nos têm sido negados, com a ajuda de António Overa, continuamos agraciados com os saberes, crenças e costumes que nossos amigos nos transmitem. No meu caminho, no entanto, outras veredas se abrem, sigo agora em companhia daquele que por benefício de Nhanderu e, acreditamos, em recompensa pela profundidade e dedicação de seus estudos, a cosmogonia Guarani lhe foi revelada: León Cadogan. E como a ele, um forasteiro, é concedido o dom de ser o depositário de suas palavras sagradas? Conhecendo vários dialetos da língua Guarani, o pesquisador entra em contato com o pensamento dos grupos mais importante, principalmente os Mbyá, onde vai recolhendo alguns de seus cantos. A relação vai se estreitando até que ele se torna intermediário entre os Mbyá e as autoridades administrativas paraguaias.

Em meio a essa colaboração, um deles, acusado de mendicância e homicídio, foi preso, onde permaneceu por três anos. Cadogan, em laboriosa defesa, ganha a causa e a liberdade para o Mbyá.

O índio indagou do cacique se ele tinha revelado ao amigo da tribo os ensinamentos sagrados dos Guarani. Para que tal se desse era necessário que León Cadogan adotasse a identidade Guarani. Ao reconhecer sua palavra-alma, o pajé o nomeia Tupã Kuchuvi e, só então, lhe são anunciadas as nhe'e porã tenondé, as belas palavras que contém os ensinamentos revelados aos Guarani.

Segundo a profecia, quando o espaço abraçar o círculo de novo tempo, Tupã renascerá no coração do estrangeiro e os ensinamentos sagrados deverão ser divulgados. Esse tempo, enfim, se deu, nos textos de Cadogan entramos em contato com a sabedoria que a esse povo foi concedida por Nhanderu, e graças à Sua proteção, somos incluídos entre aqueles que podem dela compartilhar.

"O primeiro ser a sujar a morada terrestre foi a serpente; a que existe agora em nossa terra é apenas a imagem da víbora originária que mora no limite do Paraíso do nosso Pai." Pensamento filosófico religioso sobre a criação do mundo segundo a tradição oral Guarani, cuja expressão e conhecimento devemos a Léon Cadogan. O que significa que o primeiro ser a habitar a terra seria aquele que é a representação do perigo e da morte e como diz o enunciado, a sujá-la. Na Bíblia a temos como cúmplice do pecado original e da consequente expulsão de Adão e Eva do Paraíso, por sua causa são os homens obrigados a pelejar em um mundo hostil, comendo o pão com o suor do rosto e a mulher a sujeitar-se ao homem e com dor parir os filhos. Ela introduz o mal no Paraíso, onde os homens viviam uma vida idílica, induzindo a mulher a comer o fruto da árvore proibida, a única que lhes interditara Iahweh: da árvore que está no meio do jardim eles não poderiam comer sob pena de morte.

A serpente seduz a mulher, "o que Deus sabe é que no dia em que dele comerdes, vossos olhos se abrirão e vocês terão conhecimento do bem e do mal." A mim incomoda a imagem da mulher, associada ao pecado e à expulsão do paraíso, sempre me pareceu uma infantilidade masculina colocar toda culpa do pecado original nos ombros da mulher, isentando-se de culpa por ter comido o fruto proibido. Fomos criados iguais, como está na Bíblia, no 6º dia: "Deus criou o homem à sua imagem, à imagem de Deus ele o criou/ Homem e mulher ele os criou". Em um segundo momento, é que a Bíblia introduz a sedutora história de Adão e Eva no Éden.

No mito Guarani, a serpente originária não é um eco da serpente da Bíblia, ela encarna o mal, o perigo, sua natureza está bem explícita no mito Guarani, ela é o primeiro ser que suja a terra e é a imagem da víbora originária que mora no limite do Paraíso do nosso Pai. O que fica estabelecido na narrativa Guarani é a coexistência primordial do mal com o princípio da criação, o mundo não é lugar de delícias, é um lugar onde o homem terá de conviver com a sujeira, na terra em que vivemos a vida será uma eterna luta contra o perigo e a morte. A narrativa da serpente mítica Guarani não remete ao relato bíblico, antes ao Demiurgo e ao Mundo das Ideias platônico.

Gostaria de conversar com Jorge sobre as nhe'e porã tenondé, as Belas Palavras, que revelam os ensinamentos sagrados dos Guarani. Meu amigo se encontra distante, envolvido com sua própria vida e nas encruzilhadas em que, às vezes, ela nos coloca. Dois pensamentos me ocorrem, as Palavras Sagradas são reveladas somente aos sábios, aqueles que, conforme me disse Jorge, vivem próximo a Nhanderu. Os Guarani são religiosos, em sua cultura o social não se separa do sagrado, mas a palavra alma de Jorge Tupã vem do espaço dos trovões, a de Antônio Overa, do espaço dos relâmpagos, aqueles que são brilhantes e iluminados, provável que ele e Jorge conheçam o arandu porã, o belo saber, mas a eles não é dado o dom de conversar com os deuses nem a eles esse saber é revelado.

Por que esse saber deveria ser revelado a um estrangeiro, é o que eu me pergunto. Pablo Werá as confia a León Cadogan, conforme ele revela, os últimos sábios Guarani estão próximos a abandonar a morada terrestre por aquela dos Pais Primeiros, por um tempo, ele teme que esse saber se perca e a cultura de seu povo se enfraqueça. Segundo a profecia Guarani, o espaço abraçará um novo círculo de tempo e Tupã renascerá no coração do estrangeiro. Ele gostaria que esse arandu porã, o belo saber, fosse registrado. O iniciado é Léon Cadogan, que no batismo recebe o nome de Tupã Kuchuvi, seu coração é acordado para receber as nhe'e porã tenondé, aquelas que em linguagem poética revelam aos Guarani os fundamentos do ser, a gênese dos deuses, do mundo e do homens. Cumprindo a vontade dos sábios Guarani, as Palavras Sagradas recolhidas por León Cadogan estão contidas no seu livro, *Ayvu Rapyta*, traduzido como *Os fundamentos da linguagem humana*.

Assim como o coração de León Cadogan é acordado para receber as nhe'e porã tenondé, eu gostaria de revelar aqueles que me acompanham um fragmento daquelas que os sábios Guarani chamam as belas palavras e, que tanto quanto a mim, elas possam encantar e iluminar suas mentes, pois temo que, sem vislumbrar a poesia na qual se transmite o sagrado conhecimento, arandu porã, o essencial possa se perder, e tudo que se diga antes ou à frente se torne letra morta.

Em contraste com o motor imóvel de Aristóteles, na literatura Mbyá, Nhanderu, o Criador, se criou a si mesmo, em meio às trevas originárias, "antes que existisse o Sol, ele existia pelo reflexo de seu próprio coração". O Colibri, que o alimenta, parece ser a representação do próprio Nhanderu. O pequenino pássaro, que nos encanta por sua graça e beleza, está presente não só na cultura Tupi-Guarani, como nas tradições andinas e, para nosso espanto, o que vemos no chão do deserto de Nazca é o desenho de um colibri, que por suas dimensões gigantescas, só pode ser visto do céu, a bordo de um avião:

Na divina coroa de flores,
as plumas que as adornam são gotas de orvalho.

Entre as flores da divina coroa de plumas
o pássaro originário, O Colibri, esvoaçava.
Enquanto nosso Pai Primeiro, em seu desdobramento,
criava seu corpo divino,
existia em meio aos ventos originários;
antes de haver concebido sua futura morada terral,
Antes de haver concebido seu futuro firmamento,
Sua terra que futuramente surgiria,
Nhamandu'i é alimentado pelo Colibri.

Temos uma teogonia tecida com as belas palavras, Nhanderu, o Criador, utilizando seu bastão de poder do qual fez brotar as chamas e a tênue neblina, criou a linguagem. A linguagem, futura essência da alma enviada aos homens, participa de sua divindade:

Da sabedoria contida em sua própria divindade
e em virtude de sua sabedoria criadora,
criou nosso Pai o fundamento da linguagem humana
como parte de sua própria divindade.

Quando nascemos, somos graciosamente imersos no reino das palavras. De onde vêm as palavras, perguntam-se as crianças e todos aqueles que se encontram animados pelo espanto diante dos mistérios do universo e do que escapa a nossa compreensão imediata. Enquanto, nos primeiros tempos que se seguem ao nascimento, o bebê, em choro contínuo, manifesta a cólera de que é tomado por não ter os desejos imediatos satisfeitos ou pela dor que sente e não sabe expressar na fala, a mãe o toma nos braços e, com voz suave e doce, vai dizendo, calma neném, você já vai mamar, calma, meu neném, e o coloca junto ao seio. E, quando ele faz manha, chora, está com sono, mas não consegue dormir, ela o acomoda no colo, e vai transmitindo ao filho o drama por que passa a família, o pai não pode mais ajudá-la, ele precisa trabalhar, a mãe, presa às exigências do novo membro da família, não pode dar conta do serviço da casa, em vez de se entregar ao desespero, sua voz se torna melodiosa, ela canta,

Nana, neném,
Papai vai trabalhar
Mamãe tem que fazer,
Nana, neném,
Papai vai trabalhar,
Mamãe tem que fazer

A exemplo do que nos ensina a mãe, que, em meio à manha do seu bebê, não se deixa tomar pela raiva, ao contrário, em razão do amor que vê crescer em si diante daquele pequeno ser que veio ter com eles, ela canta. A cólera do recém-nascido cede lugar à confiança, e o bebê aprende a sorrir. A constância e a paciência materna ensinam ao filho que o mundo é um bom lugar para se viver, onde o ser humano pode conhecer a felicidade e a alegria. É a mãe que nos introduz no reino das palavras. A imagem da mãe boa é a que me ocorre frente à compreensão dos sagrados ensinamentos dos Guarani quando Nhanderu, o Criador, utilizando seu bastão de poder do qual fez brotar chamas e a tênue neblina, criou a linguagem, o amor e os hinos sagrados.

Tendo concebido a origem da linguagem humana,
da sabedoria contida em sua própria divindade,
e em virtude de sua sabedoria criadora,
concebeu o fundamento do amor (ao próximo).
Da sabedoria contida em sua divindade
E em virtude de sua sabedoria criadora,
Criou o hino sagrado.

No meio do caminho, chegando à Ponte Rio-Niterói, recebo a mensagem de que a oficina se encontra suspensa temporariamente, em um momento de pânico, pensei que, assim como Adão e Eva ao comer o fruto da árvore proibida foram expulsos do Paraíso, eu estava sendo punida por haver tentado me aproximar do arandu porã, o belo saber, revelado a León Cadogan pelo sábio pajé Guarani, e ousado, em um texto profano, incluir fragmentos do sagrado conhecimento. Só pode ser isso, por graça de Nhanderu fui escolhida, mas o orgulho e a soberba foram e serão sempre a perdição dos homens, e agora, o que faço, e o meu projeto de escrever o romance? Com a cabeça tumultuada por esses pensamentos tortuosos, vejo o caminho se fechar à minha frente, não, não posso sofrer uma derrota tão completa, não dessa vez, meu ego ensaia uma reação contrária, de igual força, pergunto, em que consiste o meu pecado? Não foi a intenção dos sábios Guarani revelar os ensinamentos sagrados para que eles não se perdessem, e a nação Guarani viesse a se enfraquecer? E, não foi por insistência deles que esse saber foi publicado?

Aos pouco, vou serenando, Fernanda está na maternidade, a explicação é esta, ligo para Jorge, sim, nasceu, é uma menina, a mãe está passando bem, a neném não vai sair logo por causa de uma infecção. Parabenizo-o pela boa notícia, pergunto, Antônio Overa não poderia substituí-lo? Pode, vou falar com ele. Eu estava interessada em que ele levasse adiante os assuntos que estão sendo levantados, mas a boa notícia estava dada, a menina nasceu, uma história de amor que implica a passagem de uma civilização a outra, de um mundo a outro, de uma cultura a outra. O nome do pequeno ser que realiza este milagre é Luna, que seja bem vinda com a bênção de Nhanderu, porque sem a proteção Dele, sei que um Guarani não seria nada, apenas um corpo sem o espírito que o vivifica.

Antônio Overa desabafa, está desarvorado, seu projeto de tese desapareceu, ele tem prazo para entregá-lo no departamento de antropologia da universidade, é uma retaliação, ele está morando na aldeia junto aos Mbyá, sofre, portanto, as consequências da luta que ali está sendo travada, não tem cópia, não sabe o que fazer, ficamos consternados, podemos nos colocar no lugar dele e compreender seu desespero, imagine se perdêssemos um original do qual não tivéssemos feito backup, e se eu perdesse esse fragmento de história que já coloquei no papel, para esconjurar o malefício, bato três vezes na madeira, peço a Overa que nos fale dos Kaiowá, etnia a qual pertence.

Reserva de Dourados e os suicídios

O povo Kaiowá é originário de Itatim – amplo território localizado entre a Serra da Bodoquena e o Pantanal –, onde foram fundadas as reduções jesuíticas atacadas pelos bandeirantes paulistas e pelos Mbaya-Guaicuru a partir das primeiras décadas do século XVII. Os sobreviventes fugiram em direção aos rios Apa e Aquibadan, onde construíram sua tekoha ou território. E quase por um século foram deixados em paz pela coroa portuguesa. Os Guarani passaram a trabalhar na extração da erva mate, mas até a primeira metade do século XX não sofreram mudanças na ocupação do território. A partir de 1879 o território em que viviam as famílias foi concedido pelo Estado à empresa Mate Laranjeiras, mas os Kaiowá permaneciam em seus lugares tradicionais. Em 1910 o Estado criou um órgão tutor para lidar com as questões relativas aos indígenas, O SPILT, que efetua a delimitação de oito minúsculos espaços de terra denominados Aldeias Indígenas e /ou Postos Indígenas.

Quero saber de Overa se as áreas ocupadas pelos Guarani em Mato Grosso do Sul são reservas. Na verdade são oito reservas: Dourado, Caparao, Amambai, Takuapery, Limão Verde, Sossoró, Jaguaperi, Porto Lindo, Pirajuí. Dourado, entre o Rio Brilhante e o Rio Dourado, foi criada em 1917. É a primeira e a mais problemática de todas as reservas. São 14 mil índios, com um alto índice de natalidade, nascem mais de 400 crianças por ano. É composta por três etnias diferentes que vivem em conflito: Terena, Nhandéva e Kaiowá. Os Terena fazem parte da etnia que mais se adaptou à economia e ao tipo de trabalho do homem branco, sabem manejar bem o trator, adotam suas técnicas agrícolas, falam português e foram convertidos às religiões evangélicas. Como participaram da Guerra do Paraguai no século XIX, conhecem o manejo das armas e são mais aptos às tarefas militares. As casas são todas de alvenaria, como, aliás, em todas as outras reservas Guarani do Mato Grosso do Sul. E lá acontecem os mesmos bailes e o consumo de bebidas, a cachaça. Com um agravante, uma taxa muito alta de suicídios, dois ou três por mês, por enforcamento.

E a que causas você atribui esse número absurdo de suicídios? O confinamento, a homogeneização, o medo, o pavor. A polícia. Quero saber se ele também condena os bailes, ou não seria este um fato normal dentro de um processo de "aculturação"? O baile cria uma ocasião de encontro que pode ensejar namoros e casamentos. Os Guarani têm uma festa parecida ao baile, Guaxire que tem esse

mesmo propósito. Muitas famílias gostam de fazer o baile, enquanto outras o reprovam. Qual seria a principal objeção em relação ao baile? Nas festas Guarani, o principal objetivo é o encontro de jovens que podem travar relações de namoro, moças e rapazes podem arranjar casamentos, as famílias que delas participam são amigas.

Quando perguntado sobre os bailes que acontecem nas reservas, Antônio Overa é cauteloso, faz, porém, uma ressalva, nos bailes as famílias não se conhecem, é um local onde os inimigos se encontram, local propício às vinganças, à violência e o assassinato.

Cema, elo entre duas culturas

Uma lembrança me ocorre, na última vez que a vi, Cema, irmã de Jorge, na roda familiar onde as mulheres se reúnem para o chimarrão e o artesanato, além da calça comprida, usava brincos de argola e anéis de prata, ela não guarda semelhança com as moças Guarani que costumamos ver na aldeia. Em que a diferença chamava a nossa atenção? Cema vestia-se segundo a moda, com calça jeans, jaqueta e bijuterias que contrastam com a simplicidade que se podia observar nas outras sempre de saia e blusa, os cabelos lisos e negros, a pele bronzeada, o rosto lavado, sem maquiagem, enfeite, só as que elas fabricam com contas e miçangas.

Outra singularidade lhes marca a presença, o silêncio, na frente de estranhos, não proferem palavra, fato, aliás, que me aflige, por que não sei o nome de nenhuma delas, por que nunca tentei conversar com elas, como se eu as tivesse, por desatenção, ignorado. Não me eximo de culpa, mas em Roma deve-se agir como os romanos. Na aldeia, rapazes e moças não se aproximam nem falam com a gente, deduzo, só aqueles que ocupam a chefia temporal, como o cacique, ou espiritual, como o pajé, estão autorizados a nos receber, eles são os guardiães dos costumes e da cultura Guarani, só eles sabem o que é permitido revelar aos brancos e decidir se viemos como amigos ou se, como inimigos, devemos ser rechaçados. Luís, nosso outro interlocutor, ocupa o lugar de músico e de professor que o distingue dos demais, irmão de Jorge, em tudo o auxilia, e, em sua ausência, imagino, o representa.

Cema cria o estranhamento, difere das outras não só no vestir, mas nos modos e atitudes, participa da conversa, fala, perdeu a modéstia de suas irmãs, cunhadas e sobrinhas; depois que o marido foi esfaqueado em um baile, veio juntar-se à família. Jorge desespera-se porque nas aldeias da Reserva de Rio das Pedras os índios bebem cerveja, frequentam bailes, não têm casa de reza nem produzem artesanato.

O drama que ele denuncia atinge a família, Cema trouxe com ela os costumes vigentes nas reservas, a ameaça está dentro de sua casa, muitas vezes ele se atormenta, nos momentos de calma, se apazigua, as mudanças no comportamento da irmã são exteriores, um Guarani só está perdido quando abandona sua religião, Cema retoma a Opy, lá onde se encontra sossego e amparo em Nhanderu, a mãe impõe sua autoridade, mas que pode fazer uma mãe quando a sociedade encontra-se convulsionada por profundas mudanças, não foi na reserva que Jorge conheceu Fernanda?

D. Elisa respeitou a escolha do filho, ainda que pudesse adivinhar as consequências que poderiam advir. Ocorreu um cisma na aldeia em que viviam, eles foram expulsos e seguem uma saga de luta e enfrentamento. E Cema, como seria sua volta à aldeia que abandonou por ocasião do casamento? Em seu coração a fé continua viva, toda noite ela canta e dança para Nhanderu abençoar, mas adquiriu novos hábitos e precisa de um quinhão maior de liberdade, não há mal em banhar-se no mar, como é sabido, as índias sempre o fizeram, mas nos fins de semana e feriados, D. Elisa poderia impedi-la de misturar-se aos frequentadores da praia que estão ali para curtir e se divertir?

Cema, você seria capaz de burlar a vigilância de sua mãe e dividir com os brancos o calor vivificante do sol suavizado pela suave brisa marítima? No clima de descontração e harmonia que logo irmana a todos, você aceitaria uma caipirinha? Afinal, penso eu, que mal pode haver! Nos bailes, ela se acostumara a conviver com estranhos à aldeia, ela voltou a viver com a família, provável que o casamento tenha se desfeito, no chão de areias brancas onde os banhistas se deixam ficar durante horas é natural e humano que aceitasse a paquera. E os rapazes nunca descem para tomar uma cerveja? Parece que sim, ah, Cema! não são os filhos mestres nas artimanhas de enganar os pais arrumando jeito de jogar-lhes areia nos olhos?

Os Kaiowá

Antônio Overa nasceu na reserva de Sossoró, de onde sua família foi expulsa por desobediência, tudo por querer viver segundo os costumes e as crenças do povo Kaiowá, consideradas inadequadas pelo capitão indígena que dita as regras na aldeia e responde a um poder externo superior. Foram tirados de sua Tekoa, que não é apenas um território, mas conjuga o rio, o cultivo e a floresta animados pelos espíritos em quem acreditam. Pode-se ler no rosto de Overa a ferida que sangra em seu peito, sem ela como pode atingir o que denominam Teko Porã, o bem viver!? Moram agora em Jaguapiri, uma terra indígena demarcada, que fica em torno da bacia do Iguatemi, para onde foram levadas pela violência e o arbítrio.

Overa, como você nos disse, os Kaiowá foram expulsos de suas terras originais pelos bandeirantes paulistas e pelos Guaicuru. Reli *Tristes Trópicos* recentemente, Lévi Strauss dedica dois capítulos aos índios Kadiweu, que são os únicos sobreviventes do Mbaya, um ramo dos Guaicuru. Esses guerreiros indomáveis, temidos pela vantagem que têm na cavalaria e armas que usam, não eram inimigo apenas dos Guarani, impuseram também pesadas perdas aos espanhóis e aos portugueses, que os respeitavam. Participaram da Guerra do Paraguai ao lado do Brasil e por sua bravura nos campos de batalha suas terras foram reconhecidas e demarcadas.

E o que aconteceu com os Kadiweu?, pergunta Antônio Overa, eles tiveram suas terras demarcadas pelo Estado do Mato Grosso, mas foram orientados pelo SPI (Serviço de Proteção aos Índios) a arrendá-las para os fazendeiros, o que se revelou uma armadilha, e até hoje essa posse, contestada na justiça, não está garantida.

Overa, no entanto, não é cético nem pessimista quanto ao processo de aculturação. Darcy Ribeiro classificava os índios em: Sem contato com os brancos – isolados. Quando estabelece contato: índio em processo de integração. Integrado. Quando fala português aculturado. Egon Schaden defende a tese de que em 50 anos os índios Guarani vão estar completamente aculturados.

Segundo Overa, não foi o que aconteceu, há problemas, mas a cultura Guarani continua viva. Sobre o fenômeno de aculturação, ele diz, a cultura é construída em contato com outras culturas, o índio incorpora aquilo que está disponível dando-lhe outro significado, por exemplo, a luz. Ele usa a luz não apenas pra iluminar a sala de visita, ela serve para afastar a assombração, os espíritos malignos fogem da luz, eles gostam da escuridão.

Entre os Mbyá, quando uma criança nasce, a mãe e o pai se encontram em estado de aku, período crítico que obriga a muitas precauções. Se o pai desobedece aos preceitos estabelecidos e apesar de seu aku, não resiste à tentação e sai para caçar, o Arco Íris e alguns animais, entre eles os sapos e as serpentes, podeM convertê-lo em ajepota: o animal se apresenta como ser humano, e o homem, com espírito alterado, passa a vida ao seu lado. Depois do nascimento da filha, Jorge encontra-se em estado de aku, deve estar em vigília constante, tomando conta de sua mulher e da menina, nossa oficina está suspensa, não desanimo, Antônio Overa poderia substituí-lo, quando o encontramos, ele se esquiva, tem de estar na Universidade até as quatro. Sou obsessiva, insisto, ainda é cedo, podemos conversar até as três, queremos que você nos fale dos Kaiowá, não se preocupe, nós te damos carona, te deixamos lá. Falamos sobre os aborrecimentos que a família de Jorge está passando, D. Elisa não suportava mais os Guajajara, mas agora que eles se foram, o chão que os Guarani têm debaixo dos pés ameaça ruir, eles têm de sair dali, são ordens do juiz, ela diz que eles estão de mudança para Maricá, o que contradiz o que Jorge tinha nos dito de que a mudança não estava nos seus planos.

A organização dos índios Kaiowá é a da família extensa, diz Antônio Overa, temos nossos usos, nossas tradições, nossos costumes e, apesar da interferência das ideologias colonialistas, não abandonamos nossa visão do mundo, nossas crenças e nossos valores. Nas reduções jesuíticas, os índios eram compulsoriamente convertidos à fé católica, considerada superior e civilizada, e os índios eram tidos por pagãos, infiéis, violentos. Na década de 1970, começa outro momento da evangelização, os missionários fazem aliança com o capitão e o chefe do SPI e fazendeiros. E eles passaram a interferir na organização social e educativa dos Kaiowá.

Ele acrescenta, quase como em confidência: quando estava na aldeia todo dia, passava na casa da mãe para ouvir seus conselhos. O que me lembra um costume comum no Brasil, aos domingos, feriado e dias santos os filhos passam na casa dos pais e, alguns deles, na dos padrinhos, para a visita e o ritual da bênção. Bença mãe, bença pai, bença madrinha, enquanto lhes beijam as mãos. Nossa educação e nossa religião, continua Antônio Overa, são consideradas inadequadas e, até hoje, defendem que só com a evangelização e a escolarização podemos chegar a uma vida ideal. Os índios têm direito constitucional de viverem segundo seus usos, tradições e costumes. O Estado deve, portanto, oferecer a eles uma escola diferenciada, esse é o tema de sua dissertação.

Existe em conformidade com a Constituição Federal uma escola diferenciada, ele é contra, não contra a existência desta escola diferenciada, mas a forma com a qual ela é realizada. Ele aprova a escola que vai até a 4ª série, o nosso antigo primário, que é de responsabilidade das aldeias. E de que forma esta educação é ministrada? Ele cita a aldeia que conhecemos, as aulas são dadas por Luiz durante uma hora ao dia. Lucia contesta, com esse número de horas, não serão passados os conhecimentos necessários à complementaridade desta série, os conteúdos não poderão ser ministrados, não havendo equivalência com o estudo nas demais escolas.

Ele lembra que a escola da aldeia segue os costumes indígenas, não costumes e usos da sociedade em geral. Aqui na aldeia, a educação dos pequenos começa logo ao amanhecer, na verdade, tem início às cinco da manhã. Que tipo de conhecimento é passado a esses meninos e meninas madrugadores? Logo de manhãzinha, eles são incentivados a contar seus sonhos, com o que sonharam, o que isso pode significar, conselhos para o dia são dados a partir da experiência onírica de cada um; a seguir é feito um planejamento para o dia, o que caberá a cada um fazer, tarefas a serem executadas.

As crianças não ficam soltas, elas são orientadas em todas as suas ações, não ficam largadas à própria sorte, são amparadas pelos mais velhos, que lhes dão suporte emocional e moral e lhes fornecem os ensinamentos necessários à execução das tarefas do dia. À noite, seus costumes e tradições são transmitidos na casa de reza – Opy – lá eles rezam para que Nhanderu os proteja, aprendem a respeitar os mais velhos, que são os sábios da aldeia, detentores do saberes da cultura Guarani, como nos disse Jorge, eles são as bibliotecas em que podemos consultar, aprendem também os princípios que regem as relações sociais, lá eles aprendem que ao ofender o seu irmão é ao irmão lá de cima que estão ofendendo, quando não ouvem o conselho de sua mãe, é a mãe lá de cima que estão desobedecendo. A aldeia tem um coral de crianças, outro de rapazes e moças, sempre com apresentações programadas.

Nós nos acostumamos a pensar que os índios vivem segundo um comunismo primitivo, em que não há posse nem hierarquia, pois os índios são todos iguais. Eu desconhecia, por exemplo, a profunda religiosidade dos Guarani. E o modo como nela o social não se dissocia do religioso. E agora que estou relendo Lévi-Strauss, em 1935, ele segue em jornada longa e acidentada até Nalike, capital da Nação Kadiweu. E, para minha surpresa, há uma particularidade nessa etnia que a torna distante em sua organização daqueles índios que em 1500 habitavam a costa brasileira, isto é, os tupi e os Guarani.

Os Kadiweu faziam parte de uma sociedade hierarquizada, que se dividia em nobres, guerreiros e cativos. Everaldo, que acompanha Overa até a universidade, duvida, tem certeza? Lévi-Strauss fala em castas. Antônio Overa me socorre, cada etnia possui sua própria cultura, eram muitas as nações que habitavam o Brasil, os kadiweu se organizavam sim em uma sociedade hierarquizada. Os índios Terena cultivavam a terra e pagavam tributo aos Kadiweu em produtos agrícolas em troca de proteção contra as pilhagens e ataques de índios armados. Os cativos, no entanto, não eram tratados com arrogância e crueldade como foram os escravos e prisioneiros nas sociedades brancas, mas com benevolência, sem maus tratos. Estamos chegando à Universidade, defronte ao portão, ele se despede, foi a última vez que estive com ele. Gostaria de continuar a conversa, mas não houve outra oportunidade.

As nobres mulheres Kadiweu

Ah! penso eu, as mulheres Kadiweu, personagens improváveis dentro de um Brasil profundo que vai da serra da Bodoquena ao Pantanal, são elas que invadem meu pensamento e, enquanto não falar delas, não encontro sossego, tenho uma boa história para contar, por incrível que possa parecer, as mulheres nobres não se dedicavam à procriação, tinham apenas um filho ao fim da idade reprodutiva. E como faziam para repor a população, inclusive, porque, nessa época, as crianças morriam muito?

Um dos objetivos das expedições guerreiras seria a apropriação de crianças que, bem tratadas, acabavam por se integrar à tribo. Lévi Strauss calcula que apenas 10% de seus membros são ligados pelo sangue. E o que há de incrível nessas mulheres? Ora, essa é a tendência da sociedade urbana contemporânea, as mulheres têm apenas um filho, dois no máximo, o que fazem depois de ter aproveitado parte da vida adulta para estudar, conhecer o mundo e se estabelecer profissionalmente, mas, hoje, eu sei, é diferente, a taxa de morte entre os recém-nascidos é pequena e o mundo superpovoado.

As mulheres Kadiweu, conforme o testemunho de Aires de Casal, usavam uma capa, ele diz que elas andavam embrulhadas em um grande pano de algodão de várias cores, eram, portanto, digo eu, hábeis tecelãs, as mais vaidosas as bordavam com rodinhas de conchas presas com linha, deixando a madrepérola para fora, e algumas nelas desenhavam seu cavalo muito bem traçado. "Por baixo desse pano trazem uma cinta larga, a que dão o nome d'ayulate, sem a qual jamais se verá uma menina desde seu nascimento". E pasmem, no pescoço os adornos são de canudos de prata enfiados em cordões e uma chapa do mesmo metal sobre o peito, além das contas que trazem nos braços e nas pernas.

E do que se ocupam as mulheres Kadiweu? Agora falo de tempo recente, quando Lévi-Strauss as encontrou em 1935, elas se dedicam à pintura corporal e do rosto, à arte da cerâmica e à pintura do couro de veado. São artistas. Na pintura do rosto usam o estilo curvilíneo, no corpo, o geométrico. No couro de veado, usam, em geral, o estilo geométrico para as bordas ou moldura, e o outro para a decoração principal, assim como nos vasos, usam o estilo geométrico para o gargalo e a decoração curvilínea para o bojo ou vice-versa.

Essa arte mantém até hoje a mesma qualidade? Lévi-Strauss diz que a arte Kadiweu, exceção feita à pintura do rosto, sofreu um processo de decadência, existe, no entanto, outra maneira de responder a essa questão, o professor Bessa faz um relato sobre a arte das mulheres Kadiweu, o episódio, de que ele nos fala, é ainda mais recente, ocorreu em Berlim Oriental após a queda do muro que separava a cidade, exatamente em Hellesdorf, no bairro Amarelo, composto por um conjunto habitacional tipo BNH, construído com blocos pré-moldados, de cinco a seis andares, com uma fachada pintada de um amarelo de aparência deprimente. Cerca de 10 mil pessoas viviam ali, em 3.200 apartamentos.

Quando caiu o muro, a cidade passou por um processo de reforma urbana e o Instituto de Urbanismo de Berlim colocou a soma de 50 milhões de dólares para a reforma do bairro. Os moradores se queixavam de que na volta do trabalho não tinham vontade de ir para casa porque o lugar era feio, pesado e triste. Revelaram, então, os moradores o desejo de que o bairro tivesse a cara da América Latina, que é bonita e alegre. Em licitação feita, ganhou um escritório de São Paulo – Brasil Arquitetura. Sobre a fachada dos prédios os moradores pediram: queremos que sejam colocados azulejos com arte indígena, com desenhos dos índios. Arte indígena contemporânea, detalharam.

Os arquitetos Francisco Fanucci e Marcelo Ferraz, responsáveis pela remodelação das fachadas, acabaram optando pela arte dos Kadiweu. Como a pintura é feita pelas mulheres (os homens são escultores), um concurso foi realizado, dele participaram noventa e três índias com idades que variavam entre 15 e 92 anos. Com base em desenhos feitos em papel, seis delas saíram vencedoras. Em 19 de junho de 1998, em solo alemão, com essas estampas transformadas em azulejos, foram inauguradas as fachadas dos Blocos do Bairro Amarelo. À aldeia Bodoquena coube 20 mil marcos alemães. O evento contou com a presença das seis índias, que dividiam a autoria dos desenhos.

O pajé se despede

Denominamos resguardo os quarenta e cinco dias que sucedem ao nascimento de uma criança, ainda que o termo não seja tão corrente nos dias atuais, quando obstetras e pediatras definem as novas regras a serem seguidas. Entre os Guarani um tempo mais extenso deve ser respeitado, e os costumes ancestrais devem ser observados com rigor; motivado por sua experiência recente, Jorge detalha, quando o menino nasce, os pais têm de comer carne tratada pelo pajé, não podem consumir carne de boi, porco ou peixe. Quanto à carne de caça, nem todas são permitidas. O quati (kuaxi) e lagarto (teju) são interditados, ambos têm vermes que podem contaminar a criança. A carne deve ser tratada pelo pitynguá.

Depois do nascimento, o pai tem de fazer sua cama separada por três meses. O pai não pode sair porque o espírito da criança acompanha o pai. Quando a criança chora muito é porque o espírito está perdido, foi atrás do pai. Só o beija-flor pode trazer o espírito da criança de volta. O pai grita pelo beija-flor:

Maino, eru ju xe rajy nhe'ẽ
[Beija-flor, traz o espírito da minha filha].

Os ritos de passagem realizados para as meninas, quando da primeira menstruação, determinam que elas fiquem confinadas durante 40 dias na meia lua da cabana, só saem para ir ao banheiro. Os rapazes que começam a falar grosso ficam presos, não podem sair da aldeia, não podem se expor ao espírito das águas e da mata. Podem ser raptados pelos espíritos. Quando o jovem não segue o aku, acontece o que denominam ajepota: ele é possuído pelo espírito de algum animal e acredita ser o próprio animal. Em uma aldeia em São Paulo, um jovem que não ficou preso foi raptado pelos espíritos e morreu de tristeza. Em outra tribo Guarani, Nhanderu apareceu ao pajé dizendo que a aldeia corria perigo e traria desgraça. Um menino que não observou o preceito se apaixonou pela minhoca, os pajés mataram a minhoca e o menino foi sacrificado porque ele já estava se transformando em minhoca. No Paraná aconteceu outro caso. O homem estava virando bicho porque não respeitou o resguardo, não comeu a carne tratada pelo pajé. As pessoas dizem que ele virou xivi – onça. O corpo de bombeiros o levou porque os índios iam matá-lo.

Somos surpreendidos com esse mergulho na cultura Guarani, com significados profundos que mal compreendemos, por um segundo perdemos o fôlego, mas a conversa a seguir se torna, aos nossos sentidos, mais confortável, Antônio Overa havia nos dito que logo ao acordar, bem cedo, os pequenos Mbyá recebem a primeira lição do dia e são estimulados a contar seus sonhos, conselhos são dados a partir do relato de cada um, a sugerir tal prática pedagógica a importância dos sonhos na cultura Guarani.

Segundo Nimuendaju, "No que diz respeito às experiências da alma durante o sonho, os índios Apapocuva concordam com todos os outros índios em sustentarem que são acontecimentos reais, capazes de interferir de maneira decisiva no rumo da vida das pessoas. Ainda que os sonhos não produzam resultados imediatamente palpáveis, eles são experiências de onde provêm saber e poder. Quem sonha sabe e pode muito mais que aquele que não sonha; por isto, os pajés cultivam o sonhar como uma das fontes mais importantes de sua sabedoria e poder."

Nosso tempo, porém, está vencido, me agarro a um fio de símbolos e interpretações que Jorge, por vontade própria, nos conta nessa que seria, sem que soubéssemos, o último encontro da oficina. A história de Jorge não se encerra, porém, com esse diálogo em que se fecha o circulo desse tempo extraordinário, que, alunas e mestre, vivenciamos juntos, sigo com ele em encontros eventuais e nos desdobramentos que terão suas falas e ensinamentos. Sonhar com cobra é sonho bom. Sonhar com cavalo e boi, tem alguém brabo com você. Sonhar com onça, Nhanderu não quer que a pessoa seja muito violenta, sonhar com a onça acalma porque a pessoa não quer e não deve ser tão violenta. Pisar no espinho, não pode sair de casa, coisas ruins podem acontecer, principalmente picada de cobra. Quando alguém morre, o dia amanhece devagar, muito triste. Procurar olhar o céu, mancha vermelha, quando tem mancha perto de kuara'y, o pajé está se despedindo.

Perdi o contato com Jorge, usei o celular, não atendia, tentei o antigo, sempre fora de ar, queria retomar a história que ele e Antônio Overa vinham me contado, de nada adiantaram os meus esforços, não conseguia falar com eles. Estava tolhida em meus movimentos, não sabia se os Guarani ainda estavam em Niterói ou haviam se mudado para Maricá, em Maricá não sabia onde teria se instalado a nova aldeia, todos me diriam, procure informações no Google, mas não é uma questão que se resolva dessa maneira, há regras que intermedeiam essas relações, não adiantava me bater pra aqui ou pra lá se não tinha certeza de que seria recebida como amiga.

Encontrei-me em desespero, não podia abandonar o romance, precisava conversar com eles, não se trata aqui de dizer mentiras, mas de contar uma história baseada em conhecimentos, claro, inventando um pouquinho, afinal, de que servem a imaginação e a poética, sem elas o que seria de nós os escritores. Com Antônio Overa havia a questão dos Kaiowá, algo muito importante me fora dito, o Brasil tem, ao todo, 45 mil Kaiowá. Quando os europeus chegaram ao Brasil, os Kaiowá ocupavam uma área que incluía os estados do Rio Grande do Sul, Santa Catarina, Paraná, São Paulo, Mato Groso do sul, além de países vizinhos.

E me disse mais Antônio Overa, o povo Kaiowá é originário de Itatim, amplo território entre a Serra de Bodoquena e o Pantanal onde foram fundadas as reduções jesuíticas atacadas pelos bandeirantes paulistas e pelo Mbaya Guaicuru. O que aconteceu, como uma nação grande e poderosa é dispersa e quase levada à extinção, eram perguntas que eu precisava, na medida das minhas parcas informações, responder. Alguma estratégia deveria ser tentada, esse caminho não poderia, ele também seria cortado, como se uma maldição tivesse sido lançada sobre o romance que eu tentava construir.

Dia do índio

Quando o índio vai ter voz?

Darci Tupã Guarani

Imagem: Acervo pessoal da autora.

19 de abril

Uma preocupação se impõe ao pensamento e quase me impede de seguir em frente com a história que estou narrando, como disse, perdi o contato com Jorge, e, não foi por pouco tempo, dois anos, outras ondas vieram ao meu encontro, meu trabalho é ditado pelo inconsciente, ele me coloca em movimento, escolhe o que digo e quando digo, do mesmo modo que me arrastou da trilha que seguia, a ela de novo me conduz, não consigo pensar em outra coisa senão em reatar o diálogo que durante tanto tempo mantive com Jorge, eu me esforçava, debalde, por encontrá-lo, até que, já desesperada, entre meus guardados, achei o telefone do bar próximo à aldeia, o rapaz me informou que a aldeia tinha novo cacique, eu me inquieto, é o Luiz, não, esse é o músico, seria verdade?

Muitas coisas vêm a minha cabeça, lembro de dona Elisa, a mãe, ela é um dos pilares espirituais da tribo, sim, os Guarani se organizam em grandes famílias, cada pequeno núcleo tem sua cabana, vivem juntos, mas cada um é senhor de sua casa, dona Elisa me disse que, quando ainda viviam em Paraty comprou violão e órgão para satisfazer ao dom musical do filho, que sua casa de reza vivia cheia por causa da música, mas tiveram que sair às pressas, expulsos, não tiveram tempo nem de colher o milho de sua roça, quanto à musicalidade, foi Luiz quem nessa família recebeu esse dom do seu povo, ele também é professor, era ele quem dava aula às crianças, como assegurou Antônio Overa.

Eu me aflijo por Luiz, sei que há um sofrimento grande em seu coração, talvez ele não possa nunca se reconciliar com os brancos, os Guarani que vivem no Estado do Rio de Janeiro habitam a Serra do Mar, foi para lá que caminharam à procura da terra fértil, a Terra Sem Mal, duas coisas guardo do que ele me contou, uma é sua emoção ao falar do extermínio, ele nos disse: dois meses são difíceis para nós, um é o mês de dezembro, ele significa a vida e a morte, é um tempo de recolhimento, de rezar e refletir, e o outro é o mês de abril, e por que abril? Corresponde à chegada dos portugueses em 1500 e ao extermínio. Outra coisa ele me disse quanto ao nome, é o pajé inspirado por Nhanderu que dá o nome às crianças, o dele é dado aos mais fracos e frágeis.

Mas o 19 de abril, dia do índio, para mim foi um dia feliz: consegui falar com Jorge, ele me convidou para a exposição sobre os indígenas que se inaugurava no MAC (Museu de Arte Contemporânea) em Niterói, mas o convite veio em cima da hora do evento, a vida em uma grande cidade como o Rio de Janeiro ficou muito difícil, Niterói na hora do rush fica no fim do mundo, lamentei, dei os parabéns a Jorge, ele agradeceu e disse: pelo menos isso no mês de abril, só mais tarde enquanto conversava com os meus pensamentos entendi o significado de suas palavras, como nos disse Luiz, abril é um mês de pesares, quando eles se recolhem para lamentar o extermínio. Fiquei pensando, por que o dia do índio é celebrado exatamente no mês de abril, coincidência ou reparação?

Jorge e sua família se mudaram para Maricá, esta a boa nova que trago, ele e Fernanda se separaram, foi o seu comentário sucinto. Eu gostaria muito de conhecer a nova aldeia. Lucia, que está morando com a família na Inglaterra e trabalha como professora em uma universidade em Manchester, está no Rio, me telefona, ao saber de meus planos, quer ir comigo, precisamos antes combinar com Jorge, no momento em que consigo falar, ele está na Rodoviária vindo do Paraná, foi visitar Luna, a filha dele e de Fernanda, como ela está? Está bem, cresceu, tem dois anos. A mãe pediu pensão, mas dinheiro nós não temos, a única coisa que posso fazer é trazê-la para que ela seja criada na aldeia, a menina está com a avó, que se queixa, Fernanda foi embora, sou eu que crio minha neta.

Um chamado da ancestralidade

Marcamos a visita para a segunda-feira da semana que segue, mas me pergunto, que motivos explicam esse interesse e essa dedicação à vida indígena, digamos que sou movida por meu inconsciente, e Lucia, o interesse que ela não consegue dissimular seria apenas acadêmico? Eis que no meio de uma conversa, ela me diz, minha avó era índia, só então compreendo, ela é movida pela ancestralidade, Alberto Mussa, que escreveu *MEU DESTINO É SER ONÇA*, diz num artigo: "Alguém que tenha uma avó brasileira tem grande probabilidade de descender de índios. Somos brasileiros há 15 mil anos, não apenas a partir de 1500. E ainda temos consciência disso".

Talvez seja essa a resposta que procuro, somos índios, não apenas descendemos deles, não se apaga coisa tão antiga, ela está presente nos genes e na nossa estrutura psíquica, por mais que, na tentativa de embranquecer, seja negado parte daquilo que nos constitui, não temos êxito, ela retorna e cobra a conta e a traição. Pois bem, combino com Jorge nossa ida a Maricá, convido Beth, companheira na oficina, achei que ela gostaria desse reencontro, eis que ela me diz: tenho outro compromisso, não posso desmarcar, mas eu gostaria muito de ir.

Somos um povo miscigenado. Aqui se juntaram e se misturaram americanos, europeus e africanos, a questão é mais complexa, os habitantes ancestral da América trazem nítida a herança asiática, além de outras possibilidades hoje levantadas, considera-se que eles atravessaram a estreita passagem que liga a Ásia ao Alasca e povoaram o continente americano. Hoje os nativos se tornaram minoria ou permanecem invisíveis, nosso inconsciente nos coloca no encalço deles para sabermos quem somos, para recolocar a verdade do nosso ser, ou tudo não passa de uma imaginação exaltada que me tira da cama quando o dia nem raiou, em horas em que o delírio reina, não existe escrita sem propósito, e mais que outras, nela se ouve uma voz arcaica.

Voltemos a Beth, ela nunca disse que havia índios na árvore genealógica da sua família, mas eis que outro dia nos encontramos para um café, ela afirmou e, na hora nem fiz caso, minha família é de índio, ela estava se referindo à coragem e à força do seu clã, mas depois fiquei com isso na cabeça e não me sai, talvez ela também esteja sendo chamada, deve ser isso, nós estamos sendo chamadas, é o povo brasileiro que está sendo chamado para referendar sua marca original.

Na aldeia de Maricá

Pretendíamos estar às onze em Maricá, mas pegamos trânsito pesado no Rio e não conhecíamos direito a estrada, passava de uma da tarde quando ligamos para Jorge, estamos chegando, eu vi que ele ficou um pouco aflito, mas disse, tudo bem, estou indo pra lá. Quando descemos do carro, fiquei apavorada. Muitos cães vêm em nossa direção, latindo, como se fossem nos atacar, Wilson, o motorista que foi nos levar, tenta afastá-los, tento me controlar, dona Elisa pede que eles se calem, mas eles não param de nos ameaçar, enfim eles se aquietam. Sento-me num banco para me acalmar, conversamos, dona Elisa ainda está desconsolada, o lugar onde estão acomodados parece mais um acampamento, não vemos ocas construídas, são ainda barracos cobertos com toldos e plásticos.

Perguntamos por que eles saíram de suas ocas confortáveis em Niterói sem que as daqui estivessem prontas, tivemos de sair de qualquer jeito, era ordem do juiz, nem a escola das crianças pudemos reconstruir, ela estava caindo. Aos poucos vou me refazendo do susto, as crianças vão perdendo o medo de nós, vão chegando, as moças fritam o peixe, talvez eles não tenham ainda almoçado, Lúcia chama minha atenção, muitos peixes estão abertos, limpos secando no teto da barraca, onde foram pescados? Aqui na lagoa, foram os meninos. São muitos peixes, o bastante para alimentar a aldeia. Um filhote de cachorro morde minha calça, a menina vem tirá-lo de perto de mim, é um tiquinho de gente, ela pega o cachorrinho, leva no colo.

Penso, é o instinto que conduz ao medo, não adianta o que você faça, ele sempre vai ganhar a partida, você será sempre derrotada. Mas o que tem a ver o medo pessoal intransferível subjetivo com a visita à aldeia de Maricá, ou mais enfaticamente dito, com uma aldeia indígena? As coisas no universo estão de tal modo interligadas que aquilo que fala de um mundo pequeno está de fato conectado com o universal, vamos à história dos cachorros que nos receberam latindo na aldeia de Maricá e me deixam paralisada, quase em pânico.

Venço o medo porque meu desejo de estar ali é maior, aqueles que não têm medo sabem de coisas que esquecemos, ou seja, cão que ladra não morde, esse alvoroço que esse bando faz não passa do propósito de afastar os forasteiros sem que haja intenção de estraçalhar os visitantes.

Pois bem, ainda não falei de onde creio advêm esse medo, todas as vezes que tento falar, a palavra não passa da garganta, tenho medo das próprias palavras que denunciem o que de fato aconteceu, mas vou dizer, não me libertarei a não ser que o diga, uma vez meus pais nos deixaram, a mim e minha irmã, dormindo na fazenda enquanto eles faziam uma visita ou coisa que o valha, não me lembro desse detalhe, retornariam, provável, depois da meia-noite, fazia um ano que tínhamos mudado para a cidade, a casa estava vazia, eu tinha uns dez anos, Sônia bem menos, naquela época não costumávamos teimar ou questionar as decisões dos nossos pais, se eles achavam que estaríamos bem lá é porque de fato estaríamos, havíamos passado a infância naquela casa, a conhecíamos como a palma da mão, eles estavam tranquilos, a família do administrador morava a uns cem ou duzentos metros de distância, fomos dormir.

De repente, acordei com o grito preso na garganta, não conseguia falar, não conseguia gritar, os ratos corriam pelo quarto, nem sei como venci aquela noite dividindo o quarto com os ratos, acho que Sônia em sono profundo não foi perturbada pelos barulhentos visitantes noturnos, e ainda hoje sou acometida pelo terror quando a cena retorna à mente, e está aí a origem do meu medo e foi o escrever que me tornou consciente dele. As pessoas sensatas dirão: trata-se de uma alucinação, o que você conta não tem muito sentido, eu também acredito que o terror que vivi foi de fato uma alucinação, porque voltei a dormir, mas o pesadelo ou como queiram chamar resultou do barulho dos ratos correndo pelo quarto. Não pretendo levar mais longe a investigação, se nem Freud pretendeu esgotar o sonho que teve com Irma, e no meu caso, a distância não vai permitir uma reconstituição do que se encontra atrás da alucinação. Claro, um trauma sempre encontra reforço e eles não faltaram, por toda a infância, vivi na fazenda, da minha casa se avistava a floresta que circundava a serra, foi olhando pra ela que me constituí como pessoa.

Andávamos por ali sem sobressaltos, era nosso habitat, descíamos pela vegetação que contornava o córrego, escalávamos as pedras colhendo frutas pelo mato, sem medo de cobra ou outros bichos. No terreiro viviam dois cachorros, Duque e Vinagre, eram cães de pastoreio, ajudavam os vaqueiros a tocar o gado, Duque era negro, na ocasião eu não sabia, era quem sentia mais a nossa falta, aos domingos, quando chegávamos da cidade cansadas e sonolentas, pulava em cima de nós, eu não tinha medo nem sentia pavor, talvez certo desconforto, eu era pequena, ele era grande, batia com as patas em meu peito.

Esta experiência com os ratos ainda não havia ocorrido, e foi meu inconsciente que a denunciou quando escrevi em um fluxo de consciência: um cachorro que vira gato que vira rato. Esse texto foi lido em grupo e uma amiga, muito sagaz, me disse: o seu medo é de rato. Mas o que tem isso a ver com a aldeia de Maricá, que interesse o meu medo representa para o tema?

O raciocínio é longo e para concluí-lo posso dar muitas voltas. Para chegar à aldeia, preciso enfrentar esse bando que late para nós e avança em nossa direção como se fosse nos atacar, é exatamente o que não posso suportar, e me torno consciente de que o medo não é do animal, mas do ataque. Em Niterói, quando frequentava a oficina de língua e a cultura Guarani, havia cachorros, mas eram poucos e ignoravam nossa presença, não me incomodavam.

Lúcia, que está comigo, não tem medo de cachorro, flana por ali à vontade, ela sabe que cão que ladra não morde, mas, quando nos afastamos caminhando em direção a uma das cabanas que está sendo construída, ela se detém, tem medo de cobras, eu também tenho medo, é questão de bom senso, mas elas não me assombram nem impedem meus passos além, claro, de um limite razoável, faço a comparação, ela me diz, as cobras matam, eu sei, cachorro também pode matar, ela concorda. Estou chegando onde quero, o habitat dos índios é a floresta, eles vivem em contato direto com a natureza, é a própria terra que lhes serve de piso, da mata que os rodeia tiram a madeira que serve de sustentáculo para suas casas e paredes, os tetos são forrados com folhas secas das palmeiras, ali vivem bem protegidos do sol, do vento e da chuva, o mundo a sua volta é o mato, a roça, a floresta e os bichos com os quais sabem conviver, afastando-os ou criando com eles uma interação. Eu não poderia viver ali tranquila por causa dos cachorros, Lucia não sabe, mas temeria as cobras.

A aldeia é o habitat desses que ali foram criados e o tiveram por solo, então uma primeira verdade fica assentada, os índios são povos da floresta, são capazes de tirar dela tudo que precisam para sobreviver, nós sempre moramos em casas feitas de tijolos, com portas e janelas que nos comunicam com o mundo, mas, ao mesmo tempo, com suas trancas nos protegem dele. Perdemos ou nunca tivemos a condição de povos da floresta, se assim, em algum momento, falamos, é retórica.

Estamos explorando a aldeia, enquanto esperamos a chegada de Jorge andamos em torno, vamos à primeira cabana que está sendo feita, têm o feitio de uma casa, é espaçosa, o esqueleto está pronto, a palha ainda começa a ser colocada, é evidente o desconforto que a situação precária da aldeia traz a dona Elisa, habituada ao conforto de sua Opy e de sua oca, mas eis que avistamos Jorge, que chega com uma menina, ela tem cinco meses, é sua filha, chama-se Luíza, é dada, vem ao nosso colo, é uma menina Guarani com seus olhos amendoados e apertados, cor acobreada, perguntamos, sua mulher é Guarani? Ela é misturada, mas na filha do casal os traços Guaranis são predominantes. Não chegamos em boa hora, o atraso vai frustrar o nosso intuito de manter com ele uma longa conversa, o representante da FUNAI está esperando para a intermediação do assentamento da aldeia em Maricá.

Jorge nos convida para conhecer a aldeia, passamos por um barco que chama nossa atenção, foi dado por italianos, e como você conseguiu isso, com meus amigos, ele cita Bárbara, que conhecemos, atravessamos um túnel cavado dentro da vegetação e, de súbito, tal como Alice, entramos no país das maravilhas, quando dele saímos o sol rompe em nosso peito como se penetrasse em cada partícula do nosso ser, estamos diante do inefável, um enorme tapete verde se estende aos nossos pés, logo ali, vinte, trinta metros à frente, corre o rio contornado por uma vegetação luxuriante, que lindeza! que momentos de puro prazer a natureza nos oferece, Jorge diz: é aqui que vou construir minha cabana.

A escolha é deleitosa, mas a seguir completa, os políticos dizem uma coisa hoje, amanhã dizem outra, o prefeito que tinha nos oferecido a área e insistido para aqui instalarmos nossa aldeia agora trouxe uns espanhóis, que disseram, a área nos pertence, nós a compramos, eles vão construir um resort. Jorge vai citando a riqueza de espécies de peixes que vivem no rio, mas não anotei, como indica a placa à nossa chegada, essa é uma APA, Área de Preservação Ambiental, tudo que for feito ali tem de ser de manejo sustentável, quando retornamos pelo mesmo túnel, ele nos diz, aqui vão ser instalados dois tanques de peixes, vamos criar tilápias. Ele se despede de nós, o representante da FUNAI os aguarda, traz a proposta para a ocupação da área que vão apresentar ao prefeito.

A primeira impressão que a aldeia nos causou se desfaz. Não há improviso, várias ocas como aquela que vimos estão já com seu esqueleto construído, dispostas a uma boa distância uma das outras, não tão próximas como em Niterói por evidente falta de espaço, segundo Antônio Overa os Guarani vivem em moradias que distam umas das outras entre um e cinco quilômetros, cada família tem não só sua própria oca como guarda sua privacidade, mas não tenho ilusão, de novo a terra não lhes será dada sem conflito, em Niterói havia uma luta entre os Guarani representados pela família de Jorge e a ONG que reivindicava a posse da terreno e queria construir ali, com o auxilio de políticos, um espaço multiétnico, incluindo até o MST. Dona Elisa lamenta: o juiz não deixou nem a gente construir uma escola para as crianças, Jorge completa, bastou sairmos para entrarem as dragas das construtoras. Os índios perderam essa guerra, e os sítios arqueológicos, Lucia e eu estamos escandalizadas, os sambaquis, um deles de oito mil anos, serão destruídos?

Quando chego ligo para Beth, falo da beleza extasiante do lugar, ela diz: um local assim dá vontade não só de visitar, mas de ficar lá, passar dias. Ela e Lucia sentem o mesmo desejo de permanecer, como eu, Beth foi criada em uma fazenda, vivemos parte de nossa infância próximas à floresta, a ela queremos voltar por atavismo. Beth é valente, não tem medo, mas poderíamos, qualquer uma de nós, morar em cabanas junto ao mato com chão de terra em um convívio tão íntimo com a natureza e os bichos?

O trânsito que enfrentamos na vinda abreviou o tempo que teríamos para visitar a aldeia, mas nem por isso o convívio foi menos interessante, houve, inclusive, um momento de muita emoção, Jorge é um homem de ação que vive no tempo presente, em um repente ele não olha para nós, mira à frente, discursa, a palavra escapa da boca sem o consentimento de seu dono, ele se inflama: as pessoas dizem, Pedro Álvares Cabral descobriu o Brasil em 1500 e matou todos os índios, mas tem que ficar claro que ele está vivo, continua jogando bomba, acabou de jogar uma, em pleno 2013, ele jogou bomba na Aldeia Maracanã e tirou os índios de lá como indigentes. A nossa aldeia chega a ser um pouco como a aldeia Maracanã, por isso os índios Guarani aceitaram a proposta do senhor prefeito e acabamos ocupando a área em Maricá. Porque amanhã a gente tem medo de acordar cercado de polícia dizendo aos índios que é pra sair, como eles fizeram com os índios no Maracanã.

O resort dos espanhóis

Jorge não consegue conter a torrente de palavras: as pessoas falam, vocês são os verdadeiros donos da terra, mas as coisas se inverteram, se a gente olhar, o índio até é o dono da terra, mas acho que devo falar isso, nenhum de nós tem mais de cem anos, o que a população tem de fazer é estar mais unida, e essa união tem de partir dos governantes, não da população. Ele ainda não terminou de falar, impaciente, o interrogo, e os Sambaquis em Niterói, serão preservados?

O INEA (Instituto Estadual do Ambiente) diz que é uma área de preservação ambiental. Eles alegam isso no papel, diz Jorge, mas na prática, o que está havendo lá é máquina fazendo trilha para começar a construir. Derrubaram todas as ocas, tudo. Acredito também que a proposta do senhor prefeito foi embora, depois que os índios ocuparam a aldeia em Maricá, ele volta dizendo que a área é dos espanhóis, isto aqui vai ser um resort.

É aquilo que eu falei, continui, no papel está tudo escrito, na forma que tem de ser executado, a gente provou que ali tem um cemitério indígena de oito mil anos. Não tem de construir. A gente concorda que o índio não tem de fazer sua aldeia em cima do cemitério, a gente concorda, mas cadê a preservação? Se o índio não mora, não faz sua oca, quem vai preservar, assim que os índios saíram, a construtora entrou com suas máquinas para começar a obra. Porque na prática, as coisas não acontecem como as leis mandam, prefeito se vende, vereador mais ainda, comem todos no mesmo prato. Nunca vai abastecer aquela comunidade que está necessitando de um apoio para estruturar sua família, não só os índios, de um modo geral, a população brasileira está largada no mundo.

Ele segue: dizem que os espanhóis são donos de dez quilômetros de praia em Maricá, que o projeto deles é legal, a qualquer momento pode acontecer. Os espanhóis apareceram aqui, falaram com a gente, disseram que é uma área privada, que isso aqui vai virar resort, este é o grande problema, é mais uma luta nossa. A FUNAI está acompanhando a negociação, a gente não sai daqui, a FUNAI trouxe a proposta sobre a essa área, sobre a aldeia.

Jorge disse, mas as coisas se inverteram, se a gente olhar, o índio até é o dono da terra, mas o tom não é mais de confronto, o que ele pede é o que toda a sociedade brasileira exige: políticas públicas. Quando estávamos em Niterói onde ele era nosso professor, uma briga foi ganhando vulto na aldeia, envolvendo os Guarani que para lá foram levados pela FUNAI e os Guajajara do Maranhão, que com eles coabitavam, o mal-estar não conseguia ser dissimulado, perguntei a Jorge?, porque você permitiu que os Guajajara se instalassem aqui, se a aldeia é pequena e não cabe mais que uma etnia?

Ele alegou que eles pediram para se assentar provisoriamente e vender seu artesanato. Uma vez os Guajajara lá instalados, o Centro e Etnoconhecimento Socioambiental Cauiré, entidade presidida por um advogado da etnia Guajajara, do tronco Tupi, passou, em briga pública e política, a reivindicar a posse do terreno que alega ter sido comprado com a finalidade de instalar um espaço multiétnico, incluindo pescadores da região e os sem-terra. Os políticos tomaram partido, alguns a favor do espaço multiétnico.

O que ouvi de muitas pessoas é que os Guajajara que ali estavam não participavam do conflito, tudo que eles queriam era voltar para sua terra, e se ali ainda estavam era por falta de dinheiro para comprar as passagens, o que afinal acabou resolvido e eles se foram. A briga não era deles, talvez tenham servido apenas de massa de manobra.

A FUNAI garantiu a posse da aldeia aos Guarani, e ela continuou assentada em Niterói, a situação deles, porém, nunca mais foi tranquila, nesse ínterim o prefeito de Maricá ofereceu, em uma APA, Área de Proteção Ambiental, próxima à cidade, o local para que eles pudessem estabelecer a aldeia. Havia uma resistência à mudança. A aldeia possuía uma situação privilegiada, à beira- mar, dentro dos limites urbanos, ladeada por uma lagoa e a mata próxima, um cenário que tinha tudo para agradar o Guarani que ali encontrara sua Terra Sem Mal.

Para um povo de agricultores faltava, no entanto, a terra para plantar que garantisse a fartura e a reciprocidade. Por que a família de Jorge não aceitava a oferta do prefeito eu me inquietava, um dia, pensava eu, eles acabam sendo expulsos dali, e como ele próprio relatou, a nossa aldeia chega a ser um pouco como a aldeia Maracanã, por isso os índios Guarani acabaram aceitando a proposta e ocupando a área em Maricá. Eles se mudaram porque temiam o momento em que acordariam cercados pela polícia obrigando-os a sair, como fizeram com os índios na aldeia Maracanã.

Disse a Jorge: vocês demoraram a aceitar o oferecimento e isso teve um custo, deixaram passar o momento propício à mudança, uma vez instalados lá, o prefeito retornou dizendo que a área pertencia aos espanhóis que ali pretendiam fazer um resort e eles logo se personificaram, reivindicando a posse.

Em uma simples visita à aldeia de Maricá tudo fica previsível, uma APA situada nos limites da periferia, fora da agitação da cidade, com uma caminhada se chega à praia, ao lado dela corre um rio, com suas margens protegidas pela vegetação, cercada de verde, uma visão paradisíaca que faz bem a alma, local ideal para um resort.

Em Niterói como em Maricá, a presença dos Guarani é questionada, lá e cá ameaçados de expulsão. Haverá uma solução que os salve? Faço a Jorge uma última pergunta, essa área em Maricá será uma reserva indígena? A gente vai fundar uma aldeia Tupi Guarani, a FUNAI está com documento ali na mesa, não uma aldeia, mas um parque indígena Tupi Guarani.

O professor José Ribamar Bessa Freire explica a presença dos Guarani na Serra do Mar no sul e sudoeste brasileiro, antes de 1500, aqueles que habitavam as matas subtropicais da bacia dos rios Paraguai, Paraná e Uruguai migraram constantemente ou buscando a mística Terra sem Mal, a morada dos deuses, ou caminhando entre diversas aldeias, o que lhes permitia criar alianças e estabelecer uma rede de solidariedade. Léon Cadogan enriquece este dizer, o Guarani pertence à selva. Aparentemente, e assim o crê, ele é seu dono. Deus entregou a selva ao Guarani e ao estrangeiro mandou que fosse viver em planícies e vales.

Procuro outras vozes que possam explicar a questão que está posta na mesa, por que afinal a família de Jorge deixou a aldeia em Niterói? Os tratores entraram e destruíram todas as ocas, como nos disse dona Elisa, eles não permitiam que reconstruíssemos nem a oca onde as crianças estudavam, ela estava caindo, não tínhamos mais condição de permanecer lá.

Vou à Universidade conversar, procuro Verônica, com quem havíamos pensado em entrar em contato quando nosso projeto era visitar as aldeias de Paraty, ela seria, por seus conhecimentos, a pessoa que poderia nos levar aos Guarani lá estabelecidos. Ela diz: Jorge não saiu da aldeia por causa das máquinas que entraram fazendo trilhas para começar a construir. Não foram os interesses imobiliários postos acima da legitimidade da aldeia Guarani que causaram isso. Eles saíram de lá por outros problemas, um deles, a convivência na praia com os banhistas, em particular, nos fins de semana e nos feriados, quando o local se transforma em um centro de lazer.

Um dos problemas terá sido a cerveja? Antônio Overa já tinha me falado que o próprio Jorge, apesar de todas as restrições que fazia ao consumo de bebidas alcoólicas, às vezes, à noite, descia lá e tomava uma ou outra cerveja, e imagino que para fazer a vontade de Fernanda enquanto esteve casado com ela, mas Verônica fala em relacionamento com os banhistas, com os brancos, melhor dito. O que vem a ser esses inconvenientes que ela cita? Os rapazes desciam para tocar música funk, e o namoro entre as moças e os frequentadores da praia.

Sobre o comportamento político de Jorge, ela nos disse: ele não vai chegar à Terra Sem Mal, ele é um territorialista. Os Guarani se movem em busca da Terra Sem Mal, ele não vai conseguir alcançá-la.

Os Guarani do Rio são do Paraná e de Santa Catarina

Quem são os Guarani que vivem no Rio de Janeiro, de onde surgiram? Quando e como foram, afinal, descobertos? Como assegura o professor José Ribamar Bessa Freire, eles são originários do Paraná e Santa Catarina, a partir da década de 1940. O trajeto foi feito a pé pela Serra da Bocaina e estariam em busca da Terra Sem Mal, a morada dos deuses. Foram descobertos em 1971 com a abertura da Rio Santos.

A aldeia de Araponga foi demarcada em 1991, no Parque Nacional da Serra da Bocaina, ocupada por 54 indivíduos, que vivem em uma área de 213 hectares. Todos dirão, é muita terra para pouco índio, mas se trata de uma Unidade de Conservação de Proteção Integral, não se pode caçar nem derrubar árvores; das roças de feijão, milho, batata doce e mandioca não conseguem tirar tudo de que precisam para sua subsistência, recebem bolsa-família, a aldeia não tem banheiros nem material escolar para as crianças. A energia elétrica fornecida por um painel solar não é suficiente para aparelhos eletrodomésticos. O acesso é precário porque, em se tratando de uma Unidade de Conservação de Proteção Integral, não podem pleitear melhorias na estrada que liga a aldeia ao distrito de Patrimônio.

O cacique Augustinho dos Santos, de 94 anos, não aceita casamento com brancos, bebida alcoólica e cigarro de branco. As moças devem usar saia comprida e não podem colorir o cabelo. A aldeia de Paraty-Mirim, de onde Jorge é originário, é formada por 36 casas de bambu, barro e madeira, como aquelas que vimos construídas em Maricá, também não têm banheiros.

Tekoa Sapukai Bracui é a maior aldeia do estado, localizada em Angra dos Reis, têm em torno de 430 pessoas, mais bem estruturada, dispõe de posto de Saúde, escola bilíngue e energia elétrica. Tem alguns banheiros e está prevista a construção de outros.

Os índios foram expulsos da aldeia Maracanã, *O Globo* publicou em manchete que os "Indígenas da Aldeia Maracanã lamentam a falta de espaço para rituais no conjunto habitacional onde vivem há um ano". O cacique Carlos Tukano diz que, nos 47 metros do seu apartamento não consegue manter as tradições de sua aldeia em São Gabriel de Cachoeira, na Amazônia. Garante, no entanto, que ele e outras 21 famílias da aldeia Maracanã estão hoje mais bem instalados em um dos prédios do programa Minha Casa Minha Vida no Estácio. A reportagem afirma que eles foram retirados do prédio vizinho ao Maracanã pelo Estado, que precisou do apoio do Batalhão de Choque da Polícia Militar, e que de lá foram encaminhados para a Colônia de Curupati em Jacarepaguá.

Iracema Pankararu, da aldeia Brejo dos Padres em Pernambuco, vive no Estácio com duas filhas e dois netos, segundo ela, a maioria das famílias vive do artesanato. As terras de origem, super-povoadas, não têm condição de suprir as necessidades de todos, "por isso buscamos nossa melhoria", "Aqui, minha família pode estudar." Mas ela também sente falta de "um espaço para não deixar nossa cultura morrer." Vangri Kaingáng, profissional, formada em ciências biológicas, não gostou de morar em uma "oca vertical", ela tem vontade de voltar com sua família para a aldeia.

Ela se queixa de preconceito e sente dificuldade de viver ao lado dos citadinos, não deixa o filho de um ano e três meses pisar na área externa nem brincar com os meninos do condomínio, "são brincadeiras muito violentas" e, se não volta para a aldeia é devido a problemas financeiros. Enquanto isso, eles sonham com o Centro de Referência da Cultura dos Povos Indígenas, no antigo museu, que permitirá a vivência entre as diversas etnias. O estado afirma que o estudo orçamentário do projeto de arquitetura e restauro do imóvel no Maracanã está sendo concluído. O Inepac (Instituto Estadual do Patrimônio Cultural), que tombou o prédio, orientará e acompanhará o desenvolvimento do projeto e a execução das obras de restauração e adaptação do imóvel. Mas é preciso esperar os "estudos".

O cacique Augustinho é radical, não admite casamento com branco, quando isso ocorre, o casal é obrigado a deixar a aldeia, não admite bebida nem cigarro de branco, quem quiser beber que o faça fora da aldeia. O cacique Miguel Benite aceita brancos desde que eles estejam dispostos a ajudar a causa indígena. Do ponto de vista da nossa experiência, Jorge se casou com uma mulher branca e sua mãe já era casada com um branco. Quando foco no casamento entre índios e brancos, ocorre um debate caloroso entre os vários participantes dessa trama, segundo Antônio Overa, casamentos entre Guaranis e brancos podem ocorrer, mas são sempre vistos com restrição A regra é que aquele que vem de fora vá viver junto com os Guarani e se adapte a seu modo de vida.

Beth quer saber se esses casamentos realizados nas tribos são referendados pela lei brasileira. As aldeias se regem por suas próprias leis, mas, na década de 1950, os estatutos do SPI, Serviço de Proteção ao Índio, como vimos, não permitiam o casamento entre brancos e nativos. A questão que Lúcia coloca é mais ampla, como são vistos hoje os casamentos entre brancos e índios? Como responder? Do ponto de vista da sociedade? Das comunidades indígenas? Só posso falar da comunidade Guarani que conheço, e, ainda assim, podem me confrontar, seus conhecimentos são modestos, e pelo exposto, não há um consenso nem entre as comunidades Guarani que habitam o Estado que são unidas por uma etnia comum, os Mbyá.

É verdade, mas podemos ir um pouco além, Antônio Overa é um índio Kaiowá, sua voz é pausada, ele nos disse ele: as mulheres da tribo, quando ocorrem esses casamentos, ficam se perguntando, até quando ela, a mulher branca, vai aguentar. Fernanda não aguentou, foi embora, conclui Lúcia, Jorge continuou fiel a sua etnia, completo. Sabemos que o casamento é possível, o pai de Jorge casou com Dona Elisa, e, de fato, viveu como um índio Guarani.

O Extermínio

Alguns podem dizer que, quando o Papa fala de colonialismo, ele se esquece de algumas ações da Igreja. Mas eu digo isso a vocês com lamento: muitos pecados foram cometidos contra os povos latinos em nome de Deus. Eu humildemente peço perdão, não apenas pelas ofensas da Igreja em si, mas também pelos crimes cometidos contra povos nativos durante a chamada conquista da América.

Papa Francisco,
Bolívia, 9/7/2015

Depois de ouvir a palavra do Papa Francisco, retorno a Porto Seguro, no local em que Cabral e seus homens desembarcam, onde, calculo, mais de cinco milhões de índios sepultados dormem profundamente. Alheios a eles, uma multidão de guerreiros, bem des-

pertos, trazem a flecha e o arco na mão, são aqueles que sobreviveram ao massacre, e estão aí, estão crescendo, estão vindo, reconheço Luiz, irmão de Jorge, sem levantar a mão, cabeça baixa, voz quase inaudível, ele remói e repisa o sentimento que lhe dilacera o coração, dois meses são difíceis para nós, dezembro e abril. Dezembro é muito difícil para nós, ele é a vida e a morte.

Abril? Por que abril?/Corresponde à chegada dos portugueses em 1500 e o extermínio".

Luiz fala no extermínio, ele é um índio Guarani pertencente ao grupo Mbyá; os povos indígenas somam, segundo o Censo IBGE de 2010, 896.917 pessoas. Lágrimas escorrem pelo rosto de Matalauê sem que ele as possa esconder, como se deu o extermínio que oprime o peito de Luiz, tenho de voltar ao princípio, a 1492 quando acontece à primeira viagem de Colombo, com ele vieram os espanhóis.

A primeira voz que se ergue é a de Frei Bartolomeu de Las Casas, que retorna à Espanha para dar conta ao soberano da mortandade que está acontecendo na América Central: "Nós mostraremos a Vossa Majestade que os espanhóis em cerca de 40 anos mataram em conta redonda e injustamente mais de doze milhões de vossos súditos. Colocar os índios sob o poder dos espanhóis é como entregar a garganta das crianças a loucos enraivecidos e frenéticos, que têm uma navalha na mão. Em suma, seria como colocá-los entre os cornos de touros enfurecidos; como se fossem amarrados a lobos, a leões, a tigres de longo tempo esfaimados".

Os colonizadores tateiam pelas Américas procurando conhecer o seu desenho geográfico, como chegar à Serra de Prata e ao rei branco que governa o Eldorado é a trilha que todos tentam desvendar. Em 1532, Francisco Pizarro, descendo pelo Pacífico, atraca na costa sul do Peru, dali até os Andes a distância é pequena, com 180 homens e 37 cavalos surpreendem o rei branco, Atahualpa, que se nega a reconhecer o Deus dos recém-chegados. Em nome da fé, eles o prendem, em troca de sua liberdade, o rei dos Inca oferece um sala inteira de ouro, outra de prata, mas cumprida a promessa, o executam.

Um passo maior ainda será dado. Em 1545 descobrem, em Potosi, a serra de Prata. O destino da Espanha está definido, será, daí em diante, a nação mais rica das monarquias europeias. Quantos vão morrer para extrair a prata de onde a natureza a colocou? Distante dali, 1.300 km a noroeste, encontram um depósito de mercúrio, e com ele um método mais eficaz de purificar a prata. Em um livro dos Inca, os colonizadores descobrem que os súditos eram obrigados a oferecer um número de trabalhadores como tributo, o visitador e governador Juan de Solórzano, que entre 1616 e 1619 faz uma investigação sobre as condições de trabalho nas minas de mercúrio, denuncia, "O veneno a que esses homens serão submetidos d'ora em diante penetra na medula debilitando os membros e provocando um tremor constante, matando os operários no prazo máximo de quatro anos".

O cálculo das mortes é feito no século XVIII por Josiah Conter: "Na melhor das hipóteses, diríamos que um em cinco índios sobrevivia aos primeiros anos de trabalhos exaustivos sob condições insalubres; e, ainda assim, ele estaria em débito com os colonizadores. Só em Potosí, mais de 12 mil índios eram anualmente sujeitos às cotas de trabalho e, em virtude disso, aproximadamente oito milhões de índios pereceram nas minas do Peru. Salvo algum exagero na estimativa, seria este o cenário provável, mas por outro lado, como agravante, não é fácil calcular os efeitos da remoção compulsiva para climas diferentes e súbitas mudanças de hábitos de vida".

Alguém está fazendo a conta do extermínio? Outro a denunciar a crueldade de que são capazes os colonos é o jesuíta Antônio Ruiz de Montoya, que, como Bartolomeu de Las Casas, volta à Espanha em defesa dos índios. Foram os índios Guarani do Paraguai que domesticaram a erva mate e dela obtinham uma bebida revigorante. "Pelo sistema de cotas, eram obrigados a trabalhar horas e dias incontáveis no manuseio da planta. Durante o dia inteiro estes não comem mais do que fungos, frutas ou raízes silvestres, que para sua ventura se lhes oferecem nos matos, estando eles em contínua ação e trabalho". Se tiram um momento de descanso, o capataz faz-lhe sentir a sua ira envolta em palavras e, por vezes, em pauladas. Em resumo, o trabalho consumia a vida de muitos milhares de índios.

Pierre Clastres e o etnocídio

Matalauê, Jorge, Luiz, sobre o extermínio que vocês denunciam, Pierre Clastres propõe outra discussão, não que substitua a primeira, ela a amplia, houve, na América Latina outro tipo de dilaceramento das populações nativas, o etnocídio, como o nome indica, não se trata da destruição do corpo, mas da cultura das nações indígenas que aqui viviam antes da chegada dos colonizadores. Etnocídio é a destruição do pensamento e do modo de vida dessas populações.

Um dos responsáveis por esse massacre, custa-nos dizer, foram os jesuítas. Em um célebre parágrafo, Manoel da Nóbrega sintetiza esse pensamento: "A lei, que lhes hão de dar, é defender-lhes comer carne humana e guerrear sem licença do Governador. Fazer-lhes ter uma só mulher, vestirem-se, pois têm muito algodão, tirar-lhes os feiticeiros, viver quietos sem se mudarem para outra parte, tendo terras repartidas que lhes bastem e com esses padres da Companhia para os doutrinar".

Montoya dá seguimento ao discurso etnocida de Nóbrega: "Note-se que chamamos Reduções aos povos ou povoados de índios que, vivendo à sua antiga usança em selvas, serras e vales, junto a arroios escondidos, em três, quatro ou seis casas apenas, separados uns dos outro em questão de léguas duas, três ou mais, reduziu-os para a diligência dos padres às povoações não pequenas e à vida política e humana, beneficiando algodão com que se vistam, porque em geral viviam na desnudez, nem ainda cobrindo o que a natureza ocultou".

Jorge, Luiz, Antônio Overa, vocês sabem, viviam os Guarani em selvas, serras e vales, junto a riachos escondidos, em três, quatro ou seis ocas, trata-se portando de uma família extensa, como é seu uso, que distam de outras moradias em uma ou mais léguas, com terra que basta a esse pequeno agrupamento para caçar, plantar o milho, a batata doce, a mandioca, a melancia, ter água e peixe suficiente ao seu sustento, mas qual o propósito dos jesuítas?

Reduzi-los, trazê-los todos para junto dos padres que farão uma campanha sistemática contra suas crenças e seus pajés, xamãs e karai. São selvagens a quem devem conduzir à vida política, isso é, civilizada, e doutriná-los para livrar esses infelizes das garras de satanás sob cujo jugo vivem, em nome da mentira e da perdição de suas almas. Também é preciso vesti-los, não por causa do frio que faz no Paraguai e no sul do Brasil, mas para tapar suas vergonhas que, como bem notou Caminha, eles não tinham.

E aqui se manifesta outra intenção dos padres, estejam eles a serviço de Portugal ou da Espanha, desfazer-se, de uma vez por todas, da divisão de trabalho que entre eles vigoram, fazer-lhe beneficiar o algodão que possuem em quantidade, e que as mulheres teçam suas redes e os tecidos para que eles possam andar vestidos.

Na costa leste do Brasil não se dizia, como o faz Montoya, reduções, mas a intenção é a mesma, como resume Nóbrega em um parágrafo, tendo terras repartidas que lhe bastem, isto é, as aldeias onde viveriam d'ora em diante. O sistema de trabalho seria imposto pelo europeu porque mais eficiente, seriam eles libertos de seus feiticeiros, charlatões, mentirosos, de uma só vez lhes tiram seu médico, seu sacerdote, seu profeta, o homem da palavra, o karai, instruídos agora segundo a única Verdade, a doutrina cristã.

O princípio fundamental que justificava a presença dos europeus na América era a conversão dos índios, mas, segundo Beatriz Perrone-Móises, eram os nativos a mão de obra sem a qual não se poderia desbravar os sertões ou cultivar a terra. Nos primeiros séculos, aos indígenas cabia produzir alimentos para si e para os colonos, como também a defesa da colônia contra o ataque de inimigos, tanto estrangeiros quanto de tribos inimigas, sem eles não havia, pois, projeto colonial a levar avante.

Matalauê, Jorge, Luiz, dona Elisa, o trabalho preliminar a ser realizado seria a destruição da cultura ancestral dos povos do continente. Na parte que cabia aos espanhóis, os colonos pavimentaram o caminho que conduziria os índios às reduções. Lembrem-se, oriento-me pelas informações e a indignação com que Montoya os denuncia. Por meio de cotas de trabalho, os encomendeiros impunham aos índios o trabalho desumano e escravo no preparo da erva-mate e, às mulheres, o fiar e tecer sem hora e dia para cuidar dos próprios filhos.

Os Guarani constituíam uma nação, aqueles que os colonos conseguiam escravizar encontravam refúgio nas reduções, onde gozavam da "proteção" dos padres. Cadogan distingue entre os

Guarani aqueles a quem diz monteses, os que não foram cristianizados: Mbyá, Chiripá e Kaiowá

Matalauê, Jorge, Luiz, me digam, quem haveria de realizar o penoso trabalho nas plantações de cana e nos engenho, não havia maquinários modernos, tudo dependia do braço dos homens, quem seria recrutado para realizar esse trabalho árduo e penoso? Que exército defenderia a longa costa brasileira do ataque dos piratas ingleses ou dos armadores franceses ou italianos? Portugal não podia armar homens suficientes em sua defesa, nem ela os tinha, seria uma tarefa grandiosa.

Quem defenderia a coroa portuguesa das tribos inimigas? Quem se não os milhões de guerreiros com suas flechas e arcos, homens treinados para lutar até a morte ou a vitória sobre os inimigos? Quem abriria clareiras nas matas de solo virgem para plantar milho e mandioca em quantidade suficiente para alimentar a colônia que aqui se estabelecia? Quem senão os índios que conheciam a selva e que, durante milênios, se acostumaram a tirar dela o seu sustento e sua moradia?

Os escravos africanos? É verdade que eles foram introduzidos, mas custavam caro, não conheciam a terra, nem estavam habilitados para as funções da guerra. Como fizeram os conquistadores para recrutar os índios? A que política recorreriam para que executassem essa tarefa gigantesca que era a colonização e a defesa do país? Aos descimentos, isto é, expedições feitas nos sertões às tribos indígenas para convencê-las que teriam uma vida melhor nas aldeias no litoral junto aos portugueses.

À frente estaria o missionário para convertê-los e convencê-los de que a liberdade lhes seria assegurada e nenhuma violência contra eles seria permitida. Na zona costeira do Brasil, os índios foram aldeados, cristianizados e civilizados. Devido aos trabalhos desumanos a que eram submetidos, eles se evadiam. Pelo mesmo motivo se revoltaram os Tupiniquim na Bahia, que entraram em guerra com os colonos, mas, sofreram duro revés em batalha e foram reconduzidos ao trabalho como cativos.

Matalauê, Jorge, Luiz, o que mais poderia levar ao massacre do índio brasileiro? Os índios eram trazidos às aldeias onde ficariam sob o comando dos padres, nem todos seriam obrigados a descer, mas aqueles que se revoltassem seriam sujeitos à guerra justa e podiam ser cativos e escravizados pelo prazo de dez anos. A guerra justa permitiu a entrada das bandeiras sertão adentro para caçar e traficar índios, empresa na qual se distinguiram os bandeirantes paulistas, que não careciam de motivos, senão os econômicos e a conquista territorial.

Matalauê, Jorge, Luiz, os jesuítas defendiam os índios da atitude predatória dos colonos, que diziam que os padres se aproveitavam do trabalho dos indígenas em proveito próprio, porém, eram os índios obrigados a trabalhar também para os colonos, sua liberdade era respeitada, e seu trabalho, nunca remunerado. Um aventureiro inglês que para cá vem em busca de fortuna traz um testemunho diverso. Aos índios descidos seria assegurado o trabalho livre, promessa que faziam de cara limpa aos chefes das tribos, mas como nos assegura Knivet, eles "eram marcados como cães, açoitados e torturados".

Bandeirantes Paulistas

Cada uma das Reduções, por outro nome Missões, era uma considerável ou grande Vila, e todas por um mesmo risco com ruas retas, cruzando em ângulos retos; as casas geralmente térreas, cobertas de telha, branqueadas, e com varandas laterais para se preservarem do calor e da chuva; de sorte que vendo uma, se forma uma ideia verdadeira das outras. Em cada uma só havia a Igreja Matriz; todas geralmente de pedra, magníficas, elegantes, de naves, e ricamente ornadas; algumas inteiramente douradas. Um Vigário e um Cura, ambos jesuítas, eram os únicos Eclesiásticos, e suficientes para exercer todas as funções paroquiais: sendo ainda os inspetores em toda a economia civil, debaixo de cuja direção havia corregedores eleitos anualmente, um cacique vitalício, e outros oficiais, cada um com sua inspeção e alçada. A exceção destes, todos os indivíduos de ambos os sexos usavam uma camisola talar ou de algodão branco. Cultivavam mate, algodoeiros com os víveres que melhor prosperavam no território. Tudo era depositado em armazéns, de onde se distribuía diariamente pela povoação. Cada família recebia uma onça de mate, quatro libras de carne, e uma medida de milho; e o mais que se lhe julgava necessário. Tudo passava à vista dos corregedores ou outros subalternos.

Os Párocos viviam comodamente junto da Igreja. Contíguas à sua morada ficavam duas espaçosas casas: uma destinada para as escolas de ler, pintura, arquitetura, música, e outras salas de diferentes ofícios. A outra servia de Recolhimento a um grande número de raparigas ocupadas em diversas obras debaixo da inspeção de mulheres mais velhas e instruídas. As mulheres recebiam na segunda-feira certa porção de algodão, que deviam entregar fiado no sábado. O Cura saia diariamente às oito horas acompanhado de oficiais e mestres para visitar às salas de aulas e oficinas. O sinal das derradeiras ave-marias era também o do Rosário, ao qual só os impossibilitados não assistiam.

Todo o supérfluo era exportado com uma grande quantidade de sebo, couro e mate; com seu produto pagavam a capitação, e mandavam vir da Europa os objetos, que não podiam ser feitos no país, ou saiam por um preço exorbitante. Calculou-se que os índios possuíam perto de dois milhões de cabeças de gado.

Tal era o estado das Reduções, que formavam o pretendido reino guaranítico, em 1768, quando os jesuítas foram expulsos, e os povos entregues à direção dos Dominicanos, Franciscanos e Mercenários.

Aires de Casal, 1817

Montoya nos diz sobre os índios Guarani: "De modo notável são eles aficionados à música, que os padres ensinam aos filhos dos caciques, bem como a ler e escrever. Oficiam eles as missas com aparato musical, de dois a três coros. Esmeram-se em tocar instrumentos, tais como baixos, cornetas, fagotes, harpas, cítaras, guitarras, rabecas, clarinetes e outros. Ajuda isso muito em atrair os gentios e nos seu desejo de nos levarem às suas terras para a educação e ensino de seus filhos".

Há um momento em que Montoya nos confidencia que esses índios moravam em lugar impossível de entrar sem que eles ali conduzissem o padre, no caso em que cita, por causa de uma serra áspera e dois rios caudalosos que a cercam. Ao passo que nas reduções, os Guarani tornam-se presa fácil dos bandeirantes paulistas, como afirma o jesuíta, homens cujo intuito é destruir o gênero humano. "Passam dois e três anos, nesta caça de gente, como se fossem bestas ou bichos. Entram como o fizeram nas reduções de Santo Antônio e São Miguel em ordem militar destroçando índios a machadas, matando-os, 'como no matadouro se matam vacas'".

Entrando nas reduções, os bandeirantes levavam uma legião de cativos, outros vão enganados com a promessa de uma vida de fartura. Dali eram levados e vendidos como escravos. E por que os Guarani aquiesciam em descer de seus matos e montes e das partes ocultas em que vivem para juntar-se aos padres onde seriam cristianizados e civilizados? Montoya ensaia logo uma resposta, são todos eles lavradores, cada um com sua lavoura à parte. Com onze anos, os meninos têm sua roça, mas vivem em harmonia ajudando uns aos outros. Aos que de passagem os visitam recebem com grande hospitalidade. Para o labor de agricultores utilizam a cunha de pedra para cortar os arbustos, então, quando se mostrava a um cacique um machado de ferro que na Espanha pouco valia, ele, acompanhado de seus vassalos, abandona sua terra e se reduz.

Antônio Overa, não seria tão fácil como nos assegura o jesuíta, foi à custa de enormes trabalhos e perseverança que, por exemplo, o padre Diogo de Boroa conquistou a gente desses povoados à redução chamada de Santa Maria A Maior: inúmeras vezes o padre foi rejeitado e intentaram matá-lo. Em comentário interessante, Montoya acrescenta que ele teve como companheiro o padre Cláudio Reyes, um missionário antigo e fervoroso, cujo carisma em disciplinar índios é bastante conhecido.

Um pouco à frente, esclarece, mudou-se este povo, de receio da invasão cruel dos paulistas. Muita gente acredita que os índios se deixaram seduzir por bugigangas, como lenços vermelhos, espelhos, apitos e miçangas. Segundo Montoya, os Guarani aceitaram as reduções porque não tinham armas que fizessem frente aquelas dos bandeirantes e, como confessa o jesuíta, aceitaram a evangelização em troca dos instrumentos de ferro, da música sacra, da escrita e da leitura, educação que muitos almejavam para seus filhos.

Antônio Overa, não deixe que eu me perca nem ande a esmo; como ilustração à história macabra que teve como cenário a América, tentarei dar uma pálida ideia do que foi a épica retirada empreendida pelos índios Guarani da redução de Loreto, às margens do Rio Paranapanema, e a de Santo Ignácio, nas proximidades do Rio Pirapó, no atual estado do Paraná. O destino seria próximo às margens do rio Ijui, afluente do rio Uruguai.

Antônio Overa, você sabe bem, a notícia que nos chega é de que dos cem mil índios aldeados na província de Guaíra, ali onde viviam os índios Kaiowá, só as reduções de Loreto e Santo Inácio, escaparam à sanha dos paulistas. Escaparam é uma palavra que não dá conta dos fatos, desse número, calculam os historiadores paraenses, 60 mil foram levados pelos paulistas, o que fez baixar o preço do escravo da terra, 15 mil foram mortos por eles, 12 mil conseguiram escapar nessa programada fuga e o restante se embrenhou na selva.

Com o sentimento de urgência e o instinto de sobrevivência aguçado pela violência terrível impetrada contra seu povo, os Guarani colocando toda sua destreza à prova, construíram as balsas sobre as quais erguiam uma casa que os protegeriam do sol inclemente e da correnteza, fizeram-nas em número de 700, além de 300 canoas, tudo fruto de seu inacreditável labor. A sentinela deu o aviso da vinda do inimigo, todos fizeram provisões e reuniram seus pertences, oh! não deixaram para trás seus instrumentos musicais que pensavam preservar na fuga insana! São 12 mil índios, fazem-se todos à água, homens, mulheres, crianças, desceriam pelo rio Paraná, como tinham planejado, a retirada se fará sob o comando de Montoya, os Guarani são os estrategistas, e o corpo desse exército, mil peripécias os aguardam, quando se deparam com o salto do Guaíra, são obrigados a saltar da água, como alimentar essa multidão, como carregar nas costas a carga de suas vidas e ainda as balsas?

As 300 canoas são jogadas à fúria vertiginosa das águas que para desconsolo chegam embaixo estraçalhadas. Caminham à pé durante oito dias, são vinte e cinco léguas pelos matos, de novo entram no rio, quanto devem ainda percorrer que lhes permita uma boa distância dos paulistas? As provisões chegam ao fim, é preciso encontrar um paradeiro, escolhem um local de boa água nas mediações de outra redução. Aos padres foi mandado aviso de que em breve estariam chegando, que providenciassem comida, que socorressem aos famintos, as mensagens não chegam, ninguém os espera e, no destino, veem-se todos desprevenidos.

Antônio Overa, muito pelejaram os Guarani ao transportar as reduções de Loreto e Santo Ignácio pelo rio Paraná até o rio Ijui, afluente do rio Uruguai, no atual Estado do Rio Grande do Sul. Ao chegar a um paradeiro que acreditavam ser de socorro e salvação, encontraram-se todos desprevenidos, sem ter o que comer e, no dizer de Montoya, veio a fome, a peste e a divergência de opinião.

O bom samaritano, Manoel Cabral, permite a eles o acesso ao seu gado, de onde retiraram nesses dois anos de provação 40 mil cabeças, doze a treze eram sacrificadas por dia, o que causa espanto é que esse tanto resultava em míseros pedaços para cada família, os índios comiam couro, sapos, cobras, o que encontrassem para matar a fome, veio então a peste, tifo talvez, que levou, no dizer da época, duas mil almas. Outras tantas e muitas devem ter ficado pelo caminho até que chegassem ao destino, longe das garras dos paulistas. Afinal, encontram uma erva que Montoya compara ao Maná, com que o Senhor socorreu Israel na longa travessia pelo deserto.

Conhecida como salsa marinha, os Guarani tratavam-na por igau. Seria um tipo de alga? O fato é que ela, sem sair da água, deita suas raízes nas pedras. Cozida com a carne, mata a fome enquanto traz a boa saúde, afastando do rosto a palidez da morte. Depois de longo estio, veio a primavera, com ela os celeiros se encheram de milho, a mandioca foi suficiente para o pão e os legumes germinaram em abundância e, de novo, conheceram tempos de fartura.

Antônio Overa, eram os bandeirantes apenas apresadores de índios? Em 1638 Montoya encontra-se em Madri com a finalidade de rogar ao Rei que concedesse aos Guarani o direito ao porte de armas. O jesuíta alega que os paulistas, guarnecidos de gibão, de botas e armados com o mosquetão, o escudo e a espada, achavam-se em posição vantajosa frente aos nativos que, com o arco e a flecha, não lutavam em igualdade de condições.

O rei concede aos índios o direito ao porte de armas entre outros motivos porque a questão entre os paulistas e as reduções guaraníticas envolvia a luta entre Portugal e Espanha pela delimitação das terras impostas pelo Tratado de Tordesilhas, que não se achavam bem definidas. E venceram os paulistas conquistando para o reino luso a posse daquelas que vieram a constituir os Estados do Paraná, Santa Catarina e Rio Grande do Sul, assegurando a atual configuração do sul do país.

Retorno à Maricá

Dia a dia, as ocupações do indígena se voltam para a produção assalariada. A força da civilização penetra na selva. Cada vez mais o Guarani, atraído por objetos brilhantes, que prometem uma vida confortável, os adquire e introduz em seu viver. São as antigas contas de vidro que se trocavam por ouro. Agora se trocam por suor. Quando quer livrar-se delas, já as incorporou ao seu mundo. Precisa de dinheiro para obtê-las. Precisa trabalhar como assalariado para continuar vivendo.

León Cadogan

Voltei à aldeia de Maricá, ela está localizada em uma APA, Área de Proteção Ambiental, não estão acampados como os encontrei ano passado; ao redor, muitas ocas construídas, habitadas, outras em construção, são feitas de madeira que as sustentam, cobertas de folhas de palmeira seca que não deixam passar a chuva, as paredes de bambu recebem uma camada de barro que se solidifica tal qual o tijolo. São sólidas, frescas, protegidas por árvores ou pela vegetação. Ouvi dona Elisa dizer que o café da manhã tinha sido peixe. Jorge pretende dar início a uma plantação organizada que possa servir de modelo para as outras aldeias. O resort dos espanhóis está suspenso, a visita à aldeia é permitida, mas quando o sol se põe é hora de se recolher, desta hora em diante, eles ficam restritos a vida familiar, mas há muito tempo e muito sol para conhecê-los durante todo o dia.

Por que não conversei mais com Jorge? O tempo não foi suficiente, eu queria que ele me ensinasse a pronunciar o y, levei o dever de casa pronto, ele ficou bem impressionado, pela primeira vez me aproximei da vogal, o que já valeria minha ida até lá. Dona Elisa está mais tranquila, seus pais moram com eles, em oca própria, Jorge me disse que eles estavam colhendo mel, segundo me disse Antônio Overa, entre os Kaiowá, as famílias mantêm umas das outras a distância de pelo menos um quilômetro, não sei se os Mbyá exigiriam tanto, a separação entre as ocas não é tão extensa, mas permite que cada uma guarde sua privacidade, a tribo convive harmoniosamente, levam, porém, uma vida disciplinada, Jorge diz que um grande problema na aldeia é a televisão e o vídeo, não há como proibir, eles tornam os homens preguiçosos. Para que a vida do índio siga como deve ser é preciso trabalhar com o sol que nasce, com o dia que começa, pode-se tolerar a televisão, mas tem horário, dez horas da noite os aparelhos devem ser desligados.

Argumentei, a televisão também nos torna preguiçosos, é uma nuvem de alienação que se estende sobre nós, por outro lado, ela informa, distrai, é um entretenimento ao alcance de todos, o certo é que quem vê muita televisão está deixando a vida passar e só temos uma vida para viver, mas temos de aprender a lidar com aquilo que o mundo nos oferece, vocês não podem se queixar, ele concorda, estamos próximos à cidade, temos nossa aldeia protegida, não estamos isolados, não estamos expostos. O paraíso foi reconquistado.

Desta vez fui sozinha, todos declinaram o convite, o marido ficou inquieto, minha filha se preocupa, daqui a Maricá, sozinha na aldeia! Vou tranquila, não caminho em vão, fui chamada, nem sempre isso pode ser compreendido, mas é assim que as coisas são, pertencemos a uma comunidade espiritual, nada fica à deriva, somos parte dela e trabalhamos sob sua proteção.

Estado de aku

Por duas horas estive na aldeia, vi o artesanato que ele e a mulher estão fazendo, Jorge parece que encontrou um local onde vender o que produzem, está animado, Luiza cresceu um pouco mais, é uma linda menina Guarani. A questão que trago é a propósito do nascimento das crianças. Quanto uma mulher Guarani tem filho, o pai e a mãe ficam em estado de aku, ele não pode caçar, não pode comer determinados alimentos, este tempo varia de duas semanas a um mês, a mulher, me diz Jorge, não pode comer peixe, tempo que se prolonga por quase um ano, o que ela pode comer logo após o parto?

Durante três meses, só pode comer canjica, o milho branco ou roxo socado no pilão e cozido com cinza, nada além disso. A mulher precisa se livrar das impurezas, tirar o veneno que fica no corpo, o homem, durante o período em que está em aku, deve preparar a refeição da mulher, ele não deve pegar em ferro, enfim, ele não fica deitado na rede, ele está ali para proteger a família.

Segundo a crença popular, a canjica aumenta o leite materno, superstições, dizem, não tem comprovação cientifica, penso de outro modo, se as mulheres da tribo se alimentam apenas de canjica é possível que o alimento tenha influência na produção do leite. Hoje podemos fazer pouco desse antigo costume, se o leite da mulher acaba, o mercado oferece não sei quantas opções similares, se a criança não digere leite em pó, temos o leite de vaca que deve ser misturado em proporções adequadas à água, ou, em caso de alergia a esses, o de cabra, se esse também não é bem tolerado, temos o leite de soja, as opções são muitas, mas o bebê Guarani depende do aleitamento materno para sobreviver e muito mais dependia em épocas anteriores, em última instância, com o leite materno o que está em jogo é a vitalidade e a sobrevivência do grupo.

Entre nós, segundo a tradição, o resguardo dura 40 dias, entre os Guarani, ele deve ser mantido durante três meses, período necessário para que a mulher elimine as toxinas do corpo. É um longo período, se o homem não cumpre as regras do aku, o que acontece? Ele está perdido. Mas vocês não podem salvá-lo com orações? A gente tenta, mas não adianta. Já aconteceu aqui? Já, a gente está conversando, de repente, ele entra em convulsão, por mais que a gente reze, não tem jeito, ele está perdido.

Em estado de aku ficam também as moças quando menstruam e os rapazes no período em que deixam de ser crianças e se tornam adultos. Há uma série de restrições alimentares, de comportamento, de ensinamentos a serem apreendidos. Há também restrições à liberdade, período em que ficam confinados. E se eles não obedecem às regras impostas? Acontece o que denominam o ajepota.

A primeira vez que ouvimos falar disso foi durante a oficina de Guarani, se o rapaz ou a moça não se submetem ao aku, é possuído pelo espírito de algum animal e acredita que é o próprio animal.

No caso especifico que nos foi contado, o rapaz não teve salvação, morreu ou foi morto, isso não ficou claro para nós. A partir desse momento, penso que Beth se apavorou, outra cultura pode ter para nós aspectos aterrorizantes, que não estamos preparados para enfrentar. Aceitamos as semelhanças, as diferenças nos assombram. E, no caso dela, a ida à aldeia de Maricá ficou comprometida e está, por enquanto, adiada.

Quando estou programando a ida a Marica, decido, vou direto à casa de Jorge, que está morando em uma casa próxima à aldeia que, em futuro próximo, será alugada para ajudar nas despesas. Ele adia a inserção de sua mulher à tribo, em meu pensamento, é um modo de preservar o casamento, até que ele esteja sólido, a salvo das intempéries. Por experiência anterior, sei que, ao chegar à aldeia, os cachorros ameaçam furiosamente os visitantes. São cachorros magros e pequenos, tais quais os que avançaram sobre a expedição do Príncipe Maximiliano Wied Neuwied, em companhia de quem andei, segundo ele, os Puri receberam esses animais, a que dão o nome de joare, dos europeus.

São os mesmos cachorros que vi quando criança na área rural e, ainda hoje, vejo, vez ou outra, ameaçarem os estranhos que se aproximam, eles causam confusão e medo em pessoas como eu, mas são afastados por aqueles que os enfrentam; confrontados, eles recuam, pensei, vou me poupar do ataque desses pequenos e mal humorados animais, vou ter primeiro com Jorge, quero aproveitar ao máximo as duas horas que estarei por lá, vou com uma lista de perguntas e dúvidas, quero percorrer a aldeia, quero também conhecer sua nova esposa e trago uma lembrança para Luíza.

Encontro Bina fazendo artesanato em grande quantidade para o evento do qual vão participar, são filtros para sonhos, prende-se à porta do quarto em que se dorme ou brincos usados em uma só orelha. A ideia não é original, pertence a outra tribo ou etnia que ele nomeia e esqueci, só lamento não ter dinheiro suficiente para comprar vários para oferecer às filhas e amigas. A seguir, o anfitrião me convida para ir até a aldeia, onde poderemos sentar à sombra e conversar com calma e tranquilidade.

O dia corre feliz, sou acolhida como uma amiga que vem em visita, a companhia elétrica está instalando a luz, como faziam antes? Havia um gerador. Jorge havia me dito que sua mulher é mestiça, o que vejo é um bonito bronzeado como se ela tivesse aproveitado a praia todos os dias desse verão que termina, as feições não são Guarani, mas guardei a opinião, e fiz bem, ela descende de índios Puri, Jorge me confidencia mais tarde.

Depois de falar com dona Elisa e alguns de seus familiares, eles nos deixam sossegados, Jorge vai respondendo às questões que coloco, às quatro, ele me adianta, tem uma audiência na prefeitura, um casal de turistas apresentou queixa por agressão, não me lembro de ter tratado mal a ninguém, Jorge conhece as regras, é disciplinado, talvez não tenha sido você, mas outra pessoa, pode ser, estou indo lá ver do que se trata.

Levantamos para percorrer a aldeia, ver os caminhos pelos quais já passei, vendo as coisas que antes não estavam lá quando vim à primeira vez, cabanas construídas, uma em construção, ele me fala em um novo túnel cavado no meio da vegetação, descobrimos que havia um poço que os escravos usavam. Vamos até lá.

Quando adentramos por ele, os cachorros latem com tal violência que estaco, apavorada, quero retornar, ele ordena e os bichos se calam, esta cabana é de meus avós, aqueles que estão colhendo mel, prosseguimos, quando estamos regressando, voltamos a falar de Bina, Jorge, você está bem casado, ela parece bem integrada à família Guarani, sim, é sua resposta sucinta, como se não estivesse disposto a colocar em discussão sua vida íntima e particular.

Você disse que ela é mestiça, descendente dos índios Puri, a tribo está em extinção, mas dizem que existem alguns sobreviventes que preservaram a cultura, gostaria de conhecê-los. Eu conheço um deles, tem livro escrito e quer divulgar. Como posso entrar em contato com ele? Pode esperar, ele vai te ligar.

Em busca da trisavó

Foram muitas as dificuldades e os equívocos em que incorri até encontrar um caminho seguro para reescrever as epopeias vividas pelos índios brasileiros a partir da conquista levada a cabo pelo imperialismo europeu. Em um primeiro movimento, tentei colocar no papel as lendas e mitos inscritos em nosso imaginário, mas abandonei esse atalho quando ficou claro que eles foram construídos com as façanhas narradas pelos conquistadores.

Em um segundo momento, reforço o erro quando tento me apossar da lenda Tupi-Guarani de Zumé, trabalhei com a hipótese de seguir a interpretação de Manoel da Nóbrega de que ele seria São Tomé, apóstolo de Jesus, que teria pregado a doutrina de Cristo nessa parte do mundo e ensinado aos índios o uso do fogo, da mandioca, do milho e do mate. Assim como larguei no papel a primeira tentativa de construir o romance fui obrigada a abrir mão de fazer de Zumé um personagem, compreendi em tempo que os conquistadores vieram imbuídos de uma ideologia de superioridade étnica que, para os nativos do continente, representaria o massacre e o extermínio, e seria ao lado dos invasores que eu me colocaria, e não era esta minha intenção, naturalmente.

Em conversa com minha amiga Rosita sobre a dificuldade de desenvolver o tema, que pesquisei por tantos anos, ela me remeteu à minha história pessoal: investiga a história de sua família que você certamente vai encontrar material para seu romance, você vai ver como essa pesquisa vai dar outra dimensão ao seu trabalho.

Quando era garota, ouvi falar que em nossa árvore genealógica, no ramo do qual descendia meu avô paterno, haveria uma índia capturada a laço. Na época, não investiguei a veracidade da informação, tinha pouco ou nenhum interesse no assunto. Mas agora reflito se, de fato, existiu uma índia que foi capturada, o laço pode ser a expressão de uma cultura miscigenada que se identifica com as matrizes brancas e se considera superior àquela outra que deu origem ao povo brasileiro, isto é, a indígena, ou empregado no sentido de uma passagem do estado selvagem para o civilizado, referindo-se a um processo de aculturação.

Na ocasião, papai teria me fornecido preciosos esclarecimentos, porém, não perguntei; mamãe, no entanto, mais tarde, confirma, a avó de seu Gamboa era índia. Depois que casei e tive filhos, Sônia, minha irmã, dizia que eu os criava como uma índia, tanto ela insistiu que vi nascer o sentimento de que havia uma ancestral da terra que habitava em mim e, de fato, existiu uma mulher de pele vermelha e cabelos negros que exige o resgate de parte do sangue que corre em nossas veias; ela quer que eu desfaça o nó da corda com que foi amarrada e puxada para fora de seu povo.

Vou, inclusive, lhe dar um nome, Irene. E por que Irene? Não é um nome indígena, o escolho ao acaso, seu dono, aquele que a capturou e tomou para si, de qualquer modo, a chamaria com um nome que seria a marca de uma cultura que ela teria de adotar e renunciar àquele de seu nascimento.

Doravante não pouparei esforços para encontrá-la, talvez, todo o tempo, tenha sido ela a me instigar, mas de antemão posso afirmar, tudo que faça, não o farei sozinha, que sabia eu concretamente de uma infinidade de nações que durante milênios habitaram esse continente e dele foram despossuídos em um processo histórico de conquista? No mundo de onde venho, fora dos livros e vagas indicações, não tenho onde me segurar, nem me foi transmitida sensibilidade ou solidariedade ao seu infinito sofrimento, se devo reconstruir o romance familiar que diz de onde venho, conto com um aliado nessa jornada, Jorge, com ele aprendi os rudimentos desse amplo universo e referências significativas da condição daquela que me antecede e que me prende ao continente.

Quando conseguir refazer a história desde o início, poderei dizer quem sou? Esta é a pergunta que me faço e que conduz a investigação: está decidido, será com Irene, minha trisavó, perdida nas brenhas dos tempos que, agora fortalecida, vou tentar me reencontrar nas veredas intrincadas do caminho onde me perdi.

IRENE

Alguém que tenha uma avó brasileira tem grande probabilidade de descender de índios. Somos brasileiros há 15 mil anos, não apenas a partir de 1500.

E ainda não temos consciência disso.

Alberto Mussa, *O Globo.*

Quem conta um conto aumenta um ponto

Dito popular

Imagem: *Puris na mata. Maximilian Alexander Philipp zu Wied-Neuwied. Publicado na obra Viagem ao Brasil nos anos de 1815 a 1817.*

A índia pega a laço

Um texto pode iludir o autor, dar uma dimensão de grandeza que ele não tem, de veracidade que não possui, de qualidades que o autor enxerga no momento em que deixa suas ideias no papel. O tempo dá distanciamento, é como se outra pessoa o lesse, e assim o fiz, deixei esses escritos abandonados no papel, eu estava envolvida com esse trabalho e veio outra coisa no meio do caminho, veio pra mim e tive de acolher. Sobre as letras esquecidas no papel, compreendi outras tantas coisas, era um tempo para reorganizar o pensamento, o tema pedia mais pesquisa e estudo, sobre ele nunca saberia o bastante. Repito aqui a frase de Sócrates, só sei que nada sei, era o tempo de refletir sobre o pouco que sabia, pesquisa não é suficiente, o que buscamos é o conhecimento.

Com o espaço de alguns anos, me defronto novamente com o texto, ao menos tenho ideia de quais são as questões que tento responder. Posso, de imediato, citar aquela que me colocou Rosita, a professora de literatura, de que devo procurar na minha própria história de onde vem esse chamamento e, de fato, no imaginário da família havia uma índia, que fora pega no laço, era avó de meu avô, o pai de meu pai, o Coronel Joaquim de Paiva Gonçalves, um dos fundadores da cidade, minha cidade, Mimoso do Sul. É através dele que chego a essa índia, mas quem era ela, o que é que me cobra e com que direito o faz? São os genes, me dirão, neles tudo está escrito, e, me pergunto, se não está inscrito e decidido também nas águas profundas do inconsciente, além dessas instâncias genéticas e psíquicas, existe um romance familiar no qual uma índia se inscreve não como figura real, porém, lendária, tudo se resume a uma teia que não se rompe e se prolonga e nos alcança. Indago de minha tia Nair, que já festejou os noventa anos de vida, sobre essa origem nativa.

Ela me diz, com certeza, eles (seu Gamboa e os filhos dele) são frutos de uma mistura, mas ela não conheceu os parentes distantes, ela justifica a falta de informação, eles são de São Fidelis, Moreno era muito vaidoso, nunca me levou lá. Nós também nunca fomos a São Fidelis, não necessariamente por orgulho, as pessoas eram irremediavelmente presas ao lugar em que viviam, ninguém voltava para recolher o que ficou espalhado pelo caminho, as pessoas casavam cedo, construíam sua própria família, em duas gerações os elos se rompiam, os avôs se iam depressa, da família de meu avô Gamboa só conhecemos tia Pipina, que morava em Campos dos Goytacazes, de uma ou duas vezes que a vi, acho até que uma única vez, lembro da mesa posta, risos, alegria, afeto tanto tempo guardado extravasando. Do lado desse avô paterno não consigo ir além, há um retrato na parede no qual a miscigenação se evidencia e se confirma no registro: caboclo. Atrás da foto vejo uma índia, preciso de um nome que preencha em mim a falha, me agarro à única referência que possuo, uma índia, a quem dei o nome de Irene.

Ela se chama Irene

Há outro caminho e me enveredo por ele, meu avô Gamboa era natural de São Fidélis e veio fazer a vida em Mimoso do Sul, por esse lado paterno, meu lugar no mundo está delimitado, é nesse recorte de terra que estão minhas origens. Preciso saber quem é Irene, e por que, hão de me perguntar, uma índia há de se chamar Irene? Como já disse, fui eu que lhe dei o nome, acho que faz sentido. Ao menos, acredito que faça, se ela foi pega a laço, não foi na condição de uma mulher livre, foi para servir ao homem que a capturou, mas se vai viver com ele, há de adotar costumes civilizados, e a primeira fase da conversão é o nome cristão. Um nome curto, que ela logo pudesse gravar e atender.

A que tribo Irene pertencia antes que lhe roubassem a identidade primitiva? A primeira tribo que encontro vivendo no espaço que meus ancestrais ocupavam no mundo foram os Puri, informação que obtive de Rosângela, historiadora mimosense. É nessa definição que encontro Irene, nossa avó, que seja trisavó, que foi pega a laço. Como se pode ler em Érico Veríssimo, uma mulher tem muita serventia. E quais seriam? Ao raiar do sol estaria de pé, acenderia o fogo, faria o café, cozinharia o aipim, a banana da terra ou a batata doce, colocaria as canecas na mesa, varreria a casa e o quintal, faria as camas, lavaria as roupas e as louças, faria o almoço, arearia as panelas na beirada do córrego, à tarde passaria as peças que foram secas ao vento, faria o jantar e de noite, ainda que exausta pela labuta do dia, responderia à exigência masculina.

Ela seria a mãe das crianças, ela pertenceria a esse homem sem direito a salário nem certidão de casamento. Aliás, as mulheres ditas do lar continuam até hoje sem salário e direitos sociais, em estado de semi-escravidão. Diz-se que os Puri seriam dóceis e suscetíveis ao trabalho imposto pelo branco, por enquanto, tomo a informação, como hipótese, melhor recomendação não haveria para uma índia pega a laço muito jovem, não lhe faltaria sensualidade, nem teria os pudores das mulheres brancas criadas no horror ao pecado e ao sexo. As índias consideram naturais as funções do corpo, do prazer e da reprodução e amamentam seus filhos até que eles próprios sintam vergonha de estar agarrados aos peitos da mãe.

Tendo entre meus ancestrais uma índia, por que imagino que seria Puri e não uma Goitacá, se essa etnia vivia também nos meandros do rio Paraíba com incursões cruéis ao Espírito Santo contra outras etnias com quem disputavam território e poder? Por que escolho os Puri e não os destemidos Goitacá? Essa é outra questão a que devo responder ao longo desse diálogo em que tanto me empenho.

No rastro de Spix, Von Martius e Rugendas

Segundo o relato de Debret, "os selvagens da grande família dos tapuias chamados Puri dividem-se em várias tribos, continuamente em guerra. O nome genérico da nação tem sua origem na língua dos coroados e, quer dizer, audaz ou bandido". Habitavam o Espírito Santo, Rio de Janeiro e Minas Gerais. Para alcançá-los, em primeiro e cauteloso passo, sigo os naturalistas Spix e Von Martius, que vieram na Expedição Científica organizada por ocasião do casamento de Dom Pedro de Alcântara e dona Leopoldina, a arquiduquesa austríaca e nossa primeira imperatriz.

Eles partem de Vila Rica, atual Ouro Preto, para encontrar as diversas tribos que, expulsas pelos mineradores, se embrenharam nas densas matas virgens que cobrem a Serra do Mar. Spix e Von Martius cavalgaram por região montanhosa em matas cuja espessura parecia nunca haver penetrado o sol, mata escura e fechada, que se tornavam cada vez mais estreita e íngreme, deixando-os à beira de abismos profundos, por onde, ainda, segundo eles, correm águas tumultuosas de riachos.

E quando, por fim, alcançam a primeira fazenda na planície, os indígenas os recebem com profunda desconfiança e fogem à aproximação. Assustada, a pequena expedição passa a noite em claro em um paiol de milho onde encontra abrigo. Pela manhã chegam ao destino: o presídio de São João Batista. Era ali o quartel-general de Marlière, então diretor-geral dos índios.

Anoiteço e amanheço com a pergunta, que imagens terá Irene deixado em meu inconsciente? O Id é um país desconhecido, de onde emerge aquilo que de fato somos. A pergunta é: o que as gerações que nos precedem vão nos deixando de herança? Genes, cadeias de neurônios, tipo físico, pouca altura, muita altura, traços fisionômicos, inteligência, dons, caráter, entusiasmo, pessimismo, otimismo, carma? Vou, pois, ao encalço de Irene para compreender parte do que sou, mas no caminho por onde piso um tanto de coisas vêm a um só tempo, por ora estou prestes a encontrar o grupo a que ela pertencia, os Puri; e, em companhia de Von Martius, o naturalista alemão, sinto-me confrontada com o eurocentrismo que permeia tudo que ele registra e deduz.

Ao chegar ao Presídio de São João Batista, cartas de apresentações com o carimbo da corte são tiradas dos bolsos dos casacos, a expedição é bem acolhida, dois soldados são colocados ao seu dispor com instruções de escoltá-los e defender contra os índios nas excursões pela mata. Próximo destino: Guidoval, fazenda do diretor geral, a cinco léguas a sudeste de São João, onde se encontram.

As aldeias indígenas estão situadas em uma região estreita, de matas fechadas, na encosta ocidental da Serra da Onça, ramo da Serra do Mar. Os índios fogem à aproximação dos estranhos, mas com a promessa de distribuição farta de mandioca, milho e cachaça, a tribo dos coroado se dispõe a vir em grande número para o espetáculo de suas danças. As mulheres preparam a bebida à base de milho, quando essa fica pronta, o toque da corneta de chifre os convoca para a festa.

Durante a dança dos coroados, um bando de puri se aproxima, mostram-se também dispostos a dançar, mas que sentimentos despertam em Von Martius aqueles que tenho por meus ancestrais? Eis como ele os descreve: "estavam nus em pelo, o porte baixinho, a cor parda avermelhada da pele, o negrume do cabelo, o formato desagradável da cara larga, angulosa, os olhos pequenos, oblíquos e inconstantes. A dança e o canto são realizados sob o efeito entorpecedor da cachaça e da sua vinhaça, a impressão que causam ao civilizado é de coisa lúgubre e triste, e o sentimento que despertam é de pena".

A dança dos Puri foi imortalizada tanto por Von Martius quanto por Rugendas, que a descrevem em prosa e tanto os impressionou que a reproduzem na tela, e graças a eles me aproximo concretamente dos Puri. Rugendas assim relata a coreografia: "Os índios colocam-se em fila circular, uns atrás dos outros, primeiros os homens, a seguir, as mulheres, cada uma com suas crianças atrás, passando a mais velha os braços em torno da mãe, fazendo a segunda o mesmo em relação à primeira e assim por diante. Nesta ordem movem-se lentamente em redor de uma fogueira, dando um passo largo para frente e um mais curto pra trás, de tal forma que avançam muito lentamente. Depois de terminar certo percurso voltam ao local primitivo para recomeçar tudo de novo".

A descrição seria o bastante não fosse Von Martius acrescentar detalhes preciosos e surpreendentes: A dança é acompanhada de um cantar triste "Han-jo-há, há, há, há". E aqui ele introduz, alheio ao seu querer, um traço poético: "Um negro que viveu muito tempo entre os Puri, interpretou aquelas palavras plangentes, cantadas na dança, como lamentação de haver caído quando queriam colher uma flor de uma árvore. A explicação que nos ocorria, diante deste quadro melancólico, era do paraíso perdido".

Entre meus ascendentes, tão tristemente descritos por Von Martius e Rugendas, flagro na canção a voz de um artista, quanto à Irene, eu a vejo em movimento, dançando, o canto é um lamento por ter caído quando queria colher a flor de uma árvore e, como vem nua, expõe a naturalidade com que aceita o corpo e suas manifestações, seu cantar traduz a nostalgia de um paraíso perdido que até hoje aflige a humanidade. Trazia nos braços desenhos semelhantes a cobras e outras figuras em tinta preta, no rosto os traços são em vermelho e, me ocorre que, não há outro modo de vê-la se não como uma jovem de nossos dias, que usa o corpo com tatuagens como marca de identidade.

Ela anda nua, mas, diante de estranhos, tem consciência da própria nudez, ora se esconde atrás do marido, ora cruzando as pernas ao andar, que evidencia o que ela já sabe, diante de uma nova ordem social a que foram condenados, o paraíso está perdido.

Voltando à dança, de repente o cenário muda, a imagem se transforma, não é mais uma índia dócil, tímida e passiva, as mulheres começam a remexer fortemente os quadris impelindo-os ora para frente, ora pra trás, e os homens davam umbigadas, incitados pela música, pulavam fora da fila, para saudar, desse modo, aos visitantes. Não seria, pois, Irene, uma jovenzinha tímida, a julgar pela manifestação artística e cultural do povo a que pertence, tenho diante de mim uma mulher moderna, que conhece o próprio corpo e dá forma explícita à sensualidade através de um ritual de dança em cuja pantomima se representa o ato sexual. Tal como o lundu dos africanos.

Os indígenas que Von Martius encontra na expedição são Coroado, Coropó, Puri, Botocudo, Macuani, Malali, Panhame, Paraíba. Elas pouco se diferençavam entre si na estatura e nas feições, quanto ao caráter, conceitua o bávaro, estranhos a todo sentimento de gratidão, amizade, humildade ou ambição; são, em geral, incapazes de qualquer sentimento nobre, exceto aqueles que os atormentam como o ciúme e a vingança. Não concebem a ideia de Deus nem a do bem, somente a do princípio demoníaco. Não têm um sistema político, vivem fora de qualquer vínculo social, sem associação republicana nem patriarcal. O pajé tem pouca influência sobre a vontade do povo, pois os índios são todos iguais. A influência dos portugueses, é verdade, conseguiu distinguir os mais inteligentes entre eles, que se sentem lisonjeados com o título de capitão e exercem sua supremacia sobre os outros.

Na época em que Von Martius viveu e trabalhou, vigorava o conceito de superioridade racial. Martius, o que posso lhe dizer ao fim de duzentos anos? O século XXI pôs um ponto final em muitos dos pressupostos em que se apoiam o seu discurso, o conceito de raça está superado, a tão pretendida superioridade racial é uma falácia, não em sua vigência prática, mas, no âmbito da biologia, com certeza.

Caro Martius, a Europa viveu a primeira metade do século XX no obscurantismo e nas trevas, e parte dela, sob a égide de Hitler e do nazismo, deu ao mundo as piores demonstrações de barbárie que o ser humano testemunhou, o que poderia ter posto fim à civilização da qual você tanto se gaba. Mas, tenho de confessar, nada deu certo no mundo, os homens são todos igualmente bons e maus, quando seus interesses são contrariados, convocam a grande ceifadora para empapar a terra com o sangue de seus contrários.

Estou à procura de Irene, minha avó, que seja trisavó, ela continua distante, de longe me acena, vou dando voltas, confio que um pouco de astúcia não há de me faltar, serão muitas as veredas por onde devo trilhar, uma delas se abre à minha frente, é a Matalauê a quem devo recorrer, ele pode me ensinar muito a respeito dessa mulher de quem ando no encalço, suas palavras, quem sabe, seriam aquelas que ela pronunciaria, não, logo desanimo, a hipótese é fantasiosa, poucos teriam essa coragem heroica, não a vejo como uma mulher revoltada que levanta o braço para proclamar a injustiça secular contra seu povo, a imagem que vou construindo seria de uma moça livre e feliz, com dons de imaginação, protegida pela tribo, afeita à família, para os de fora, seria tímida, mas, quando adentra no mundo dos brancos, quais seriam seus sentimentos, é sobre isso que não posso afiançar, suponho que, acomodada ao povo diferente com quem foi viver, ela conheceria os ardis que foram usados para oprimir sua gente, ainda que não falasse, que nada fizessem, ela saberia que as terras dos Puri foram tomadas, que parte de seu povo vivia cativo, parte fora massacrado e caminhava para a extinção.

Matalauê denuncia o extermínio

Matalauê, eu o vejo, diante da tela, braços levantados, proclamar, "vocês estão dentro da nossa terra... que nos tomaram com a invasão... hoje querem afirmar a qualquer custo a mentira do descobrimento", quando uma verdade é pela primeira vez enunciada, em um repente, tiram-se os véus que por séculos a encobriam, tirei uma das vendas que me cobriam os olhos, Matalauê, você anunciou em altos brados um sentimento que jazia latente dentro de todos os brasileiros, o que aconteceu aqui foi uma invasão, os crimes cometidos contra seu povo foram também cometidos contra o povo de Irene, você agora os denuncia, sua voz se faz ouvir, foram "500 anos de sofrimento, de massacre, de exclusão, de preconceito, de exploração, de extermínio de nossos parentes, aculturamento, estupro de nossas mulheres, devastação de nossas terras, de nossas matas, que nos tomaram com a invasão".

Uma festa foi meticulosamente preparada e, por fim, encenada. Os índios foram excluídos, Matalauê, um passo à frente foi dado, essa é a gota que faz entornar o copo, sem nenhum pudor, proclamou-se, em grandes festejos, a mentira do descobrimento. Não houve quem alertasse, quem se acautelasse, todos foram unânimes, é a pergunta que me faço e o que me espanta, por que os índios não foram convidados para subir no palco que se armou? Minha compreensão é lenta, dou um passo de cada vez, outro véu cai dos meus olhos, como se a compreensão que temos da realidade a fatiasse em camadas, eles não poderiam ser convidados, eles sabiam e haveriam de bradar, como, por descuido, bradaram, a festa se fez em cima de seus povos exterminados, desse continente de milhões de homens derrotados, excluídos, aculturados, de muitas nações indígenas sepultadas e esquecidas na memória dos tempos, aviltada com os opróbrios com que a cobrira.

Matalauê, as grandes nações indígenas que aqui existiam foram extintas. Restou um pequeno contingente de homens que se tornou invisível. Sobre elas se estendeu a grande noite dos tempos, tempo passado, ido, vivido, esquecido. Planejou-se a festa dos 500 anos em Porto Seguro, onde a esquadra de Cabral ancorou, lugar melhor não havia em um roteiro bem elaborado, outra venda caiu dos meus olhos, foi por prudência e não por incúria que os índios não foram convidados, qualquer roteiro que eu tenha sugerido não passa de fantasia, produziram um grande evento, as autoridades foram convidadas, mas a caravela que para aquela ocasião especial fora construída não conseguiu navegar, com certeza projetada sem o devido cuidado.

Houve outro detalhe, no qual o demônio caprichou, alguns índios estavam vivos e moravam ao lado, ali viviam vocês, os Pataxó, vocês que haviam por quinhentos anos resistido, e um pouco abaixo, no Espírito Santo, vivia outra etnia sobrevivente, os Tupiniquim, aqueles que receberam a esquadra de Cabral e ajudaram os homens brancos a prover seus navios de água e lenha e deixaram que eles desfrutassem de frutas silvestres e palmitos. Os índios se reuniram em Coroa Vermelha, onde ficaram sitiados. A festa foi toda planejada na capital que Juscelino Kubitschek transportou para o centro do país, onde não se faz caso dos fatos, nem dos gastos, o povo brasileiro não haveria de desconfiar da farsa que, segundo, você, Matalauê, foi montada.

Ouvi quando você, diante das câmaras, levantou o braço e disse: "Com o nosso sangue comemoram mais uma vez o descobrimento", a verdade se traduzia nas suas palavras fortes, o sangue que foi derramado era agora cobrado, repito, ouvi o brado que feriu o ar, na tela, vi a indignação daqueles que foram despojados de suas terras, daqueles que foram legados ao ostracismo, daqueles que se faziam ver depois de séculos de invisibilidade.

Era preciso juntar minha voz às daqueles que bradavam tão imemorial injustiça, creio que é o sangue, que eu mal adivinhava, que corria em minhas veias, que sabemos nós das forças que nos movem?, não sabemos o que nos leva avante, mas agora adivinho, desde o nascimento, encontrava-me enfeitiçada pelos espíritos que habitavam as serras e o vale onde nasci e vivi a infância, o encantamento me colocou no encalço de Irene, minha trisavó, longo caminho devo percorrer para chegar até ela, os pés precisam sangrar para que os peregrinos alcancem a terra sagrada dos seus ancestrais, sou movida por gritos, palavras, gesto, pelo sangue derramado, devo desfazer a trama, o drama que viveram aqueles que me precederam, eles não querem ser esquecidos, querem que a luz incida sobre suas figuras heroicas e desprezadas.

Matalauê, por hora, quero falar um pouco do seu povo, os Pataxó. Sigo pelos caminhos por onde o sol e a lua iluminam, por trilhas onde deixaram rastros, os encontros em que eles sempre estiveram, nas florestas densas que cobrem as margens do rio Alcobaça, que os nativos chamavam de Itanhaém. Seria bacia de pedra o seu significado? Mais adiante, eu os vejo nas margens do rio Prado, que os naturais da terra chamavam de Sucurucu, seria, por ventura, a surucucu, a maior cobra venenosa da América do Sul, pronta a abocanhar o calcanhar de seus pés descalços? Sim, vocês também conheciam a serpente que suja a terra e traz a morte.

Maximiliano Wied Newied me leva aos Botocudo

Andando uma ou duas léguas, encontrei os Pataxó nas margens do rio Trancoso, que os nativos chamam de Itapitanga, Ita-pitanga, a pedra vermelha, passei pelo rio Caí, seria o Caá'y, o rio da mata? Cheguei a Porto Seguro, contemplei o Monte Pascoal, onde vocês, tocaiados, pela primeira vez avistaram os homens brancos que chegavam para disputar palmo a palmo a terra onde por milênios seu povo se multiplicava. Você não me acredita, mas vou te dizer, vocês tiveram sorte, a sorte, rebate, é fruto da coragem e da força, não vem para aqueles que não lutam, ali viviam muitas nações que vão se unir mais tarde em uma denominação comum, Botocudo, por ela ficaram conhecidos não apenas os Aimoré, mas todos aqueles que não se entregaram, que não fizeram pacto com a coroa e a colônia, que lutaram escondidos nos matos onde sempre viveram.

Com seus arcos e suas flechas vocês expulsaram os invasores, muitas vidas foram tiradas de colonos portugueses. Ao fim, derrotados, os donatários devolveram as capitanias de Ilhéus, Porto Seguro e Espírito Santo para a coroa, o rei cruzou os braços, pensou, deixa ficar esses selvagens, onde estão nos prestam serviço. Guardadas por eles, a Mata Atlântica e a Serra do Mar servirão de coluna que impeça a passagem de forasteiros para as minas de ouro.

Matalauê, na companhia de Maximiliano, Príncipe de Wied Neuwied, encontrei os Pataxó às margens do rio Doce. Agora, os flagro ao sul da Bahia, no cenário primitivo da história do Brasil. Andam nus, não pintam o corpo nem o deformam, apenas fazem uma pequena incisão no lábio inferior e na orelha onde colocam um pedaço de taquara, cortam o cabelo na altura do pescoço e da testa, mas alguns os raspam deixando apenas um pequeno tufo na frente e na altura da nuca, ah!, olha que interessante, trazem uma pequena bolsa feita de embira onde guardam miudezas, por meio de uma alça a penduram no pescoço e jogam nas costas, no pescoço também colocam a faca que customizam e enfiam em um cordão, são rijos e delgados, não podem exibir gordura, a natureza é econômica, como caçadores coletores têm o bastante para a sobrevivência. Outro pormenor, segundo o príncipe, os distingue, amarram o prepúcio com cipó o que dá ao órgão um aspecto singular.

Na segunda década do século XIX, já os Pataxó convivem com a população das vilas que se formam ao redor dos rios e dos quartéis, a ela oferecem cera e outros objetos da floresta, em troca recebem comida, que devoram com avidez. Com os viajantes sabem negociar, o que quer o cientista europeu? Arcos e flechas ou qualquer outro objeto de fabricação própria, alguns de seus irmãos aceitam lenços vermelhos que, de imediato, amarram no pescoço, mas a demanda é por faca e machadinhas.

Como ninguém conhece a língua que falam, não há demora, logo se vão para os sertões em que vivem. De todos os caçadores coletores que vivem na região, diz o Príncipe Maximiliano, que aqui esteve em 1815 e 1816, vocês são os mais reservados, houve um acordo, a convivência é pacífica, mas não fazem graça nem confiam nas populações locais, nem deixam que os brancos criem suas crianças, como outras tribos o fazem. Vi suas choças e como as constroem, enfiam os caules de árvores novas no chão e os encurvam na parte superior amarrando uns aos outros e os cobrem com folhas de palmeira, são baixas e abertas na parte inferior, a demonstrar que não temem as feras e que se acomodam à simplicidade que a natureza disponibiliza.

Ao lado da cada cabana, fica um fogão, uma grelha em que assam suas caças. Nas matas onde vivem encontra-se o pau-brasil e por lá anda o jaguar; os índios, que compõem a expedição de Maximiliano, fazem os mundéus, que são as armadilhas com que apanham grande número de animais. Em Trancoso, uma grande onça assaltava diariamente o gado, nos mundéus, primeiro os moradores aprisionaram o filhote, depois os índios colocaram armadilhas de arma de fogo na trilha que ela costumava seguir, conseguindo matá-la.

1500: A primeira expedição portuguesa

Matalauê, são duras as suas palavras dirigidas ao governo e ao povo brasileiro: "Impediram a nossa marcha com um pelotão de choque, tiros e bombas de gás. Com o nosso sangue, comemoram mais uma vez o descobrimento". Compreendo que, quando você fala em nós, está abarcando não apenas os Pataxó, se refere a todos os homens e mulheres que há milênios eram os senhores dessa terra de dimensões continentais. Elas eram habitadas de norte a sul, de leste a oeste, é em nome das muitas nações indígenas que você ergue o braço, entre eles incluo os Puri e minha avó Irene, que seja trisavó, é através dela que sua fala me alcança e comove, essa a primeira parte do que tenho a dizer, 500 anos representam cinco séculos e, em outra conta, metade de um milênio é tempo bastante para que uma nação se edifique, a injustiça imemorial que você denuncia pela primeira vez encontra eco,

ao fim de quinhentos anos devemos nos perguntar quem somos, nós, os brasileiros, qual sangue corre em nossas veias, somos morenos, mas de onde vem essa morenice não indagamos, de onde vem essa cor bronzeada que tantos brasileiros ostentam e não sabem explicar, a porção de vermelho que cobre a pele parda que não veio do negro, somos dissimulados, assim pensamos proteger nossa identidade, mas qual é a verdade do nosso ser, a noite do tempo cai sobre nossos olhos e encobre o que no passado fomos induzidos a esquecer, como se dele devêssemos nos envergonhar, nosso imaginário se constrói em uma rede de mentiras e mitos, que nos fazem virar as costas para nossos ancestrais nativos, como se todo o tempo tivéssemos de nos inventar como seres diferentes daquele que realmente somos.

A discussão é ampla, vamos discutir na velocidade que nos permite o pensamento que se transforma em letra, e nesse percurso perde o impulso. Outra questão que trago é sobre os quinhentos anos. Na carta de Caminha se inscreve a invasão, mas os portugueses resolveram que, diante do que viram, não valia à pena ficar, não viram ouro nem prata nem qualquer outro metal, um dos índios Tupiniquim que estava na praia é levado para visitar a nau portuguesa, ele aponta para o colar que Cabral traz ao pescoço, em um primeiro momento, pensam que ele conhece o metal que reluz e pode indicar onde possa ser encontrado, no momento seguinte, o raciocínio muda, o selvagem queria que lhe dessem o colar, mas não contasse com isso, o ouro é mercadoria preciosa, dele não fariam prenda a selvagens que nada têm para dar em troca.

Não viram palácios nem outras riquezas que os convidassem a ficar, mas antes de partir havia coisa a fazer, se para cá viemos foi por saber que acharíamos terra, e essa fica no paralelo que nos pertence, como reza o Tratado de Tordesilhas, precisamos tomar posse, por enquanto partimos para as Índias, destino para que se armou uma esquadra com 13 navios, lá temos a seda, as joias, os perfumes, as especiarias, fizemos um pequeno desvio de rota para avaliar que tamanho tem a ilha que nos pertence.

A invasão se concretiza, em ato simbólico, por aqui vagueiam por mais de uma semana, procurando algum vestígio de metal ou coisa de importância, mas nada acham senão esses homens ímpios que Deus Nosso Senhor pôs em nosso caminho para que, em futuro próximo, tragamos-lhes a palavra da salvação. E uma segunda missa é celebrada, a cruz se ergue e nela se inscrevem as insígnias de Portugal, em nome de Deus e de El-rei tomaram posse da parte que lhes cabe no Novo Mundo.

A expedição Gonneville

Os portugueses chegaram à costa do nosso litoral há quinhentos anos, mas logo se foram. Nada fizeram senão deixar aqui dois marinheiros e mais dois grumetes que por conta própria se evadiram da esquadra. Quando foi que eles voltaram para reivindicar a posse presumida?

Caro Matalauê, quando Cabral retorna da Índia com joias, sedas, perfumes e especiarias, Lisboa explode em festas, músicos enchem as ruas com o som de suas melodias, o povo canta e dança nas praças, um sentimento une o clero e a nobreza, seremos donos da metade do mundo descoberto com as navegações, e muitos de nós aqui a pensar que tudo que se fez para alcançar esse resultado era dinheiro jogado fora, vamos dominar o comércio das especiarias, os nobres querem saber onde, a que horas vão contemplar as pedrarias, o ouro, os tecidos. Vamos viver a grande!

As notícias correm e se espalham, o Velho Continente se agita, a imaginação se exalta, o gosto pela aventura se apodera dos homens, os franceses, amargurados com a Guerra dos Cem Anos que depauperou o país, sonham em partilhar a posse do novo mundo que o papa dividiu entre portugueses e espanhóis, com que direito, se perguntam, eles se tornaram os donos do mundo, um francês, Binot Paulmier de Gonneville, tomado de entusiasmo, reúne patrocinadores e recursos, arma um único navio, o L'Espoir, e o ocupa com sessenta marinheiros, contrata dois pilotos experientes, e do porto de Honfleur zarpa em direção às Índias.

Na costa da África, na altura do Cabo da Boa Esperança, uma horrível e prolongada tempestade os atormenta e, quando vem a bonança, os experientes marinheiros não sabem dizer onde estão. O navio desvia-se da rota original e navegam sem rumo durante semanas pelo Atlântico até que se encontram próximos à atual cidade de Mar Del Plata e, por vontade de Gonneville, tomam a direção da costa brasileira, é possível que a exemplo de Cabral fosse esse o desejo profundo que o acaso o conduzia, dois meses depois aportam no litoral norte de Santa Catarina.

Aqueles que os recebem são os bons selvagens, os Carijó, que vivem na zona meridional do continente. Os índios têm comida em fartura para repartir, oferecem o que de melhor possuem aos novos amigos, muitos tomam por esposas mulheres bonitas e diligentes, mas há um interesse maior que condiciona a boa acolhida, o L'Espoir é guarnecido com canhões, um europeu não vai enfrentar mares desconhecidos sem estar por eles protegidos. Os franceses ali permanecem por seis meses, tempo suficiente para ganhar a confiança de Arosca, chefe da tribo.

Matalauê, por que razão resolvi introduzir essa história no meio do nosso relato, que interesse ela teria para os índios que você representa? Nas palavras de Eduardo Viveiros de Castro, vejo o primeiro momento de um desejado e feliz encontro: "Se europeus desejaram os índios porque viram neles, ou animais úteis, ou homens europeus e cristãos em potência, os Tupi desejaram os europeus em sua alteridade plena, que lhes apareceu como uma possibilidade de autotransfiguração, um signo da reunião do que havia sido separado na origem da cultura, capazes, portanto, de vir alargar a condição humana, ou mesmo ultrapassá-la." Alguns dos primeiros europeus conhecidos que aqui desembarcaram foram bem recebidos pelas tribos que habitavam a costa brasileira. Cabral o foi pelos Tupiniquim na Bahia, é o que diz a carta de Caminha, o francês Gonneville é generosamente recebido pelos Carijó, um grupo Guarani, o cacique Arosca decide mandar seu filho, Issomeric, em companhia de Gonneville para o velho mundo.

O nome e a grafia me soam estranhos, seria, na verdade, Iça Mirim, menino de treze anos que é enviado com a missão de aprender a arte de construir o canhão. Quando retornar, colocará seu povo em condições de vencer os inimigos com os quais vivem em guerra. A viagem é tenebrosa, as febres e o escorbuto fazem suas vítimas, Namoa, o tutor que acompanha o rapaz, morre, Issomeric adoece gravemente, mas consegue se salvar. No Canal da Mancha, próximo de casa, a embarcação é atacada por piratas, 28 homens entram a pé em Honfleur, a carga, toda ela, é saqueada. Issomeric nunca retorna a sua gente, casa-se com a filha de Gonneville, que faz dele seu herdeiro. Tem uma longa vida e passa à história com seu nome afrancesado.

O flanco está aberto, as notícias correm, italianos e franceses, que não foram agraciados pelo Tratado de Tordesilhas, resolvem aproveitar a fresta que se abria, pensam eles, a distância a ser percorrida é mais próxima do que aquela que leva às Índias, é uma terra desguardada, dela podiam levar seus navios abarrotados de pau-brasil sem enfrentar a artilharia de seus afortunados vizinhos. E foi o que fizeram, armaram seus navios e vieram.

Matalauê me interrompe, você quer dizer que foram os índios do litoral, em especial os Tupi e os Guarani que abriram as portas do continente Sul Americano, por onde, com grande desenvoltura, entraram os europeus. Não digo que tenha sido tão à vontade, muitos portugueses aqui perderam suas fortunas e o que de mais precioso possuíam, suas vidas. Revoltado, Matalauê rebate, nunca demos trégua aos invasores, sei disso, as tribos Jê, das quais os Pataxó eram parte, habitavam o litoral sudoeste do continente, nunca

abriram o flanco, por três séculos defenderam ferozmente seus territórios, suas estratégias de combate não permitiram que, qualquer que fossem os inimigos, os vencessem.

Por mares nunca dantes navegados

Sigo as trilhas da história, parece que me perco, mas elas têm um propósito, me inspiro nos versos de Castro Alves que ficaram gravados em nosso imaginário, com eles brado, Irene, Irene, onde estás que não respondes? Em que mundo, em que estrelas tu t'escondes? Fui tomada pela obsessão de encontrá-la, sozinha, não refaço o caminho de volta, tomo Matalauê como guia, o laço, como reza a lenda, com que você foi raptada, não me é estranho, posso sentir a corda raspando meu pescoço, descendo pelo corpo, arrastando-me pela cintura, quando começa o processo de extermínio desses povos que atinge a minha ancestralidade, quando se dá o início da conquista dessas terras encontradas, digamos que ao acaso, pelos portugueses?

O que obrigou El-Rei a estabelecer um projeto de colonização? É preciso caminhar devagar, a coisa demora mais de trinta anos, em 1505, o florentino Américo Vespúcio abandona Portugal, naturaliza-se castelhano e revela a D. Fernando três premissas até então desconhecidas, que as terras encontradas por Portugal não são uma ilha, mas parte de um vasto continente, que ele acredita existir uma passagem marítima que dê, no meio ou ao sul, passagem à costa oeste que conduziria à Málaca, onde ficam as ilhas Molucas, lugar de origem das especiarias e que, a partir de Cabo Frio, o continente se inclina a oeste, portanto, o estreito, como rezava o Tratado de Tordesilhas, fica em terras que pertenciam à Espanha.

Traçar o mapa da quarta parte do mundo exigiu esforço hercúleo, cheio de perigos e armadilhas, Vasco Nuñes Balboa, em setembro de 1513, guiado por índios, atravessa as montanhas e as matas do Panamá e se vê frente ao mar que banha a costa oeste da América, o Pacífico. Atravessá-lo não seria tarefa fácil, ele ocupa quase a metade da superfície terrestre, a largada, no entanto, tinha sido dada, mister era descobrir a passagem marítima que desse acesso ao oceano vislumbrado.

Em 1514, é Portugal que vence a segunda rodada. Os pilotos Estevão Fróis e João Lisboa saem do Reino com duas caravelas em direção ao Brasil, com a missão provável de encontrar o estreito ao sul do continente. De Cananeia alcançam Santa Catarina, seguem de Laguna a Punta Del Este e chegam ao que parece ser o tão procurado estreito. Estão na voz do rio da Prata.

Navegando rio acima, encontram casas e são surpreendidos por índios que falavam uma língua muito diferente daquela utilizada na costa do Brasil, são altos, com longos cabelos negros e lisos, vestiam-se com pele de Guanaco, um camelídeo, animal que os exploradores não conheciam. Eram os Charrua. No interior daquela região, garantiam eles, existiam grandes montanhas, onde a neve nunca desaparecia, nos arredores delas vivia um povo serrano que possuía muitíssimo ouro, a região era também muito rica em prata, cobre e estanho. E, para provar a veracidade de seus ditos, exibiram um machado de prata que provinha de lá e que foi vendido aos recém-chegados.

A corrida do ouro e o paradeiro dos invasores

Começava a corrida ao ouro na América do Sul, a caça ao tesouro ganhava contornos vibrantes, o novo mapa revelava que os metais estavam à espera no próprio continente, estes dados, no entanto, jaziam confusos e embaralhados na cabeça dos desbravadores, eles acreditavam que navegando pelo rio Prata se chegaria à costa oeste da América e daí estava aberto o caminho para as ilhas Molucas e as especiarias.

Matalauê, enquanto o Velho Mundo batia cabeça à caça ao tesouro, vocês continuavam livres como sempre nas terras que lhes pertencia e onde criaram um modus vivendi que a nós parece difícil, mas cuja eficiência não podemos colocar em dúvida, haja vista seus corpos fortes e bem constituídos e a maneira eficaz em que pelos 300 anos seguintes resistiram aos colonizadores que traziam faca, enxadas, canhões, pólvora e armas de fogo.

Matalauê, por enquanto, os portugueses apenas ensaiavam, não avançavam além da costa, sempre próximos aos seus navios, mas pergunto, a esse tempo, sabiam vocês do que acontecia no Continente? Desculpa se insisto, teriam vocês algum tipo de conhecimento da descoberta da voz do rio Prata e da caça ao tesouro que se iniciava? Saberiam que na América Central os espanhóis escravizavam os índios e que, segundo frei Bartolomeu de Las Casas, o extermínio encontrava-se já em execução.

Que notícias chegavam a vocês nesses idos dias? O continente era cortado por rios que permitiam que por quase todo ele seus habitantes se deslocassem em sua canoas leves, impulsionadas pelos remos que sabiam manejar, além de um lendário caminho de terra, o Peabiru, que conduzia até ao local onde mais tarde vai se edificar a cidade de Assunção, na confluência entre o Rio Paraguai e o rio Pilcomayo. Subindo por esse último, se chegaria às portas do império Inca. Que notícias circulavam por esses caminhos? Como se comunicavam entre si as centenas de etnias que habitavam o continente sul-americano? Isso eu não sei e parece que não hei de saber, mas fica a pergunta, que sabiam vocês desse tesouro com que os Inca fizeram de seu Império um Eldorado?

Creio que o ouro e a prata não importavam para o tipo de civilização na qual vocês viviam, e o principal motivo talvez fosse que não os utilizassem na fabricação de suas armas nem como instrumentos de trabalho. Continuavam vocês com suas vidas como sempre levaram, creio, no entanto, estavam à espreita e vigiavam. Não sei nem hei de saber, mas torno a perguntar, que sabiam vocês sobre os passos e as ações dos invasores pelas terras americanas?

Quando se quer atacar fundo o povo brasileiro, diz-se que aqueles que fundaram esse país eram degredados, para cá mandavam a escória da humanidade, criminosos dos quais se livravam, para quem a liberdade era o valor que os impulsionava em direção à selva. É outra a versão que tenho da conquista. A elite da Europa tinha os olhos voltados para o Novo Mundo, desde a chegada de Colombo se delineou que nele se podia encontrar o ouro e a prata, ainda que degredados tenham vindo, foi com a chegada dos colonos, entre eles os náufragos e os intérpretes, que o país se constituiu ao longo do tempo, uns e outros iam viver nas aldeias e foram eles que, através da aliança de casamentos, estabeleceram a ponte entre os nativos e os recém-chegados.

Caramuru e João Ramalho

Matalauê, cada um tem uma versão para essa história, você tem a sua, eu penso que quem afinal fundou esse país foram os mamelucos, filhos de brancos e índias, só eles tinham conhecimento e força suficiente para fazer frente à selva e impor uma nova lei que unisse os homens da terra e os recém-chegados. Irene teria alguma resposta para essa controvérsia? Não sei como os fatos feriram sua consciência, mas alheia à sorte e aos valores do seu povo ela não seria. Os casamentos de Caramuru, náufrago que se casou com Paraguaçu, e João Ramalho, que se casou com Bartira, filha do grande chefe Tibiriçá, são ícones do que ocorreu naquele momento histórico. Deles restou uma vasta descendência.

Em 1530, uma grande expedição é armada em Portugal. O destino é o Brasil. Em seu comando vinha Martim Afonso de Sousa. Vinha expulsar os franceses que daqui levam o pau-brasil, vinha fazer o reconhecido do Rio Amazonas. Vinha fundar um forte em São Vicente e, de fato, fundou aí uma vila. O objetivo primordial da expedição, no entanto, era a exploração do Rio da Prata, onde se encontrava o caminho para o tesouro.

Recepcionados na Bahia por Caramuru e em São Vicente por João Ramalho, conseguiram, sob a proteção dos seus conterrâneos, circular livres pelos territórios dos Tupinambá e dos Guaianá. Havia um caminho, havia o ouro, havia a prata, mas os portugueses embalados por quimeras não conheciam a geografia do novo continente, tateavam no escuro, de seus habitantes conheciam os que habitavam na costa, para chegar ao império dos Incas, eles poderiam seguir por terra, pelas trilhas conhecidas dos índios que os guiavam, mas nos rios caudalosos que deviam atravessar, lá estavam os índios Payaguá com a intenção, a manha e a certeza de dizimá-los.

Matalauê, os 500 anos de sofrimento que você denuncia batem à porta, não sei se Irene pode me escutar, mas direi, começa para os orgulhosos povos que habitam abaixo da linha do Equador a descida ao inferno, Ramalho comanda o tráfico, caça índios no sertão para vendê-los como escravos, os náufragos e os beneficiados com as alianças recém-feitas dormem com as índias, é verdade que o fazem com o consentimento de seus aliados, não se configura aí a prática do estupro, mas é nessa esteira que ele virá. Sigo em suspense, constrange-me o pensamento de que minha família tenha sua origem em um ato de agressão e violência, Irene, minha trisavó, seria uma de suas vítimas?

Quando Martim Afonso em 1533 chega de volta a Lisboa, uma notícia corre aos quatro ventos, os espanhóis, liderados por Francisco Pizarro, descendo pelo Pacífico atracam na costa sul do Peru, dali até os Andes a distância é pequena, com cento e oitenta homens e trinta e sete cavalos surpreendem o rei branco, Atahualpa, que se nega a reconhecer o Deus dos recém-chegados. Em nome da fé, eles o prendem. Em troca de sua liberdade o rei dos Inca oferece um sala inteira de ouro, outra de prata, cumprida a promessa, o executam.

A caça ao tesouro dos Inca chega a seu termo, os espanhóis vencem a batalha, que fará Portugal com as terras que pelo Tratado de Tordesilhas lhes pertence? Os franceses daqui levam o pau-brasil, é preciso acabar com essa sangria, no reino um projeto para a colonização do Brasil ganha corpo, são as Capitanias Hereditárias.

O testemunho de Pero de Campo Tourinho e o fracasso das capitanias

Segundo Capistrano de Abreu, apenas dois donatários foram adiante e prosperaram: Duarte Coelho em Pernambuco e Pero do Campo Tourinho, em Porto Seguro. Aprendemos na escola que só duas Capitanias prosperaram, Pernambuco e São Vicente, bem, foi isso o que aprendi, Capistrano não citou a segunda porque, com certeza, já ela ia em progresso, quando nela aportou seu senhor hereditário. Pero do Campo Tourinho nunca foi citado entres os êxitos do projeto, e logo você há de compreender porque me detenho no caso, vítima de seus atos impensados e seus ditos cômicos, ele ameaçava prender, deportar e enforcar, atos que algumas vezes levava a efeito, na igreja ridicularizava, em voz alta, o papa, os excessivos feriados religiosos, dias consagrados aos santos católicos. Foi levado a ferros para Portugal.

Interrogado, não foi condenado ou recebeu pena leve pela Inquisição, que, recém-instaurada, perseguia, de preferência, os cristãos novos e os hereges professos. Em seu auto de defesa, quando perguntado se tinha algumas pessoas que lhe quisessem mal, disse que sim, "que todos estes estavam mal com ele, por ele bradar com eles que não queriam trabalhar e lhes repreendia por seus vícios e os castigava e prendia quando era necessário, pelos males que faziam aos índios, dormindo com suas mulheres e filhas e faziam outras cousas que não deviam".

Matalauê, o testemunho de Pero Campo Tourinho foi dado por escrito e desafia a memória dos tempos, como se pode ler, o delito vem de longe e é publico, quando você levanta os braços diante da tela e proclama, foram 500 anos de estupro de nossas mulheres, de imediato, penso naquela que me precede e prende minhas raízes ao continente, segundo a lenda que corre na família, ela era uma índia e foi pega a laço.

Que significado pode ter o laço? Se ela é levada à força com o auxílio de uma corda, à revelia de seu povo, sem o consentimento da família e de si própria, um roubo e um estupro ficam configurados, era assim que se fazia. A cruz está sendo erguida e o calvário dos índios apenas iniciado diante de nossos olhos, que até hoje teimam em se manter fechados e alheios ao ocorrido. Outra conclusão imediata podemos tirar do depoimento de Pero Campo Tourinho, além do mal que faziam aos índios, dormindo com suas mulheres e filhas e fazendo "outras cousas que não deviam", eram os colonos que não gostavam de trabalhar.

Como sabemos pelos livros de história, o projeto das Capitanias Hereditárias não deu os frutos esperados, a de Porto Seguro, apesar do empenho de seu donatário, não foi avante, mais tarde, juntamente com as capitanias de Ilhéus e Espírito Santo, será devolvida à coroa. Na Bahia, os Tupinambá, por causa da atitude escravagista dos colonos, se revoltaram e mataram o donatário. Pelo mesmo motivo, duas décadas depois, os Tupiniquim se revoltaram em Porto Seguro, atacando os engenhos e matando brancos e negros, e, como denunciou Pero Campo Tourinho, não foi pelo bom trato que recebiam.

Quando os espanhóis chegam ao Peru e conquistam o Império Inca, Portugal se convenceu de que a caça ao tesouro terminou, mas era só aguardar, um passo maior ainda seria dado por seus vizinhos, em 1545, descobriram em Potosí a serra de Prata. O destino da Espanha está definido, será, daí em diante, a nação mais rica da monarquia europeia.

Tomé de Sousa e os jesuítas: índios seduzidos pela música e escrita

"Mas é de grande maravilha haver Deus entregue terra tão boa, tamanho tempo, a gente tão inculta que tão pouco o conhece, porque nenhum Deus têm certo, e qualquer que lhes digam ser deus o acreditam, regendo-se todos por inclinações e apetites sensuais, que está sempre inclinado ao mal, sem conselho nem prudência." São essas palavras escritas por Manuel da Nóbrega ao Dr. Navarro, seu Mestre em Coimbra, em 1549.

Irene, Irene, com a promessa do ouro, os portugueses montaram outra estratégia para colonizar as terras brasis, Tomé de Sousa, primeiro Governador Geral do Brasil, chegou à Bahia em 29 de março de 1549. A expedição contava com mais de mil pessoas, entre colonos, jesuítas e soldados.

Com ajuda de Caramuru, fundou a cidade de Salvador, e se iniciava, de fato, a colonização do Brasil. Manuel da Nóbrega e outros jesuítas que o acompanhavam não se acomodavam dentro dos estreitos limites traçados da vila recém-fundada, ao contrário, nesse mister, demonstraram coragem e sagacidade, iam para as aldeias e não poupavam esforços em aprender a língua dos nativos, com o fim de instruí-los nas coisas da fé e com o mesmo intento ensinavam aos pequenos curumins a ler e escrever, e logo descobririam que o que mais rápido e diretamente atinge o coração dos nativos é a música, os hinos são traduzidos e cantados na língua Tupi com grande devoção e a Portugal pedem instrumentos musicais com que possam encantar os gentios.

Os padres da Companhia de Jesus vieram em nome do Rei com o propósito de se apossar das terras dos que aqui viviam há milênios. É um fato que não podemos ignorar, que aos índios eles iriam quebrar a espinha despojando-os de sua religião e cultura é outro fato, mas não lhes podemos negar a fortaleza com que se lançaram ao dever sagrado de trazer a palavra de Deus aqueles, que acreditavam os padres, viviam na ignorância e nas trevas.

Matalauê, você denuncia os 500 anos de preconceito e aculturação, nós aprendemos que os portugueses enganaram os índios com presente vagabundos, em outras palavras, a culpa é desses homens selvagens que se venderam por ninharias, por que os índios permitiram a invasão, a quebra da sua cultura, a escravidão, o extermínio? Tudo em troca de algumas bugigangas como diz a história que nos foi contada? Esses julgamentos tantas vezes repetidos se eternizam em nossa memória, será uma ferida aberta no peito do índio brasileiro que nunca poderá estancar, mas aquiete seu coração, nas palavras de Anchieta se escancara seus propósitos mercantilistas, "continuamente pedem aqui os padres e irmãos a Nosso Senhor e estão mui consolados por haver quase certeza que pela terra adentro se descobrirão muitos metais, porque com isto se habitará esta terra e estes pobres índios que tão tiranizados estão pelo demônio se converterão a seu criador".

Os jesuítas aqui chegando traçaram um plano de ação, partiram para a luta em campo aberto, preciso era aprender a língua dos selvagens se quisessem instruí-los nas coisas de Deus, há sempre um mais capacitado que o outro, e nesse mister se empenhava com êxito o padre Navarro, facilidade a que Manuel Nóbrega atribuía ao fato de falar esse a biscainha, o basco, ele logo traduziu as orações na língua nativa, e descobrindo que os índios gostavam de música, vieram os hinos, e, mais importante, começaram a ensinar os pequenos curumins a ler e escrever, a evangelização caminhava a par com a primeira campanha de alfabetização em terras brasileiras. Esse é um dos exemplos de que os índios não se deixam seduzir por bagatelas, aceitavam a doutrina em troca da escrita e da música sacra.

Irene, como se vê, foi a corrida do ouro que agilizou os pés dos conquistadores, por muitos anos descuidaram da colônia, que continuou entregue aos seus verdadeiros donos, agora, no entanto, havia urgência de colonizar e cristianizar, o peso da prata que entrava nos cofres da Espanha deflagrou a vontade política de uma ocupação efetiva do Brasil, criou-se um Governo-Geral. Os jesuítas, em pertencendo a uma ordem espanhola, de certo conheciam em detalhes a imensidão da riqueza descoberta nos Andes, notícias de que havia um rio no Brasil onde se encontraria o ouro também corriam, já em 1551 uma primeira entrada começou a ser planejada, idealizada por Tomé de Sousa e apoiada pelo rei de Portugal, D. João III.

Irene, você pode me ouvir? Todo esforço não o faço em vão, é em sua memória que acompanho a marcha insana dos recém-chegados, a entrada, planejada desde 1551, só veio a se concretizar dois anos depois, já no governo de Duarte da Costa, segue Navarro em longa narrativa assinalando mil peripécias e perigos a que estiveram expostos, tendo índios como guias, entraram terra adentro trezentos e cinquenta léguas, atravessaram rios caudalosos, "passamos cinquenta vezes contadas por águas, salvos por de triz de afogamento", subiram grandes serras, venceram a morte, as feras, índios ferozes; vivendo a céu aberto, passaram frio, fome, adoeceram, foram tratados pelo padre com mel silvestre que os curou, chegaram a um grande rio, talvez o Jequitinhonha, a seguir deram com rio mui caudaloso, chamado Pará, talvez o próprio São Francisco ou o Rio das Velhas. A viagem teria chegado, segundo Capistrano de Abreu, até Diamantina e ao Serro.

Irene, as informações eram precisas, esbarraram em ouro e diamantes, mas, escondidos nos leitos dos rios ou no seio da terra e das rochas não os puderam encontrar; como pioneiros cumpriram o papel que a esses cabe, abrir caminho para outros que no futuro lhes seguiriam os passos. E Navarro finaliza: "Tornei com todos os doze companheiros, por graça do Senhor, salvos e em paz, que era para o que o padre me havia enviado com eles".

Anthony Knivet e os Puri

Com o aventureiro inglês, Anthony Knivet, que aqui esteve na última década do século XVI, obtive algumas informações mais precisas sobre meus ancestrais: são homens de baixa estatura como havia dito Von Martius, mas segundo Anthony, "têm boa aparência, as mulheres se pintam de várias cores, como vermelho, azul e amarelo. Dormem em pequenas redes feitas de casa de árvores e não têm cabanas, mas amarram dois ou três galhos e os cobrem com folhas de palmeira se por acaso chove". Coragem não faltava aos Puri, vivendo ao tempo, partilhavam seu habitat com o jaguar, a onça-pintada, e o maracajá ou gato do mato.

Donde concluo que do legado de Irene me veio a bravura. A primeira vez, no entanto, que encontro os Puri, eles estavam vivendo no Presídio São João Batista. Era ali o quartel-general de Marlière, então diretor-geral dos índios, próximo às regiões auríferas de onde foram expulsos pelos colonizadores e mineradores. Irene, eu me perguntava, como seu povo e milhares de outras nações entregaram na mão de invasores um continente inteiro? Então vou recuando, recuando, e vejo que com os colonizadores atravessaram o oceano milhares de microorganismos com as quais os nativos nunca tinham entrado em contato e foi, por falta de imunidade, dando cabo de parte deles sem que os invasores precisassem gastar um tiro, ou até melhor, para ele fazendo como Villegagnon, agradecendo a Deus a mortandade, que revelava que a mão divina protegia e abençoava aqueles que chegavam para o butim.

Quase uma década depois da peste que acompanha a França Antártica, são os Tupiniquins vencidos pelo sarampo, que dizimou uma parte tão grande deles e se espalhou pelas aldeias jesuíticas no litoral e pelo sertão pra onde os índios correram com medo da peste que chegava, de tal modo matou e devastou que ainda hoje não se pode avaliar a sua extensão.

Sigo agora na companhia do inglês Anthony Knivet, um personagem improvável que aqui viveu aventuras inimagináveis, mas que revela o inferno em que se transformou o Novo Mundo. Seu povo, Irene, como muitos que habitavam esse quinhão de terra, seus donos ancestrais, estava disposto a aceitar os invasores se com eles partilhassem os haveres que traziam, viviam em boa paz com os portugueses, é o que escreve Knivet, de repente, esses povos da floresta não podiam mais viver sem machados, machadinhas, facas e facões, mas havia um bem maior, as armas de fogo que tanto os atemorizavam, o canhão e a pólvora seriam partilhados com eles em um tempo que estava por vir. No futuro eles enxergavam o equilíbrio de forças, o tempo da igualdade.

Diante de meus olhos incrédulos, vejo a subversão que se instala no Novo Mundo conduzida pela coroa, seus governadores, seu clero, seus colonos. A sereia canta e muitos caem sob o encantamento de sua voz maviosa. Quem traz o ferro e a metalurgia vem com a autoridade de um Deus único e absoluto, que os livra dos demônios que perseguem e castigam. Os nativos acreditavam em uma vida após a morte, em que haveriam de dançar e cantar em um monte verdejante, mas agora o paraíso tem como contraponto o inferno onde arderiam ad eternum.

Anthony Knivet, em companhia de quem ando agora, deixa seu país em 1591 na frota do corsário Tomas Cavendish, em busca do estreito que Fernão de Magalhães havia atravessado e que conduziria aos cobiçados reinos da seda e das especiarias. Mas, imprudentes, escolhem o tempo errado para a travessia, perderam dois meses preciosos enquanto saqueavam e destruíam a vila de Santos, o inverno os alcança na Antártica, naufragam, os pertences são todos atirados ao mar, na nau fica, o nosso herói inconsciente, quase nu, enregelado, mas o homem é feito de aço, quando finalmente desperta, três dedos de seus pés estão soltos dentro da meia, o corpo está roxo, prova de que porção dele é de carne e osso, mas ele sobrevive para contar outra história da colonização do Brasil.

Irene, na narrativa de Anthony Knivet, encontro os Puri. Seu povo aliou-se aos portugueses, com quem negociavam, em troca das facas e dos machados, setenta deles foram entregues para trabalhar na colônia com promessa de bons tratos. É Knivet quem está à frente desse apresamento de índios feito em nome do governador Estácio de Sá e seu filho, Martim de Sá, eram políticas públicas, o dinheiro não sendo suficiente para trazer escravos africanos, recorria-se aos nativos, quando, porém, o inglês se recusou a participar de outro apresamento, como castigo foi entregue ao pai de seu amo, Estácio de Sá, onde trabalhou na condição de escravo, recebendo chibatadas constantes do feitor a quem ele tentou finalmente assassinar.

Obrigado a fugir, depois de muitas peripécias com sua vida sempre em risco, depois de léguas e léguas caminhadas, retornou à aldeia que deixou como amigo, uma das aldeias, Irene, onde viviam seus ancestrais, ficou, quase ano, vivendo entre eles, até que Martin de Sá chegou e tratou os Puri com muita benevolência e trouxe tantos machados e facas que eles não só lhe deram mais filhos seus, como denunciaram que Knivet e seu amigo Gauraciaba, também ele um fugitivo, estavam na aldeia vizinha.

Capturado, Knivet foi levado novamente ao Rio de Janeiro, preso, vivia a pão e água, sua pele infeccionada se cobriu de vermes, sua vida foi uma sucessão de padecimentos, fugas, cadeia, condenação à morte, indulto, novamente a prisão, a fuga, seus relatos nos dão conta do inferno em que se transformara o Novo Mundo. Ao governo, os Puri forneceram outra quantidade de homens, nem se pode dizer que eles não sabiam a que tratamento odiento seriam submetidos, Knivet já os tinha advertido que aqueles por ele conduzidos "foram marcados como cães, açoitados e torturados", e por que, ainda assim, eles continuavam a entregar a carne de sua carne, o sangue de seu sangue?

Eles eram tantos, eram uma nação, só para escoltar a Knivet, enquanto amigo da tribo, foram designados trezentos arqueiros, havia, portanto, uma margem para manobra, um quinhão a pagar. Havia uma sedução nessa civilização com que agora se defrontavam, e não se esqueçam, as nações americanas viviam em guerra umas contra as outras, os estrangeiros traziam naus de guerra com poderosos canhões, possuíam um explosivo, a pólvora, os nativos as contemplavam maravilhados, essa gente desconhecida que chegava trazia instrumentos de ferro, só havia um meio de possuí-los, o preço da magia seria incalculável, só o sangue do seu povo poderia pagar, e quando eles despertassem, Irene, o que aconteceria?

Seria tarde, seria muito tarde, como já vimos, suas terras seriam tomadas, parte deles mortos, aprisionados, aldeados, outra parte viveria em estado semicivilizado ou vagaria pelos matos acuados, atemorizados e atemorizando, suas mulheres, presas cobiçadas, seriam pegas a laço, roubadas. O extermínio, a conclusão final.

Irene, um dia, meu primo Marco disse, não, gritou, a avó de vovó Gamboa era uma índia que foi pega a laço, éramos tão jovens, ele e eu, nunca mais esqueci, eu o vejo e ouço escancarando uma verdade escondida quase como uma travessura de garoto, não o terá dito apenas por gracejo, mas como uma proclamação do que não era dito, e por que não era dito, veja só, qual a hipótese que fiz quando me pus a pensar sobre essa avó, que seja trisavó, que habita o imaginário da família, deduzo que essa mulher de quem se diz que foi pega a laço era uma mulher privada de sua liberdade, de seus direitos, de sua cultura e de seu povo.

Ando atrás de seus passos e de seus raptores, aguardo paciente, é ela, Irene, que vai me contar sua história, que, de sua própria boca, hei de escutar, ora dirão, vocês escritores são grandes mentirosos, criam os personagens, depois vêm com mistificações, pois eu digo, é verdade, talvez seja difícil compreender os meandros da criação e da imaginação, o escritor busca uma verdade que só a partir da ficção se pode alcançar, são caminhos em que se anda fundo no fundo da imensidão, universos desconhecidos se abrem além do tempo e do espaço, que sabemos nós daquilo que nos é revelado, fomos apenas escolhidos para trazer esse facho de luz.

Irene, as memórias não vêm isoladas, quando você puxa uma, elas vêm em bloco, como onda, o passado se revela em uma dimensão muito mais ampla do que aquela que imaginávamos, quando me coloquei à procura daquela que na família existia enquanto lenda, descubro a avó do povo brasileiro, descubro a matriz de onde viemos, aquela matriz que, ao lado da europeia e da afro, estava escondida, negada, vexada, a índia que nos gerou quer vir à luz ou se trata de uma coisa maior, é uma ideia que está sendo gestada não apenas em mim, mas no corpo social, para revelar uma verdade histórica que não pode e não quer mais ser ignorada.

Se antes identificava no povo brasileiro sua herança africana, agora o que se escancara aos meus olhos é nossa avó índia, é lá de trás que ela nos acena, a surpresa que causa é por termos tantos anos os olhos fechados negando essa ascendência, desdizendo dela como se os nativos do continente fossem todos seres primitivos com quem seria melhor não misturar o sangue. Houve um discurso científico fundamentando essa crença para que ela se grudasse em nossa consciência, mas eu vou atrás do nosso passado, quero saber por que somos assim e não de outro modo, por que somos admirados por sermos um povo singular, com cultura própria, que, com seu modo de ser, se distingue, sobretudo, pela alegria e musicalidade.

Agora, coisa de um mês atrás, quando viajo para Vitória, vejo essa ascendência tão próxima de mim que me assusto por tantos anos de ignorância e desconhecimento. Chego à loja de cosméticos e higiene, vejo os belíssimos olhos amendoados da moça de pele alvíssima que com tanta delicadeza nos atende, não me contenho e antes de sair pergunto, de onde vêm seus olhos amendoados? Ela pensa um pouco, para minha surpresa, responde, minha bisavó era índia. Então a coisa se encaixa, olhos puxados são características de nossos ancestrais nativos, mas por que a pele tão clara? São efeitos dessa miscigenação ou haveria entre as tribos brasileiras algumas que possuíssem a pele alva?

Pois é esse o testemunho de Anthony Knivet, ele encontra, em território onde seria hoje Minas Gerais, uma tribo de homens que se parecem com holandeses em tamanho e têm a pele muito clara e barbas, ao contrário dos outras etnias entre as quais raramente se encontra um com barba. Pertencem à tribo Molopaque. As mulheres são tão claras como as inglesas, com os cabelos, louros, brancos ou castanhos. Elas apresentam uma particularidade, usam o cabelo para cobrir o corpo prendendo-o na cintura com uma faixa feita de casca de árvore.

Seria fruto de uma imaginação delirante? Mas, vejam só, o príncipe Maximiliano Wied Neuwied nos diz que a mulher de um chefe Botocudo de Belmonte tem olhos azuis e é tida como de grande beleza pelos seus conterrâneos. E faz referência à tribo dos Gabilis onde a maioria das mulheres teria os olhos azuis.

Se não sabemos quem somos, falo por mim, não quero mais viver nessa ignorância e, me pergunto, por que tais culturas nunca foram objeto de estudo na escola, por que não conhecemos nenhuma das línguas indígenas, por que nenhuma delas faz parte dos currículos escolares, por que tenho de exibir aqui tão pouco conhecimento do Guarani, como se fosse uma preciosidade ou uma relíquia?

Enquanto indago da moça de seus belíssimos olhos amendoados, o rapaz ao seu lado me diz: eu também sou descendente de índios, nele todas as características estão marcadas, o tom da pele, o cabelo negro e liso, o rosto largo com as maçãs do rosto pronunciadas, ele se adianta, minha avó é índia, de onde você é? De Linhares, às margens do Rio Doce, onde o governo de Dom João moveu guerra aos índios, cujo propósito era o extermínio dos Botocudo, sob as ordens do conde de Linhares, que, aliás, dá nome ao lugar.

De Vitória sigo para Mimoso, minha terra de origem, enquanto tomo o café, converso com Beth na cozinha do sítio, de quem vocês descendem?, pergunto. De índios. De índios? Minha avó era índia. Tudo se encaixa, a cor morena da pele, o cabelo escuro, que não é, no entanto, completamente liso, é ondulado, o rosto redondo, as maçãs da face não são tão marcadas, feições que foram se abrasileirando, e seu pai? Em vez disso, ela responde, minha outra avó era italiana, de cabelo louro, cacheado, minhas netas têm o cabelo igual ao dela. Seu avô é descendente de negro? Não, não tem negro na minha família. E como foi que eles se casaram? Ele roubou ela. Como ela era? Alta, cabelo preto liso, magra. Qual era o nome dela?

Irene. Mal acredito quando ouço Irene? Então, sua avó era índia? Não, índia era a mãe dela. Qual o nome dela? Isso não sei. E como era o nome da tribo dela? Isso também não sei, ninguém sabe nada, ela não tinha documento, nada.

À tarde, vou à cidade visitar mamãe, Toti, o motorista que leva mamãe para os médicos e exames, vai me deixar em casa, quero saber mais, a avó que o ajudou a criar e por quem, além do carinho, ele se sentia responsável, faleceu no ano que passou, pergunto, qual era o nome dela? Nausaria, foi a mãe dela que lhe deu esse nome, deve ser um nome indígena. Então, volto para o Rio, onde moro há tantos anos. Passei parte do mês de janeiro viajando, mês de festas e férias, outra parte dele passei sem computador, que resolveu deixar de trabalhar, meu salvador é Francisco, que sabe conversar com essa máquina tinhosa e imprevisível, só no início de fevereiro consigo contatá-lo, estava na Paraíba, foi matar saudade da família, vem logo que pode.

Olho bem pra ele, pergunto, tem índio na sua família? Minha avó era índia. Meu pai, diz ele, parece um índio, vive sem camisa e descalço. Só veste a camisa quando vai à cidade, leva o calçado na bicicleta, e basta chegar em casa que imediatamente tira o sapato. Ele lava o cabelo com uma plantinha que ele bate na água e faz uma espuma. Sei do que ele está falando, os viajantes que aqui estiveram no século XVI falam nela, as índias batiam-na na água, fazia uma espuma e lavavam as redes, que ficavam alvas, branquinhas.

Que planta seria essa, Francisco deve saber, em outra ocasião, indago a ele, sim, ele sabe, trata-se de uma árvore conhecida como Juá ou Juazeiro. Não muito alta, frondosa, é a única que não perde as folhas na seca. Tem muito espinho. Para lavar a cabeça, tira-se um pedaço da casca do caule, o melhor é raspar, coloca para secar. A seguir, friccionar a raspa com as mãos, colocar na cabeça e esfregar. Serve também para escovar os dentes. Você já usou? pergunto a Francisco, para lavar a cabeça, sim, para escovar os dentes, não. A mãe de seu pai é índia?Não, índia era a avó do meu pai.

Dois dias depois vou ao salão fazer uma escova, não me contenho enquanto não conto a novidade a Patrícia, o fato deve interessá-la, ela é profissional da beleza e, mais ainda, é da Paraíba. Para minha surpresa, ela conhece a planta, a avó dela usava para lavar a cabeça, usava também para escovar os dentes, que eles esfregavam com o auxílio de uma gaze. Os dentes ficam branquinhos. Você já usou? Para lavar a cabeça, sim, para escovar os dentes, não, arde muito. Sua avó era índia? Não, neta, a avó dela era india, o parentesco era muito próximo. A descoberta me surpreende, o uso, pelo visto, restrito às populações próximas dos ancestrais indígenas. Preciso investigar um pouco mais.

E o que trago? O juazeiro é uma árvore nativa do Brasil, em especial, em áreas secas de clima semiárido, como a caatinga, no sertão e no agreste. O fruto dela é comestível e muito apreciado pelos pássaros. A decocção ou cozimento de suas entrecascas e folhas é utilizada para lavar o cabelo. Combate a caspa, piolhos, seborreia e feridas no couro cabeludo. É também usada como tônico capilar. O pó obtido da entrecasca é utilizado como pasta para limpeza dos dentes e estudos farmacológicos indicam que ele pode ser mais eficaz que os cremes dentais industrializados no combate à placa dental. Vejam só onde chegamos, os índios brasileiros conheciam e utilizavam xampu! Os homens que foram considerados selvagens e primitivos utilizavam uma pasta que mantinha os dentes saudáveis e branquinhos. E tinham, ao alcance da mão, um produto que, além de limpar os cabelos, era eficaz no combate aos piolhos, praga que tanto atormenta as mães até os dias de hoje.

Jean de Léry e André Thevet descrevem a obra das índias

"Meu pai é maranhense e desde cedo ouvi que minha tataravó foi uma índia pega no laço, que se casou com seu algoz português. Até chegar a mim, a mistura se completou com negros e descendentes de espanhóis e franceses. Estar ao lado de índios e ribeirinhos na Amazônia era como estar no quintal da casa de meu avô, conversando com meus tios e primos: os cabelos enrolados, os olhos ligeiramente puxados e a pele marrom." É o que escreve Estevão Ciavatta, cineasta, na "Revista de Domingo", no jornal *O Globo* em 22 de março de 2015, e tomo como testemunho do que tenho dito até aqui e mais direi à frente.

Irene, continuo no seu encalço, imagino que me ouça, embora não se chegue nem se dê a conhecer, espera que eu me aproxime o bastante, e como se pode ver, me ponho em marcha, e por que tenho que estar me repetindo e repetindo se não avanço além de um ou dois passos, não importa, se não sei de onde venho, não posso saber quem sou, no longo caminhar de peregrina encontro dois homens de quem quero lhe falar, eles vieram com a expedição de Nicolau de Villegagnon, são eles Jean de Léry e André Thevet.

São muitos os motivos que tenho para falar deles, evoco o primeiro, uma frase ficou gravada no nosso imaginário, "os índios não gostam de trabalhar," é o que dizem. Léry e Thevet são franceses, sobre suas aventuras no Novo Mundo ambos escreveram, e apesar da polêmica que travaram por estarem em lados opostos, Thevet, católico, e Léry, converso à reforma, seguidor de Calvino, mas quando falam dos costumes de nossos índios pouco diferem.

São os dois admiradores das índias e do seu labor incessante, que tanto um quanto outro não se omite em mostrar e incensar, diz Léry que são elas que plantam e arrancam da terra as raízes da maniot (mandioca) e do aypi (aipim), elas as ralam em uma prancha de madeira com pedrinhas incrustadas, e as reduzem a uma farinha alva como a neve, a seguir, colocada em grandes frigideiras de barro muito amplas que elas mesmas fabricam, e vão mexendo sempre com cabaças cortadas ao meio até que a farinha esteja cozida.

Elas servem para engrossar os caldos a que chamam minga'ú. E tanto homens como mulheres desde a infância se acostumam a comê-la seca em lugar do pão. Elas plantam o milho, o avati, e o colhem, com ele fazem também a farinha que se cozinha e se come como as outras. Com essas raízes e espigas preparavam as mulheres suas bebidas, depois de raladas e cozidas deviam mastigá-las e devolvê-las às grandes panelas de barro, onde se ferviam e eram deixadas a fermentar. Grandes potes de barro eram consumidos em suas festas, que duravam toda uma noite, ou até dias. Era delas a tarefa de colher o algodão e fiá-lo, tanto o grosso quanto o fino e, com eles tecer suas redes e outras utilidades.

Irene, Sérgio Buarque de Holanda em *Caminhos e Fronteiras*, detalha a trabalheira que custava às mulheres produzir o fio e enfatiza, só para tecer a rede, por mais ativa que fosse a tecedeira, não gastava menos de três ou quatro semanas de trabalho incessante, e essa era a cama em que dormiam e continuaria a sê-lo na colônia, cama cômoda que cada um poderia carregar para onde fosse em viagens e andanças pela terra. A rede ainda hoje é muito utilizada por esse Brasil a fora, em especial no Nordeste.

Durante todo o século XIX e início do século XX os homens raptavam as nativas para com elas constituir família. E por que o faziam, Irene, não só os da terra como estrangeiros que aqui chegavam com o propósito de fazer a vida? A resposta vou tendo-a na medida em que caminho em sua direção, com o trabalho de uma índia a subsistência da família a ser constituída estava garantida e, lembrem-se, no tempo de que nos fala Léry, seu labor era contínuo, não cessava nem à noite quando deviam manter acesso o fogo, de que os homens tanto gostavam, Léry e Thevet estão falando dos Tupinambá, em companhia de quem viveram por algum tempo, mas,

Irene, creio que entre seu povo, os Puri, embora tivessem outros costumes, as mulheres não trabalhavam menos e os homens não gostavam menos do fogo.

Não espanta que homens recém-chegados da Europa sem nenhum haver lançassem mão do rapto e do furto para conseguir uma mulher, devia ser fácil, com as tribos em extinção, pegar uma índia a laço, com esses depoimentos fica bem explicado porque o faziam, segue Léry dizendo que elas cuidavam de todos os afazeres domésticos, com o barro fabricavam as vasilhas que utilizavam, sendo a cerâmica do seu lavor, e ainda as pintavam com arte. Resumindo, elas plantavam, colhiam, ralavam as raízes e espigas, com elas produziam farinha ou o amido, com elas engrossavam os caldos de onde vem a palavra mingau.

Com as farinhas também faziam as bebidas. Colhiam o algodão, dele extraíam o fio e com ele teciam as redes que lhe serviam não só de cama, como local de folgar como se estivessem acomodados em um sofá confortável. Nela os homens recebiam as visitas e proseavam. Do barro faziam toda a vasilha de que necessitavam e, como ressalta Léry, não tinham o mau gênio das mulheres da sua terra, sempre a atormentar seus maridos. E sobre o nascimento das crianças, novamente vem o louvor de Léry, depois do parto, o resguardo durava um ou dois dias, e a seguir amarravam com a tipoia a criança ao corpo, e seguiam a vida. E com olhar crítico e ressentido diz que as mulheres de sua terra mandavam seus filhos para serem criados distantes de si, onde muitos morriam e elas nem sabiam, e só os recebiam quando já grandinhos podiam distraí-las com suas graças.

Encontro com os Puri em São Fidélis

Do abismo mais fundo, Irene está me chamando, de onde vem aquela que me invoca e antecede? Estou convencida que de São Fidélis, lá, de onde vem meu avô Gamboa, à margem do Paraíba, onde em 1776 quatro missionários capuchinhos italianos fundaram um aldeamento de índios Coroado e Coropó. Os Coroado, segundo Debret, seriam os antigos goitacás, e tinham esse nome por causa do penteado de seus chefes, que efetivamente penteavam o cabelo de maneira a formar uma espécie de coroa enrolada no alto da cabeça; embora, muitos deles o usassem soltos, caído nos ombros. Essa é a nova informação que trago, os Goitacá não foram completamente extintos, os que sobreviveram foram civilizados, isto é, batizados.

Ali era também o habitat dos Puri, porém, longe de viverem na aldeia sob o domínio dos padres, tinham por moradia uma aldeia no meio da floresta. Foi Irene, só pode ter sido ela, quem, de profundezas insondáveis, soprou em meu ouvido, eu sou uma índia Puri, não me confunda com os Goitacá, ao contrário deles, ainda vagávamos livres pelas vastas solidões situadas à margem do grande rio, nunca ficamos confinados nas cercanias da igreja, andávamos dali por toda as lonjuras de outro rio que os brancos diziam Pomba em Minas Gerais. Um moreno bonito, de pele curtida quase igual a minha, me levou para viver com ele, caso eu pertencesse à horda dos nossos inimigos, os coroado, eu seria batizada, e, pra que ele te raptou, Irene? Que serventia você tinha pra ele?

Léry se encanta com a força e a coragem das índias, os filhos nasciam com ajuda daquele que estivesse passando no momento do trabalho do parto, um ou dois dias depois, ela estava de pé, Thevet nos surpreende com a informação de que elas procuravam por todos os meios arranjar novas companheiras para seus maridos, porque seria quase impossível dar conta de todas as tarefas que a elas cabiam. Que trabalhos seriam a elas delegados que nós "os brancos", que compramos tudo nas gôndolas dos supermercados, não conseguimos atinar?

Como nos asseguram Léry e Thevet, elas plantavam, colhiam, faziam a farinha, as beberagens, fiavam o algodão, teciam as redes, fabricavam as cerâmicas, curavam e amassavam o sal, amamentavam e cuidavam das crianças, que até um ano de idade são alimentadas exclusivamente com o leite materno. E você, Irene, que utilidade teria? Provável que ele, o moreno bonito, morasse na roça, que moça educada iria para uma choupana viver no meio do mato? Fácil, hein, Irene, surpreender uma bugra novinha, que nem roupa trazia no corpo, você nada demandaria, nem cheiro, um lenço vermelho bastaria, colar de sementes, tiras de couro para prender no quadril e nos tornozelos para trazê-los delgados, seria o ideal de beleza para mulheres de sua estirpe, melhor que Amélia, essa que já nada exigia. O homem sabe que um vestido de chita em cima do corpo bastaria para tapar as vergonhas. Nesse alqueire de terra brotaria o milho que serviria de ração para os animais e, com a força, de seus braços, ele seria socado no pilão para a canjiquinha, comida que garantiria o sustento de todos os dias.

Plantariam a mandioca, podiam instalar um moinho, você, Irene, faria a farinha, que ele venderia nas feiras aos domingos, com o dinheiro que ganhava trabalhando nas fazendas compraria um burrinho, quem sabe um cavalo, crias de porco no terreiro seriam de regra, cevadas com as abóboras satisfariam a necessidade de carne e gordura, de tempos em tempos matariam um capado, você e ele, em um átimo, cortariam e destrinchariam as carnes, separariam a gordura, os embutidos, você logo aprenderia a fazer, que a defumar nem é preciso ensinar, a gente dessa terra é mestra.

Nada, porém, é tão simples. Tirando a mulher do mato, o homem a submeteria a outro viver, na tribo, quando as mulheres estão grávidas, não se sobrecarregam com peso nem fazem as tarefas mais penosas, para não sofrer dano, mas ali seriam só ele e Irene, os filhos com certeza viriam, e durante nove meses o serviço pesado cairia nas costas do homem, eu me pergunto se ele estava preparado para arcar com tal fardo, enfim, eles hão de ter encontrado um jeito, as índias, de um modo geral, só engravidam quando os meninos já grandes largam o peito, mas vamos que vamos, prova que aqui estamos para contar a história, da qual nunca tive notícias concretas, assim como ele trouxe sua índia longe dos olhos da sociedade, também de nós a ocultou, embora a lenda nos tenha alcançado e, por instâncias que nunca sei precisar, é a mim que ela, da mais primitiva e longínqua região, convoca para mostrar que viveu uma vida verdadeira.

Que fazer, Irene, eu também vivo no reino da fantasia, é pela imaginação que alcanço e flecho no coração da realidade, mas você bem sabia disso, foi, por entre brumas, nas zonas de trevas e mistérios, que conseguiu me atingir.

Irene, você ainda se mantém distante, mas de longe me acena, tenho novidades para contar, parte do que vou dizer são do seu conhecimento, mas detalhes históricos, de certo, lhe escaparam. Os frades capuchinhos italianos com a ajuda dos Coroado e Coropó ergueram uma igreja de tijolos e caiada, onde, é provável, você, mais tarde, se casar com meu avô, que seja trisavô. Os índios batizados vestiam calções e camisa, viviam da pesca, da caça, dos frutos da terra, da mandioca que plantavam, o dinheiro para comprar a roupa tinham de conseguir trabalhando nas fazendas. No espaço de uma ou duas gerações a etnia estaria esquecida, seriam amalgamados naquilo que se tornou o povo brasileiro. A partir de então, ditos civilizados, foram vencidos, suas terras perdidas, liberadas para a plantação do café no vale do Paraíba.

Diz-nos Maximiliano, Príncipe de Wied-Neuwied, em *Viagem ao Brasil*, que nas planícies que se estendem ao sul do Paraíba viviam os Uetacá (Goitacá), entre todas as tribos indígenas a mais feroz, inimigos encarniçados dos Tupinambá, "guerreavam em todas as frentes, entre si, contra os europeus e contra os índios da costa, mas foi, sobretudo, a colônia portuguesa do Espírito Santo que lhes sofreu os ataques. Em 1615 sofreram grande derrota e daí em diante, ou foram simplesmente eliminados pouco a pouco ou os submeteram e amansaram, donde resultou a colonização do Paraíba, que é atualmente a zona mais próspera entre o Rio de Janeiro e a Baía".

Irene, diante dessas razões, de que, segundo o historiador, foram exterminados, e essa outra, de que aqueles que sobreviveram foram batizados, não posso crer que você caiba nessa etnia, aqueles que sobreviveram não viviam na floresta, viviam aldeados, vestidos, índios mansos e, em breve, incluídos todos na definição de caboclo. Ou poderia? Acredito que é uma escolha que faço, determinada por razões tão profundas, com as quais não posso atinar, veja só, Aires Casal contradiz em parte os ditos anteriores, fala das aldeias dos Goitacá, onde coabitam de cinquenta a cem famílias, em apenas uma cabana, grande o suficiente para abrigar a todos, "Ordinariamente, cada casa é uma aldeia, e raras vezes se encontram duas juntas. Diariamente logo que ao romper do dia ouvem o canto do macuco, imediatamente se levantam e, ainda que chova, vão lavar-se na torrente ou lagoa próxima, para o que se faz sinal com uma buzina de cana, e tornam para a maca".

Diferentes dos valentes de outrora, tornaram, no dizer dele, covardes, aliados dos conquistadores. Viviam, ainda, no meio do mato ou selva, pouco numerosos em relação ao que foram, mas como senhores dos pilares de suas casas, guardiões dos seus, agora, parcos territórios. Mas você vivia em São Fidélis, tenho certeza, de onde é originário meu avô.

Adentro nas matas que circundam o Paraíba em São Fidélis, quando é que eu podia imaginar que meu avô seria natural de uma cidade que se fundou como um aldeamento de índios? A gente atira no que viu, acerta no que não viu. O continente nativo se expressa em mim mais de uma vez, por isso sou chamada, para dar conta dessa origem, desses genes, desse inconsciente marcado por tal ancestralidade, não é coisa de uma geração, repetidas gerações devem estar me chamando, convocando-me para dizer delas, quem sabe aqui se acolha algum Coroado, em companhia de Maximiliano, Príncipe de Wied-Neuwied, rompo mata adentro em busca dos Puri, eles não estão no aldeamento de São Fidélis, habitam a floresta, seu viver ditado pela mata que os rodeia, plantam milho, mandioca, batata doce, abóbora, mas vivem principalmente da caça e, suponho, da pesca no rio Pomba que deságua no Paraíba, são esses os rios de sua vida, pelo menos, neste trecho onde vou agora encontrá-los.

Para as índias o príncipe leva rosários que elas adoraram receber, deles retiram a cruz que não faz parte de seus credos, adoram lenços vermelhos, mas não ligam para tesouras, levam também os espelhos de sua predileção, não posso imaginar que Irene não possa contemplar a própria face, não suporto imaginar-lhe a angústia de, em não possuindo um espelho, não conhecer o próprio rosto, de não se ver, não se saber. Homens, mulheres e crianças estão todos nus, vivem livres como vieram ao mundo, vivem da força do corpo, que é, tais quais os dos atletas, musculoso, o viver na natureza implica em esforço semelhante, são baixos, robustos, vivem da caça que atingem com o longo arco e flecha de sua arte e lavor, os homens se excitam e riem com as garrafas de pinga que recebem dos visitantes, porém, de todas as trocas, a que mais os satisfaz são as facas, mas ficam apenas com a lâmina, retiram o cabo, fazem outro ao seu próprio gosto e o prendem com fibra, e com um cordão o penduram ao pescoço, deixando o metal pender sobre as costas.

E o europeu que os visita, em que está interessado? No arco e flecha de seu fabrico, no cesto que as mulheres fazem e nos quais carregam as pesadas cargas, são sempre elas que levam tudo que é pesado, são os burros de carga daqueles que não criam animais para o trabalho, um homem tem três, quatro mulheres, todas trabalham para ele, elas tecem as esteiras e as redes nas quais todos se deitam, não são feitas de algodão como as do Tupi e dos Guarani, são de uma fibra que em criança eu conhecia como embira, de uma dessas redes faz presente ao viajante, são as mulheres que alimentam o fogo, que assam a carne que o marido come deitado na rede, são elas que carregam as crianças em tipoia feita do mesmo traçado da esteira, com ela se acostumam desde o corpo da mãe, nela descansam, nela adormecem, nas redes vivem, tal qual o fazemos com as nossas camas, parte de suas vidas. É o fogo a que chamam poté, outro companheiro desses homens que vivem em ocas abertas, sem proteção contra a chuva e o frio, o fogo que nunca se apaga, sempre os guarda, sempre assando a carne que comem, sempre a servir de proteção, afugentando as feras que com boa razão o teme.

Irene em Paraty

Ontem, tão inchadas estavam minhas pernas que, antes de dormir, fiz um escalda pés para melhorar a circulação e aliviar a dor. Na procura por Irene preciso andar e andar, andar por florestas densas, algumas vezes, descalça, descalça? Ficou maluca, você não tem medo das cobras que se arrastam e emboscam os viajantes nessas veredas estreitas junto à mata? Medo de cobras, tenho, é uma questão de sobrevivência, Irene certamente as temia, mas não ficava pensando nelas e, me ocorrem agora lembranças da infância, quando estive bem próxima ao seu viver. Morei até os sete anos em uma fazenda, para lá retornava durante as férias escolares, me criei diante de um céu estrelado e um terreiro ensolarado, vivi nas proximidades da mata, em casa de tijolo, chão e teto de madeira, janelas que se abriam para a imensidão da natureza que se entendia à volta, portas com ferrolhos nos protegiam dos ladrões.

Minhas companheiras eram as filhas do administrador e de Dona Carmita. Tinham um bocado de filhos, havia Lela, a mais velha, já moça feita, a quem eu admirava a energia e o caráter, dois rapazes e, depois deles, vinham quatro meninas. Sempre fui mais próxima à Mariinha, tanto na idade como no modo de ser, por anos fomos parceiras nos passeios e brincadeiras, andávamos por ali tudo, seguíamos pela estrada que conduzia ao curral ou à escola que eu, às vezes, frequentava como ouvinte, em muitos trechos andávamos por trilhas estreitas que se abriam junto ao mato.

No córrego, que formava uma pequena cachoeira, afundávamos os pés em águas cristalinas, por onde se via a areia branca, uma vez vimos uma cobra d'água, Mariinha disse: não é venenosa, dali saímos sem pressa ou susto, subíamos nas pedras para colher com mais facilidade as goiabas e os biribás ou, mais raro, descendo o riacho, os ingás, os pés descalços, não pensávamos em cobras, de onde vinha essa naturalidade, essa ausência de medo, não sei, provável que se nossos pais consentiam nesses passeios ao redor da propriedade é porque sabiam que não corríamos perigo. Ocorre que, embaixo do paiol, ao lado do córrego, havia um chiqueiro, os porcos têm antídoto contra o veneno dessas criaturas e, suponho, as devoraram antes que elas pudessem perturbar os humanos que ali viviam.

Por mais de um século me encontro separada dessa avó, que seja trisavó, considerando todas as inovações do século XX, não posso alcançar o viver de Irene, cada década acrescentou um salto nas mudanças ocorridas no mundo, nas casas foram instaladas lâmpadas que se acendem e apagam ao toque de um botão, os lampiões da minha infância não existem mais, as casas foram acrescidas de rádio, telefone, geladeira, máquina de lavar roupa, fogão a gás, chuveiro elétrico, aconteceu uma revolução em termos de tecnologia e conforto, sem falar na computação e no início da era digital. Longe de mim a ideia de louvar o século XX, em sua primeira metade tiveram lugar as piores ignomínias cometidas pelo homem, foram tempos em que se viveu em meio às guerras e trevas, por pouco esse novo tipo de civilização que se erguia não vê seu fim abrupto, mas, enfim, estamos aqui, sobreviventes, a vida segue.

Irene continua distante, mas não desisto, prossigo nesse caminhar insensato, pra que faço isso, ora, preciso estabelecer a verdade do meu ser, da minha linhagem, e enquanto procuro, vou além, vislumbro as raízes do povo brasileiro, pertenço a uma pequena família, a um clã, um território, um país, em minhas incessantes buscas, percorro agora as irregulares ruas do centro histórico da cidade de Paraty, lá onde tem lugar uma feira de literatura, e vejo, de um lado a outro, de um canto a outro, índios que espalham seu artesanato pelas calçadas, índios Guarani, em sua maioria, aqueles que vieram caminhando pela Serra da Bocaina e se estabeleceram nas matas longe do olhar dos homens brancos.

A menina Guarani observa a festa que toma conta da cidade, o menino, a quem peço para fotografar, diz sim, são dois meninos, um com ar de James Dean, o outro maior e mais esperto, pede, não tem um trocado, dei uma nota a cada um, lamento, devia ter dado mais, ela, a menina, sorriu, as mulheres desde tenra idade não conseguem esconder os sentimentos. São eles os primeiros com quem falo, sigo caminho, ao longo das ruas, eles ocupam as calçadas, a cada lado para que me que viro, são metros de cestos bem trançados e coloridos, colares de todas as cores, contas e penas, arcos, flechas, maracás, pulseiras, brincos, a primeira que me atende e com quem converso é a Vãngri, índia Kaingang, aquela que não deixa o filho brincar no playground do prédio porque a brincadeira das crianças é muito violenta, só agora a conheço pessoalmente.

Maria Inês, minha filha, se encanta com o maracá, eu peço o pente de osso, levamos cada uma o objeto escolhido, pergunto pelos Puri, conto a história do livro, da avó que procuro, ela me fala de Dauá, vai me dar o telefone dele, diz, lá na tenda dos autores tem uma índia Puri, a Carmel, vou procurar o telefone dela, passa por aqui amanhã. Combinado. Retornamos ao centro dos eventos, onde vamos assistir a uma palestra na tenda dos autores, aqui chegam, de preferência, os grandes autores estrangeiros, é um deles que vou ver, ouvir, aprender, Karl Ove Knausgard.

Sou sua leitora, ele traz a memória para o centro da narrativa literária, nos Estados Unidos têm dificuldade de classificar seus livros como romances, neles, a memória é a matéria-prima do trabalho ficcional. Na manhã seguinte, volto à rua onde os índios expõem seu artesanato, procuro Vãngri, encontro seu marido, Garapirá, um índio Pataxó, ela ainda não chegou, está cuidando do menino pequeno. O artesanato do casal está exposto na calçada, procuro um maracá, é um instrumento fácil de tocar, escolho um, vou levar, ainda não me dou por contente, penso em um anel ou uma pulseira de osso, indecisa, deixo a compra pra outra hora.

Outro dia amanhece, vou para rua em busca de Vãngri, ela ainda não chegou ou não está no mesmo lugar, mas eis que vejo, estão lá as suas coisas, decidi, enquanto ela não chega, vou procurar

o anel de osso. Em uma rua paralela, quase na esquina, encontro a banca de outro índio Pataxó, ele tem a parte do rosto abaixo dos olhos pintada com o vermelho vibrante do urucum, pergunto, por que os Pataxó da Bahia estão aqui, estamos fundando uma aldeia em Paraty, no Iriri. De onde você vem? De Coroa Grande, na Bahia, fui criado na aldeia de Barra Velha, onde temos de seguir os costumes antigos, mas ele vive com mais liberdade na aldeia Caramuru, seu nome é Maiõ, na face, por sobre o rubro alaranjado, se desenham dois traços negros de cada lado, pode indicar o número de filhos que ele tem.

Falo do livro que estou escrevendo, pergunto se ele conhece Matalauê, ele é meu primo, mas, no momento, não temos muito contato, Maiõ fica feliz porque estou contado a história de seu povo, falo da minha avó Puri, quero ver os anéis de osso, ele me mostra o cesto cheio deles, experimento, um fica largo, coloco outro, tão apertado que só a custo consigo tirar, os menores não gosto, pergunto, eles não vão descolar, não, ele garante. Ele me fala da aldeia Pataxó Hã Hã Hãe, que significa povos juntos, pergunto se eles plantam, sim, plantam mandioca, milho, feijão e hortaliças que vendem na feira do Pau-Brasil.

Faço o caminho de volta, trago no dedo o anel de osso, lá está Vãngri, ela me dá o celular de Carmel, não haverá distância que possa me impedir de encontrá-la, mas, no momento, temos o encontro da arte com a ciência, Arthur Japin, que escreveu o livro sobre Santos-Dumont, em diálogo com Guto Lacaz, artista plástico paulista. Quando Lacaz apresenta o projeto e as fotos do 14-Bi, eu me emociono, sobre a polêmica de quem teria inventado o avião, ele explica, o avião é uma criação coletiva, Santos Dumont foi o primeiro homem que conseguiu voar.

A seguir, ouviríamos Svetlana Aleksiévitch, a bielorrussa que ganhou o prêmio Nobel de Literatura de 2016. E novas epifanias acontecem, é preciso trazer à luz o lado subterrâneo, o humano, o mistério que marca nossa existência, é a fala da mulher que ela procura, a fala dos sentimentos. Decido trazer de volta um trecho que tinha suprimido do livro por demasiado humano, mas se não falo dos fossos profundos que marcam nossa existência e explicam aquilo que nos tornamos, que sentido teria a minha escrita?

Butan Puri

Qual é a minha cor?/ Eu não sou branca/ Eu não negra/ Eu não sou parda/
Qual é a minha cor/ Eu sou da cor do bronze/ Eu sou da cor do jambo/ Eu sou da cor do amor

Modinha cantada por Dauá, Zélia, Carmel, índios Puri

Domingo, devemos retornar ao aconchego e, conforto da nossa casa, levantamos cedo, arrumamos nossas coisas, nos vestimos para o dia, telefono para o celular de Carmel, ela sabe que a procuro, sabe do livro que estou escrevendo, estou aqui no Centro Histórico, na Sala Santa Cecília, em um Fórum Feminista, em frente tem uma caixa de papel com uma frase em que se pergunta por que as mulheres que aparecem nas revistas são quase todas brancas.

Chego de mansinho, me acomodo, vou ouvindo, Carmel fala da Rede de Economia Solidária da Maré, onde há uma troca de saberes, perguntada, ela responde, são vinte e cinco empreendimentos, participam setenta e cinco pessoas, ao contrário de núcleos familiares pequenos e fechados, no coletivo as pessoas compreendem que se fizer mal para um, vai fazer para todos. Há uma cadeira vaga ao lado dela, como se estivesse à minha espera, me aproximo, nós nos abraçamos como se nos conhecêssemos há muito tempo, outras mulheres falam, duas delas exibem um curta feito em menos de setenta e duas horas, produzido com recursos coletivos, com o qual ganharam um prêmio de maquiagem.

Uma das cineastas se chama Carol. Ali se reúnem vários grupos, uma ativista prega a revolução, vejo as forças que estão se movendo e convulsionando a sociedade brasileira, o país não está parado, ele é puxado em sentidos contrários e antagônicos, mas talvez seja um começo do caminho rumo às mudanças que todos almejam.

Quando as atividades terminam, saímos, eu e Carmel, em direção a sua barraca de artesanato, em um repente, como em um sonho, Carmel é Irene, as duas se fundem, é o jeito, a cor da pele, o cabelo negro, os brincos que se desdobram em camadas de flores que caem pelos ombros, é Irene que veio ao meu encontro, eu a reconheço, por sorte o sol brilha em um céu azul, a confusão entre a fantasia e o real vai se desfazendo, ah, um pequeno delírio não faz mal a ninguém, coloco os pés no chão, mas vou confessar, essa experiência espiritual vai seguir comigo.

De onde você vem Carmel? Minha família, meu pai, minha avó, minha mãe viviam no sul do Espírito Santo. Que coincidência, é de lá que eu venho, sou de Mimoso do Sul. Por que vocês saíram de lá? Fomos expulsos, queriam as roças, as terras onde plantávamos o milho, nossas nguaras eram frágeis, palhoças de chão batido, passavam com o trator por cima e tomavam posse. Muitos foram mortos. O que é que vocês comiam? Arroz, milho cozido, o maki, tatu desfiado, repolho. E banana, fruta boa que se pode comer crua, a qualquer hora, não se vive sem banana. Minha avó me contava, eles ficaram na beira da estrada, um atrás do outro, a mãe com ela no colo, vendo a máquina passar por cima de tudo. Carmel Farias Puri chegou ao Rio em 1966 com seis meses de idade, foram morar em Inhoaíba, que significa o Campo Ruim, onde vivia um parente.

Digo, quero um artesanato Puri, uma pulseira, um brinco, um colar, o que seja. Estou com pouca coisa, não tive tempo de preparar, mostra a boneca feita por ela, acho que é ela que você deve levar. Na cabeça, as penas, no pescoço, o colar, no rosto traços em vermelho, e o que representam? É a flecha, significa o foco, a determinação. Em casa, a coloco na estante, diante da minha mesa de trabalho.

Estou de saída, são duas horas, nosso ônibus sai às quatro. Precisamos comer alguma coisa, fechar as malas, chamar um táxi. Antes que eu me despeça, Carmel faz o convite, terça-feira, dia 5, a partir das quatro e meia, na Fundição Progresso, ao lado dos Arcos da Lapa, Dauá Puri estará lançando o livro que é uma tentativa de resgate da língua e da cultura Puri. Vou fazer uma oficina para ensinar a fazer a peteca que aprendi com minha avó. Até lá, então.

A praça, onde ficam as barracas, é ampla o suficiente, ao lado delas se forma uma roda de mulheres que debatem a situação política e social do país, são mulheres jovens, a mais velha terá no máximo quarenta anos, a que está com a palavra afirma a necessidade da luta de classe, em uma releitura do *Manifesto Comunista* de Marx e Engels.

Terça-feira, dia 5, lançamento do livro de Dauá, a partir das 16h30. Saio de casa às três e quinze, ainda assim chego depois das cinco, gastando duas horas no percurso. Essa é a cidade do Rio de

Janeiro, com seu trânsito caótico, mas nenhum esforço é demais para alcançar os remanescentes dos Puri que tentam fazer um resgate da língua e da cultura do seu povo. Lá está Dauá, com suas calças brancas largas, com bolso bordado em desenho geométrico, que evoca a cultura indígena. A blusa amarela contrasta com o bronze de sua pele, o traje é presente de uma amiga que o desenhou e confeccionou.

Depois do primeiro olhar para o palco do evento, procuro por Carmel, ela me recebe de braços abertos, rodeada de outros índios, de outras etnias, em uma comemoração que vai além dos Puri e envolve parte da comunidade indígena no Rio, ligada à Aldeia Maracanã, que foi derrubada e entregue pelo governo a outros interesses considerados maiores, mas, a depender de seus protagonistas, não é uma questão resolvida nem que se pretenda esquecer.

Carmel, como uma formiga, trabalha de forma incessante e sem descanso, ela aponta a cesta na mesa de autógrafos onde estão os dez colares da Paz feitos por ela, que serão ofertados aos dez primeiros que adquirirem o livro, sendo das primeiras a chegar, penso, o meu está garantido, ela me leva até o autor, me apresenta, ele também sabe de mim, me abraça, recebo Alkeh Poteh, Poeira de Luz, das mãos de Dauá Puri, que escreve, "Dedico esse trabalho sobre a cultura Puky nossa língua nossa gente, Vera Puri de Dauá Puri".

Sou nesse momento batizada, só desse jeito posso entender o nome que me é dado, nome que vem de minha avó, Irene, que seja trisavó, com certeza fui por ela conduzida até aqui e em nome dela sou recebida e reconhecida. São três aqueles que conduzem a cerimônia, Dauá, o poeta e escritor, Carmel, a que recebe e acolhe os participantes, e Zélia, que prepara e oferece a mandioca cozida, a papa de milho e a broa de milho, receitas que passaram a fazer parte do cardápio brasileiro.

Como havia prometido, Carmel fará uma oficina para ensinar a fazer peteca, como ela aprendeu com Ponan, sua avó. As cadeiras em torno da mesa azul retangular são todas ocupadas por alunas interessadas, a palha de milho está sobre a mesa, é preciso ir desenrolando e esticando cada folha com o calor da mão, esse é o primeiro e cuidadoso passo, a seguir escolhemos as folhas, deixando a melhor para a finalização, a primeira dobramos quatro vezes, com outra folha repetimos o processo, e ainda uma terceira está pronta a base, sobre a qual estendemos a folha reservada e a envolvemos amarrando com um fio de palha, e ali enfiamos duas ou três penas de galinha que devem passar pelo nó e se fixar na base.

Está pronta a peteca. E vamos jogar, consigo mantê-la até quatro cinco vezes no ar, em pouco estou cansada, fiz um bom esforço e tenho a sensação, depois de tanto tempo, tempo esquecido, de quando jogava peteca em criança, de que me saí bem. Estamos todos, participantes da execução e da brincadeira, contentes.

Marcelo Lemos, historiador e pesquisador da cultura Puri, diz que encontrou uma única pessoa que falava a língua com fluência.
Segundo o censo de 2010, eles somam 645 indivíduos, ele conheceu Marcos Apoema, que hoje mora em Piau, e veio fugido do Rio Pomba, ele lhe assegurou que foi batizado, seguindo o ritual Puri, com sangue de Tatu. Pergunto e Carmel me revela seu nome, Butan, que significa mel, Butan Puri, sua mãe se chama Iara, e sua avó, como já declinei, Ponan. Pergunto a Carmel onde eles se reúnem, no Sítio da Zélia, em Maricá, onde se dá o encontro, Batendo o Maracá.

Insisto, Dauá não vai ler as poesias, ela me pede que aguarde, então, sem que eu espere, começa o mais bonito da festa, Dauá começa a cantar, a ele se juntam Carmel e Zélia tocando o Maracá, eles dançam e cantam, a cerimônia de sagração da cultura está inaugurada, Zélia canta afirmando e exaltando a diferença dos povos indígenas, a cor do bronze, do jambo e do amor. A seguir, Dauá lê algumas poesias, com um índio de outra etnia lendo a tradução em português. Está tarde, moro longe, passa das oito, para não interromper a apresentação, despeço-me apenas de Carmel, mas, no palco da Fundição Progresso, a luta do povo de Irene prossegue.

Irene se apresenta

Ao crepúsculo, quando o dia anuncia que em pouco se vai, sento-me na varanda de frente para o infinito, ciente da minha pouca valia, na palma das mãos algumas migalhas tentam iludir-me, mas quem fará caso delas, que posso dizer de Irene, se ela, ainda que tanto a procure, se recusa a apresentar-se, escolho um caminho, traço um método, tudo em vão, mas, o trabalho que a cada dia retomo e me exaure nada significa?

A primeira estrela brilha, depois outras incontáveis bordam o céu, abrindo aos nossos olhos maravilhados os mistérios do universo, não me arredo dali, espero a lua cheia, que por fim, ao seu gosto

e tempo, ilumina o céu. Continuo, por mais de hora, olhando as estrelas, o espírito alça voo, mas não traz respostas, com o sentimento daqueles que fizeram sua parte na grande roda do tempo, deito a cabeça no travesseiro, faço o que posso, consolo-me, acomodo o corpo ao contato do lençol limpo recém-trocado, sou tomada pelo esquecimento, passo da vigília ao devaneio, estágio que precede o sono, mas eis que Irene irrompe em meus pensamentos, enquanto sai da água, tira com as duas mãos o excesso de água dos cabelos, eu a observo, é jovem, dezesseis anos, é o provável que tenha, veste-se com a pele que veio ao mundo, traz o pulso e o tornozelo amarrados por uma pulseira de couro, a mesma espécie de tira prende os quadris para que não se expandam demasiado, silhueta esguia, não tem nenhum vestígio da barriga que os naturalistas denunciam, entra comigo sonho adentro, senta-se em uma pedra que lhe serve de cadeira, pega a cuia que deixou ali antes de cair no rio, nela mergulha o talo de folha de palmeira, com extrema destreza, desenha nas maçãs do rosto, em cada lado da face, um círculo com um ponto no centro, me desconcerto, reproduz o mesmo símbolo milenar que segundo Kaká Werá Jecupé significa, na tradição Guarani, Ñamandu, o Imanifestado, o Uno.

A seguir, traça duas linhas paralelas, e abaixo delas, lado direito, depois no esquerdo, um círculo do mesmo formato e tamanho do primeiro, mas não creio que uma mesma crença una os dois povos, e é duvidoso que alguém possa ostentar no rosto um ícone sagrado.

Nos braços, figuras de cobras em negro insinuam-se como serpentes nas árvores, a pele bronzeada reluz sob os raios dourados do sol, Irene me reconhece e caminha em minha direção, acomoda-se ao meu lado, põe-se a falar como fôssemos amigas de longa data, fiquei muito tempo junto da mãe aprendendo o que uma mulher precisa saber antes de casar, aprendi a fazer a rede, o balaio e a faixa para segurar os meninos pequenos, aprendi a fazer o fogo que devemos sempre manter aceso, descreio, você fez rede qual nada, isso é muito difícil para uma garota de sua idade, indiferente a minha opinião, tola, com certeza, ela continua a tagarelar, a mãe fica boba com a facilidade que tenho para tecer a embira ou fazer qualquer outra coisa, ela me disse que está na hora de eu me casar, já posso escolher um marido, mas até agora não agradei de nenhum.

Examino, com cuidado, a pintura no rosto, o ponto é colocado exato no centro do círculo, pergunto, como você consegue pintar o próprio rosto sem a ajuda de um espelho? Em geral, pintamos uma às outras, mas eu consigo, basta fechar os olhos que sei o lugar onde devo colocar a tinta. Ela se queixa, a mãe não se cansa de repetir, na aldeia, as moças de sua idade estão todas casadas, que posso fazer, ainda não me agradei de nenhum, levanta, sei que está indo embora, ainda é cedo, consigo murmurar, mas ela segue em frente sem se virar, os movimentos são cheios de volteios, compreendo, o escolhido não será um homem qualquer, o amor será precedido por uma paixão fulminante, esse o sinal que ela aguarda, não fará por menos, mas o que é o amor?

Quando e por que ele acontece, ninguém me responde, ninguém sabe, o próprio Lacan diz que ele se dá ao acaso, ela aguarda os ditames do coração, esse imprevidente, há em seu corpo um fogo que arde e ela se dispõe a se deixar consumir em suas chamas. A lenda, porém, fala em uma índia que foi pega a laço, temo por sonhos e esperanças vãs, que destino lhe está reservado?

Irene é parte de nosso imaginário, conforme gritou Marcos, meu primo, quando tínhamos uns onze, doze anos, "a avó de vovó Gamboa era uma índia que foi pega a laço", no entanto, a que vem ter comigo é livre e, pretende, por sua escolha, traçar o futuro que a espera, já posso dizer que a conheço, que pude vê-la, ela sentou-se ao meu lado, me fez confidências, não fossem a nudez e as tintas com que pinta o corpo, sua presença não me causaria estranheza.

Paula

No laço, está configurado o roubo e o estupro impetrado pelos brancos, conforme denuncia Matalauê, quase me desespero por minha avó, que seja trisavó, de quem só conhecerei o destino quando ela resolver me contar, um exemplo, porém, acode o meu pensamento, me agarro a ele como um fio de esperança e, do que falo? De Paula, a fisioterapeuta, a quem devo a recuperação no joelho após a cirurgia, ela que evidencia nos traços a herança indígena e, em suas mãos que curam, os dons xamânicos de seus ancestrais.

Em sua pele o colorido da morenice brasileira, o rosto largo sem que o maxilar esteja demasiado marcado, como se em milhares de anos nos trópicos, o rosto das mulheres abaixo do equador tivessem os contornos suavizados, os olhos puxados não o são tanto quando os das orientais, pergunto por sua origem americana, que ela confirma, descende dos Goitacá, mostra a foto de sua bisavó, de sua avó, de sua mãe, em todas os caracteres nativos predominam. Quem foi o seu trisavô?

Ele era alemão, explica-se o seu metro e setenta de altura, quero saber mais, a família é do Espírito Santo, portanto, meus conterrâneos, a avó, a matriarca da família, é médica, mantém a casa em Iriri, uma cidade litorânea, com praias paradisíacas, próxima uns quarenta quilômetros de Guarapari, onde muitas famílias de Mimoso têm casas de veraneio. Lá o Carnaval bomba e atrai os turistas de todo o Brasil. O local guarda para Paula lembranças de férias inesquecíveis, hoje ela só não vai com mais frequência por causa da distância, das estradas ruins, do trabalho, da dificuldade de viajar com criança pequena. Que outros europeus marcaram a genética da família? O bisavô e avó eram portugueses. Como foi que sua avó, que seja trisavó, foi viver com o alemão, ele a pegou a laço? Não, ele pediu para casar com ela, o cacique não consentiu, ele a raptou.

Por esse Brasil afora, por anos que se estendem em séculos, vigorou o costume de roubar as moças, se os pais não consentiam, os noivos fugiam madrugada adentro no galope de um cavalo, fato dado por consumado, pois os pais não queriam de volta uma moça desonrada. Se considerarmos que quem realiza o sacramento do matrimônio são os noivos, muitas famílias tiveram origem nesses casamentos que aconteciam sem o consentimento social.

Tenho outra questão, eles, os trisavôs de Paula, viveram bem, foram felizes? Acho que sim, porque antes de morrer ele pediu para descansar no mesmo cemitério onde a mulher fora enterrada. Seria um cemitério indígena? Não sei, como, aliás, é sempre pouco o que sei.

Além da busca incessante por Irene, se fecho os olhos, com muita frequência, lá está Pedro Alves Cabral, botas, meias, calções, camisa branca, babados em renda compõem a gola e os punhos, casaco bordado em prata e ouro, chapéu com penas na cabeça. É uma visão que se repete, instigando-me, mas, o que vejo? Em sua direção caminha uma figura feminina, Jaciá, o sol incide sobre ela e a ilumina, como na ilustração grega, vem nua, a pele, porém, não é diáfana como a de Afrodite, sua tonalidade é o bronze.

O fim olha o começo: reencontrando Jaciá e Kirimã

No seu rastro, ainda que sorrateiro, guardando distância, caminha o jaguar, majestoso, unindo instinto e força desmedida, sua presença no quadro fala de fertilidade e morte. O cenário é uma praia em Porto Seguro onde se deu o encontro primordial. Onde está o começo está também o fim, é o pensamento que retorna, se eles continuam a ocupar, de maneira desabusada, o meu mundo interior, a intenção é evidente, devo ser a mensageira de suas façanhas extraordinárias. Hesito, quero escapar à grandiosidade da tarefa, os personagens, porém, se interpõem à minha passagem, o caminho se fecha, não tenho por onde fugir, queira ou não, terei de seguir como narradora de suas histórias.

Ao lado dessa cena primitiva, ouço a voz de Kirimã, ele me adverte, você quer contar a nossa história, mas muitos séculos nos separam e, como eu já disse, você é branca, nunca partilhou em tempo algum do nosso viver, não entendo sua obsessão em narrar histórias indígenas acontecidas no longínquo tempo em que outrora vivemos.

Não posso contestar a argumentação, sou branca e vivo no século XXI, mas a meu favor, posso dizer, como a visão que descrevo acima sugere, são eles que me convocam para narrar os épicos acontecimentos nos quais são os protagonistas, com os recursos de que disponho fiz alguns esforços de aproximação, li, estudei o tanto que foi preciso e o tanto de que sou capaz, convivi in loco com uma aldeia Guarani, tendo Jorge Tupã Guarani como professor e mentor, por anos ainda mantive contato com ele, se, em tempos recentes, o perdi de vista, foi por circunstâncias alheias ao meu querer.

Jaciá tenta me dizer alguma coisa, vejo que seus lábios se movem, ela quer falar, mas não consigo distinguir as palavras pronunciadas, nem sei por que tento me justificar, Jaciá, minha amiga, a história que contei pode ser romântica, mas nasceu por obra das musas e da imaginação delirante que conduzem a minha escrita, Kirimã corta minha fala, ele sabe como me atingir, cadê sua avó Irene, nem ela se digna a lhe dar atenção, nem pra ela você abriu seu coração.

Kirimã, há muito de verdade na sua fala, mas não se esqueça, o sangue de Irene corre em minhas veias, por isso fui escolhida, depois de conhecer alguns Puri que lutam para resgatar sua cultura e sua língua, Irene me apareceu, foi um flash, um relance, mas lá estava ela, é preciso que eu lhe dê tempo e saiba esperar, ela vai falar. Jaciá tem alguma coisa para me dizer, provável que seja ela que me convoque, Kirimã tem razão em suas críticas, por ambos os motivos tentarei outras estratégias para chegar até eles, posso andar nas campinas floridas onde vivem, segundo os Tupi, os homens que conquistaram a honra lutando e matando seus inimigos.

Sobre as mulheres existe dúvida ou omissão se elas partilham desse júbilo após a morte, e fica parecendo que foram excluídas da eternidade, mas não é no que acredito, segundo os testemunhos conhecidos, elas realizavam árduo e incessante trabalho, empenhavam-se noite e dia, sem descriminar as horas gastas, para sustentar a vida na tribo a que pertenciam, por certo o paraíso lhes pertence, e é em nome delas que primeiro falo, se não fora por Irene, eu não estaria ocupando esse lugar, atrás da voz de Matalauê é a voz dela que ecoa. Sonhar, sim, os sonhos podem me conduzir por caminhos indizíveis fora do tempo e do espaço, e já que todos meus esforços foram debalde, a bruxa desperta em mim, essa é a única trilha que me resta e por ela vou seguir.

JACIARA E O JAGUAR

Porém a terra em si é de muito bons ares, assim frios e temperados como os de Entre Doiro e Minho, porque neste tempo de agora os achávamos como os de lá. Águas são muitas; infindas. E em tal maneira é graciosa que, querendo-a aproveitar dar-se nela tudo, por bem das águas que tem.

Carta de Pero Vaz de Caminha

Imagem: *Família de botocudos.* Maximilian Alexander Philipp zu Wied-Neuwied. Publicado na obra *Viagem ao Brasil nos anos de 1815 a 1817.*

O fim olha para o começo

Em 9 de março de 1500, a esquadra comandada por Pedro Álvares Cabral partiu do Rio Tejo em Portugal em direção às Índias. No norte da África, desviou-se para o Ocidente e, em 22 de abril, avistou um monte alto e redondo a que deu o nome de Monte Pascoal. Nativos e visitantes se defrontaram, foram os recém-chegados bem recebidos, senão com palmas e plantas odoríficas adornando o caminho por onde pisavam, mas dispuseram de água e madeira para abastecer seus navios para a grande viagem em busca de especiarias, sedas e perfumes. De raízes de palmito e frutas silvestres também se fartaram os homens que vieram da Europa para repor o quinhão de vitaminas que lhes desse um palmo de vantagem sobre o escorbuto.

Nesse primeiro contato, aqui não encontram nada que lhes aguçasse a cobiça, nem ouro ou prata nem cidades nem palácios, tornou, pois, Cabral às Índias. Aqui deixou dois degredados e dois grumetes que, por determinação própria, a eles se juntaram. Era investimento para o futuro, aprenderiam a língua dos nativos e quiçá trariam conhecimentos novos sobre a terra descoberta, isso sendo, se fossem eles expertos o bastante, se mortos não fossem, seriam os primeiros intérpretes de seus futuros colonizadores.

Desta primeira visita, o escrivão da esquadra, Pero Vaz de Caminha deixou-nos como legado uma carta, eu diria, uma peça literária, que nos dá conta do momento que os portugueses aqui desembarcaram, da fertilidade da terra, de seu clima ameno, de suas boas águas, de homens saudáveis que viviam como Adão e Eva no paraíso. A lamentar, nunca lemos a carta na escola. O acontecimento, porém, não passou despercebido, ao contrário, constitui-se oficialmente como ato inaugural da nossa história, marcado no imaginário e no currículo escolar como a "Descoberta do Brasil".

Os navegantes, sozinhos em longa viagem, uma vez em terra

firme, não deviam pensar em coisa melhor a fazer senão deitar-se com a primeira mulher em quem deitassem a vista, ainda que a prudência aconselhasse o contrário, é provável que, se oportunidade houvesse, muitos não deixariam passar a ocasião, o próprio cronista, de quem, em se tratando de missão oficial, se esperava maior comedimento, não se contém: "E uma daquelas moças era toda tingida, de baixo a cima daquela tintura; e certo era tão bem feita e tão redonda e sua vergonha (que ela não tinha) tão graciosa, que a muitas mulheres da nossa terra, vendo-lhe tais feições, fizera vergonha, por não terem a sua como a dela".

Com certeza, induzida pelo enlevo indisfarçável do escrivão diante da beleza da mulher, me veio à mente, sem que eu pudesse me descartar dessa incumbência, a pequena história de Jaciá e Kirimã.

Tendo a primeira história concluída, coloco mãos às obras, é preciso contar a história da chegada de Tomé de Souza, do trabalho levado a efeito pelos jesuítas, e do fato de que a colônia logo vai tornar-se orgulhosa: possui um bispado representado na pessoa de D. Pero Fernandes Sardinha, aquele que ficou conhecido como o Bispo Sardinha, que, por má desdita, foi devorado pelos índios. Uma história impressionante que mereceria ser recontada, nela caberia a chegada do primeiro Governo Geral, o trabalho de catequese realizado pelos jesuítas, nela não poderia faltar Caramuru e sua esposa Paraguaçu e a edificação da cidade de Salvador, aquela que seria por séculos a capital desse país.

E por ela chegamos à outra realidade que vem até nós pela escrita dos cronistas e jesuítas europeus, desta vez aterradora, os índios Tupis são antropófagos, comem gente, é essa a história seguinte que se inscreve com tintas indeléveis em nosso imaginário: a do Bispo Sardinha morto e devorado pelos índios.

Os relatos sobre a morte e execução do Bispo parecem uma versão a ser contada para as crianças tão irrelevante diante do que registra a historiografia, quando o navio que conduz o Bispo Sardinha vai a pique, os índios acudiram os náufragos, nesse entretanto, mandam avisar às tribos vizinhas e, em ato de represália ao tratamento que lhes dispensava o prelado e aqueles que os escravizavam e lhes tomavam as terras, quando todos acorrem, com o tacape, eles mataram quase todos os 102 passageiros do navio, deixam ir dois índios mansos e um português que sabia falar o Tupi. Repasto completo para homens famintos de vingança.

Seria a partir desses dois índios mansos e desse português que eu faria meus relatos dali pra frente. Então me dei conta, fora Jaciá e Kirimã, eu nada sabia, a nenhum índio eu conhecia, não podia tecer um personagem do nada, eu não os conhecia, só àqueles que dos livros me acenavam. Expulsa do paraíso, me coloquei a caminho da perdição, abandonei tudo que até então havia colocado no papel, não havia nada que pudesse ser salvo, eram enganos, mentiras, insídias, só me restava abrir outros atalhos, refazer os estudos e pesquisas e começar do início a elaboração do romance. E a que custo!

Na escrita, o caminho que trilhamos nunca é linear, não há um começo, um meio e um fim, estive sempre com Jaciá e Kirimã seguindo-me os calcanhares, sempre a frase sendo repetida aos meus ouvidos, onde está o início, está também o fim, não tive alternativa, senão trazer de volta a história que foi deixada no papel lá atrás, ficou claro como água que o encontro entre Cabral e Jaciá é o encontro primitivo, aquele que guiou meu trabalho e minha escrita, e me pergunto: o que está atrás de uma relação entre uma índia e um homem branco, ambos em pleno vigor físico, ato mais natural não pode haver, esse é o destino original de homens e mulheres, deitarem-se e reproduzirem, mas por que termina tão mal um ato da vida como ela é, o que foi que deu errado e conduz à tragédia?

Os afoitos diriam, Cabral representa a civilização, Jaciá a natureza e a selva, não há entre eles conciliação possível, mas fica a pergunta, não haveria outra lógica possível no desenrolar desse acontecimento? Cabral e Jaciá continuam um defronte do outro, estão decidindo a conhecida história da luxúria ou representam eles o embate entre o império português e os índios, donos milenares da terra?

O que me prende a essa imagem na praia em abril de 1500? Ali havia um caminho, uma estrada que por mais voltas que eu desse a ela retornaria, no olho de Jaciá esconde-se parte da verdade, no olho de Cabral, que ao meu enfrenta, desvendo a outra, nesse encontro há um confronto, duas civilizações vão se medir, no impulso de Cabral está determinada a perdição de Jaciá, que guardará no seu ventre o filho do branco, aquele que deve ser sacrificado pelo bem da tribo, e Jaciá, apesar de seu encanto e sua beleza será presa das águas, nelas encontrará seu fim.

As histórias nunca terminam, Jaciá e Kirimã permanecem na floresta onde os deixei esquecidos, fartos de esperar, eles clamam, querem assumir o papel de protagonistas, mas continuam lá e me interrogam, querem que eu retome com a história que comecei a contar, o que resta a contar, o que é que eles têm a dizer ao fim de meio milênio, o que permanece escondido que não veio afinal à tona?

É verdade, eu lhes dei um destino, um desfecho que no caso de Jaciá será a tragédia, o que é a tragédia no final de cinco séculos, o que ela significa, será este o destino do povo que Jaciá representa?, serão tragados pelas mesmas águas que trouxeram a esquadra de visitantes tão inesperados quanto poderosos, será esse o destino do povo de Kirimã, que não encontra mais na floresta o seu papel de caçador e se torna vítima de seu predador, o Jaguar? Quem seria o Jaguar que devora Kirimã, seria o homem que deixo na praia em companhia de Jaciá?

Será ele com sua esquadra, suas naus de guerra, suas armas de fogo, sua moderna caravela que singram os novos mares de novos tempos, será ele que traz os machados de ferro, que blinda seus navios com poderosos canhões, com sua bússola, seu astrolábio, seu saber náutico, é ele o mensageiro da morte ou seria ele também um componente da história que representa o papel para o qual desde sempre foi talhado? Preciso retomar a história desses dois personagens, que deixo na praia no ano de 1500 plenos de pulsão, quem dará o próximo e necessário passo, será Cabral o novo agente da história, aquele que estende a mão e toca o corpo da mulher? Ou Jaciá? quem dará o próximo passo, de qual cenário estou falando, daquele que já se deu e volta na fala dos descobridores ou na de Jaciá e Kirimã, que emergem e interrogam e querem participar desse discurso?

Nos olhos cobiçosos de Cabral, Jaciá não percebeu os anúncios de morte que trazem, de que pote tiraria os terríveis presságios que Kirimã intuiu, de onde viriam as forças da destruição que Jaciá não soube ver antes de entregar-se? Da pele que ostentavam as chagas cicatrizadas que a barba encobria? Como lutar com um elemento que tão bem se ocultava até que nos sangue deles se imiscuísse, o inimigo pode estar onde não se advinha, se ele vem para nos destruir e não os podemos pressentir, sua força é terrível e dele advém a maldição que os deuses destinam aos homens. Ou o mal que Cabral em seus olhos anuncia tem tantos tendões que não se podem contar?

São deuses ou seus mensageiros

Quando Cabral chegou ao litoral da Bahia, os Tupiniquim, etnia de Jaciá e Kirimã, ficaram impressionados, quem são esses que chegam em canoas tão potentes, são deuses que nos visitam, ou como previu nosso Karaí, são os brancos que haveriam de vir, são eles deuses ou seus mensageiros? Ou serão amigos que vêm nos ajudar a derrotar nossos mais ferozes inimigos? Devemos recebê-los com prudência, não convém irritar tão poderoso chefe antes que a guerra se faça necessária, se são eles mensageiros, que notícias os deuses nos enviam? Nunca vimos canoas como estas, tão grandes, tão poderosas, eles também trazem panos no corpo, que engraçado!

Estão cobertos quase até a orelha e ainda ostentam plumas na cabeça, nos pés trazem peles de animais, elas alcançam o alto das canelas. Jaciá me diz, a veste do chefe brilhava ao sol e ofuscava meus olhos e acabou ofuscando meu pensamento, depois que ele colocou o menino dentro de mim, eu vi a morte nos olhos dele, mas estava feito, não tinha jeito de desmanchar, Kirimã se levanta e diz: da morte que eles traziam eu tinha certeza, mas meus companheiros não quiseram me ouvir, deixaram que eles levassem da nossa água e da nossa madeira, comeram as nossas raízes, a bem dizer, tudo é da terra, é dela que recebemos o proveito, mas deixamos que eles se fossem tendo enchido seus navios e fincado uma cruz em nossa terra, o que também permitimos, meu povo não quis lhes declarar a guerra, creio que foi por isso que os deuses nos castigaram, por que não lavamos nossa honra com o sangue de nossos inimigos, tiveram medo que fossem os deuses que estavam nos visitando, não quiseram guerrear, preferiram aguardar até que eles dissessem quais eram suas verdadeiras intenções.

Kirimã, não tardou até que seu povo fosse vencido, feito prisioneiro em aldeias sob o mando dos padres que falavam de um Deus que os aguardava no paraíso e, depois da morte, prometiam a vida eterna, enquanto esperavam pelo futuro que viria, os Tupiniquim ficaram presos em uma terra pequena, escravizados, não quiseram, porém, os deuses decretar-lhes o completo fim, como fizeram com os Tupinambá, quase extintos, tão poderosos eram, tantos eram, tanta força tinham, tudo se acabou com a morte que os homens que vieram do mar traziam em seus olhos. Quanto a mim, grita Kirimã, se não pude lutar, preferi a honra nas garras do Jaguar.

Quando Portugal colocou na boca do oceano, uma esquadra com treze navios, a estratégia, por certo, é de conquista, o pequeno país armou-se com os conhecimentos e recursos que possuía para demonstrar seu poderio e conquistar terras que além-mar lhes pertencia por decreto papal. Por que vocês deixaram os invasores desembarcar é o que pergunto a Kirimã, o que foi que vocês pensaram?

Os homens ficaram atemorizados, pensaram, talvez fossem os deuses que vieram nos visitar, quem senão os deuses poderia ter ocas tão grandes com as quais deslizavam através das águas sem fim, melhor seria recebê-los, os homens de todas as aldeias foram avisados, aqueles que estavam na praia eram apenas uma pequena mostra dos que ali viviam, os guerreiros todos prevenidos, alguns à espreita no mato, todos preparados para o ataque se pressentissem o inimigo, não, não foi covardia, como revoltado, cheguei a pensar, não temos medo da morte, para a guerra fomos criados, um homem não se torna um homem nem pode se casar se antes não matou ao menos um inimigo.

Nossas canoas eram pequenas, porém, mais velozes que as embarcações que chegavam. Preciso era esperar, assim pensavam os homens mais velhos e também aqueles que sonhavam, esperamos, eles queriam água e madeira, poderiam levar, a natureza tem em abundância para todos, o pajé já havia visto nos sonhos essa onda enorme se aproximando, eles viriam, o que eles trariam, Kirimã?

Vocês estavam todos vigiando, os que não estavam na espreita, à noite se reuniam com os mais velhos ouvindo seus conselhos, aquele que sonhou disse que melhor seria deixar que desembarcassem, eles haveriam de vir, hoje, amanhã ou depois, não importa, eles viriam, trariam coisas que não conhecíamos, eu vi nos olhos deles a morte que viria, mas eles não me acreditaram, ficaram enfeitiçados pelos machados de ferro, pelas armas de fogo que nos assombravam, mas eu sabia, eu vi o futuro, o que haveria de vir, os mais sábios, no entanto, disseram, não se vai para a guerra sem conhecer o inimigo, não se vai para a guerra sem sonhar, não se vai para a guerra sem que pajé viaje pelo mundo dos espíritos, só então ele dirá se vamos vencer e devorar nossos inimigos ou se vamos sucumbir. Ele viu, eles iriam embora, mas, um dia, haveriam de voltar.

Sonhos circulares

Quando Nicolau Coelho encheu o batel com seus homens em busca de reconhecimento do rio em que poderiam abastecer o navio, você, Kirimã e seu irmão Poatã estavam entre aqueles que foram ao encontro deles de arco e flecha em mãos, mas quando os portugueses fizeram sinal pedindo que baixassem as armas, todos as depuseram, seria a ordem que receberam de seu pai, Abaeté, um índio sábio e respeitado, cujas ações são antes deliberadas no conselho da tribo. Houve troca de presentes.

Não maldiga, Kirimã, a resolução que tomaram os Tupiniquim de deixar que os estranhos tomassem conta da praia e das águas, andando para lá e para cá à vontade, a verdade é que nunca sabemos de onde vem o mal nem de que modo ele poderá nos atingir, seu coração, confesse-o, estava destroçado, você havia perdido o controle sobre Jaciá, se é que um dia o teve, onde já se viu uma índia que não aceita que o marido traga outra para dividir com ela o espaço na cabana, ainda mais que ela não lhe dava filhos, e por não tê-los, vocês se portavam como curumins, sem assumir as responsabilidade da vida adulta, assistidos por sua mãe, Maíra, boa mulher que os tratava como se ainda fossem seus meninos.

Jaciá lhe resistia, que fazer para trazê-la outra vez ao seu convívio íntimo, é assim, meu amigo, o amor, ele não traz consolo, é frequente que nos jogue no meio da tormenta, dirão, mas os índios não conheciam o amor romântico, não vou considerar o argumento, os homens, em qualquer época, em qualquer tempo, são joguetes de suas paixões, o amor contrariado pode nos condenar a alucinações e desespero e, em muitos casos, ensejam sofrimentos, quiçá, tragédias, conhecemos a convivência pacífica quando aceitamos as ordens da sociedade em que vivemos e elas não incluem sentimentos desmedidos.

Os deuses punem os homens quando seus sentimentos não se regulam pelo metrum, já sabiam os gregos. Kirimã, você viu o brilho nos olhos de Abaetê diante da onda que impulsionava a frota de canoas de grandeza nunca vista, sagaz, você reconheceu nele o sonho com mundos desconhecidos, indo de encontro aos inimigos. Você sabe que tenho conhecimento de coisas que se passaram bem à frente, de onde estou posso lhe dizer, seus temores se concretizaram qual pesadelo macabro, inimaginável, vocês poderiam fazer como os charrua que da terra acenaram para o navegador Solis, que enchendo seu batel de quantos homens coubesse, foram todos mortos e devorados por eles, essa armadilha há de ter lhe passado pela cabeça.

Advirto-o, porém, Cabral comandava uma esquadra guarnecida de canhões, a expedição de Solis compunha-se apenas de duas caravelas, uma delas, ao abandonar o palco da tragédia, vai naufragar na ilha de Santa Catarina, alguns homens se salvaram, calculam entre sete e nove, trôpegos, famintos e feridos, porém, destemidos, neles a coragem fez face aos infortúnios.

Esses náufragos despertariam a piedade dos Carijó, índios Guarani, que os acolheram, deixaram-nos ficar ao redor deles e acabaram por dar-lhes suas filhas. Deles nasceram muitos meninos, os chamados mamelucos, que seriam protagonistas da construção desse país chamado Brasil.

No dia fatídico em que se deu o encontro entre Jaciá e Cabral, Kirimã acordou se debatendo, desorientado, com a sensação de sufocamento, ainda sentia-se tragado pela tormenta, passou a mão pelo rosto, a mente foi clareando devagar, sentou na rede, já separando o sonho da realidade, ele estava na praia, de lá observava Jaciá, que nadava além da arrebentação, mas, de repente, o mar enfurece, se encrespa, o vento zune forte levantando a areia, ele tenta manter o equilíbrio, mal consegue enxergar, protege os olhos do furacão, olha a frente procurando por ela, as águas a arrastam para sua imensidão, ela desaparece, no intento de salvá-la, corre e se atira ao mar, ainda no raso, as ondas o derrubam e embolam, está se afogando, acorda.

A certeza o aniquila, são os espíritos que anunciam a morte de Jaciá, de novo entra no estado de desespero do qual mal havia saído, quer vencer o pesadelo que o aprisiona, levanta, todos ainda dormem, uma criança balbucia, procura a rede da mulher e se debruça sobre ela que ressona, face tranquila, protegida do frio da madrugada pelas últimas brasas incandescentes, a tentação é de juntar-se ao calor de seu corpo, não faria isso sem o consentimento dela, não suportaria ser posto pra fora como se fosse um ladrão, ninguém gosta de confusão quando o dia mal amanhece, sai cauteloso, espraia-se pela taba, caminha, sem sossego, retorna, o sol desponta no horizonte, resolveu tomar um banho no riacho, como costuma fazer ao acordar.

A água o revigora, um guerreiro precisa estar sempre desperto, mas enquanto se banha, vem de novo a tormenta, passa a mão no rosto, como a livrar a mente de pensamentos obscuros, um vento frio arrepia a pele, vai para o sol, quando se aquece, toma o rumo da cabana.

Ela morreria em consequência do mal que lhe fiz, repete para si mesmo, fiz o que qualquer outro faria, mas Jaciá é cheia de caprichos, como uma criança que não conhece a vida, você sabia disso antes do casamento, que importa que soubesse que ela não era como as outras, desde pequeno que a adora com olhos, não pode viver sem ela, pode se deitar com outra, não vê inconveniente nisso, mas ser feliz só ao lado de Jaciá, agora ela lhe escapa, no sonho e na vida, desde que os brancos vieram, vive em suspense, é um duplo padecimento, todos zombam dele porque a mulher o desafia.

Maíra lhe diz: deixa de ser bobo, não escuta, é inveja, meu filho, algo o distrai e, por um momento, leva os pensamentos aterradores, suas narinas se dilatam, as batatas doces estão assadas, arrebata uma das brasas, a coloca de lado esperando que esfrie, não espera o bastante, a fome o atiça, lança os dentes sobre a polpa macia, tão quente que quase lhe queima a boca, a ideia retorna, Jaciá vai morrer, ou o sonho está falando de outra coisa ruim, maior que essa, a ventania que assobia são os brancos que estão jogando areia nos nossos olhos, querem nos pegar desprevenidos, vão nos atacar na traição, desde ontem não consigo pensar em outra coisa.

Kirimã, foi essa onda furiosa que eles trouxeram que vai levar sua mulher, e o que dizer da esperança que ela lhe deu, coisa de dois dias, você estava pescando, ela veio ajudar, assim que atingia o peixe com a flecha, ela mergulhava e trazia o fujão, encheram um balaio, estão fazendo provisão, em caso de guerra terão o que comer, seu pai e seu irmão pescaram dois tantos do seu, vocês não precisam se preocupar com o que vão comer, em caso de guerra, as provisões estão feitas. Assamos os peixes e deles fizemos farinha, além do piracuí, temos um balaio cheio de batata, outro de mandioca, intenção de fazer o cauim minha mãe não tem, só vamos beber depois de ver os inimigos perdidos nas vagas do Paraná.

Kirimã dorme, sonha, de novo está na praia, o vento zune e vai carregando tudo à sua volta, ele protege os olhos contra a tempestade de areia que se forma, o que foi feito de Jaciá, que nadava afoita além da arrebentação, quando seu olhar se firma, ela foi levada pelas águas, ele, péssimo nadador que é, se atira no mar, é derrubado e embolado pelas ondas, está se afogando, acorda se debatendo, desorientado, com a sensação de sufocamento, ainda se sente tragado pela tormenta, espera, passa a mão pelo rosto, a mente vai clareando devagar, senta na rede, quando se acalma, torna a deitar, torna a sonhar, desperta do sonho dentro do meu sonho, tento avisá-lo, não vá tocaiar os homens brancos, logo eles irão embora, vá atrás de Jaciá, ainda há tempo de evitar a tragédia que de outro modo se abaterá sobre vocês.

Ensimesmado, ele faz que não me ouve, reúne arco e quantas flechas possui e segue caminho, tento chamá-lo, grito por ele, o grito preso na garganta não é pronunciado, acordo assustada, ofegante, aturdida, os pensamentos envoltos em névoa, debato-me querendo desfazer as teias do sonho, quero ater-me ao real, mas nada é tão simples, onde estou não existe o preto no branco, você não acredita, não é?, onde estou um mensageiro dos deuses consegue me alcançar, se não fui a escolhida, sou aquela que ele encontra pelo caminho, um sentimento de pressa e desespero se apossa de mim, corro para a praia ao encontro de Jaciá, pudesse eu ainda impedi-la de entregar-se a Cabral, mas sou capturada nas rédeas do tempo, o fio de prata que me sustenta no espaço sideral se rompe e pouso os pés no chão, transito entre os homens e as coisas em um tempo que flui.

Cabral decide que este será um dia de alegria, ele e os companheiros escolhidos entram no barco, onde vamos, se perguntam os marinheiros, ele não revela a nenhum de seus homens o desejo que desde a chegada a esse paraíso não lhe sai da cabeça, não toma a direção das Índias sem antes banhar-se nestas águas cristalinas e azuis, ontem foi o dia do Senhor, e o honramos com a primeira missa rezada nessa parte desconhecida do mundo, hoje faremos uma expedição de reconhecimento das cercanias, dissimula, remem em direção à terra.

Poatã, irmão de Kirimã, está de tocaia, no meio do arvoredo vigia os homens brancos, o que eles querem agora, o que vêm fazer na terra, mas a algazarra desse bando de homens catingosos o intriga, parece que eles apenas se divertem, tiram a bota, sentam na areia, a luz esfuziante do dia e a brisa fresca do mar oferecem uma festa aos recém-chegados, decorrido bom tempo de conversas e risos, eles tomam o barco em que vieram, vão ao sítio onde se encontra palmito, mas deixam na praia o comandante, é um homem de coragem, admira-se o jovem guerreiro, daqui onde estou poderia feri-lo de morte com apenas uma flecha, mas o pai, Abaetê, advertiu os filhos, os visitantes vieram em paz, e como chegaram, vão embora, Tupã nos protege, nenhum mal ele nos envia.

Ninguém ousaria desobedecer, Poatã apanha seu arco, guarda suas flechas e volta à aldeia. Lá chegando, conta à mãe, os homens brancos entraram em uma canoa e foram para a praia, o pai não quer que ninguém cause mal a esses desconhecidos, voltei pra casa, mas quando vinha chegando, vi quando Jaciá pegou a canoa e a pôs no mar, ela rema bem, em um instante estava longe, queria avisar pra ela que os brancos haveriam de voltar para buscar o principal deles, que não fosse para aqueles lados, não ia adiantar, ela não ouve ninguém, só faz o que quer, Kirimã não liga, segue atrás dela pra onde ela vai, é isso que ele sempre faz.

Mãe, com aquelas pulseiras que ela usa à volta do braço conseguiu enfeitiçá-lo, ela voltou a ajudar meu irmão na pescaria, devem andar outra vez perdidos por esses matos. Deixa eles de lado, aconselha ao filho caçula, cada um com sua vida. Você fala assim do seu irmão, mas estou vendo que você está de olho em Bartira, ela também enfeitiçou seu coração. De repente, Poatã perde a vontade de falar, a língua trava, sai pra fazer os mandados da mãe, quando volta para trazer a palha seca que lhe fora encomendada, a suspeita de Maíra se confirma, ele se confessa, mãe, já estou na idade de escolher uma mulher, estou pensando em me casar com Bartira. Peça a ajuda de Jaciá, Maíra aconselha.

Suspeitas de Poatã

Quando a barriga de Jaciá começa a crescer, a suspeita entra pelos poros de Poatã e lhe atinge o peito, ela foi para a praia com a intenção de se deitar com o homem branco, por isso ele não foi com outros, ela não foi se encontrar com Kirimã, logo que saí da oca dei de cara com meu irmão, ela foi ao encalço do diabo. A ideia toma conta de sua mente e, aos poucos, se torna certeza, essa criança vai trazer a maldição para o nosso povo, é um inimigo que eles deixaram pra trás.

Não há nada a fazer, se ele fala com o irmão da terrível suspeita que o atormenta, esse o desafiaria para uma luta, Poatã contrai as mãos, ele é forte, mas não tem astúcia para vencer um guerreiro ágil como Kirimã, eles têm o mesmo sangue, seria considerado um traidor, uma ofensa que nunca seria esquecida, além disso, vai se casar com Bartira, a jovem enfeitiçou seu pensamento, quando deita, sonha com ela, mal acorda, vai ao rio banhar-se, não quer que ela o veja de cara amarrotada, depois corre à praia , conhece os costumes da noiva, sabe que ela está deitada na areia, aquecendo-se da friagem da água.

Bartira traz nos braços as pulseiras que Jaciá faz pra ela, ao mexer com o braços, mexe com a imaginação do sonhador, a visão de seu corpo nu brilhando ao sol o enlouquece, busca forças para sair do transe em que se encontra, é salvo pelas ideias românticas que lhe acodem à mente e o enternecem, talvez se junte a ela ainda essa noite, a mãe dela já deu o consentimento, compara, Bartira é uma mulher, mas ainda é inocente, brinca com os curumins como se fosse um deles, é diferente da irmã, vai ser uma boa mulher, ela é sincera.

Dali vai comer a batata doce assada e o pão que a mãe está preparando para a família, mas quando pensa que não, o pensamento sorrateiro retorna, é só olhar, pensa e cospe, Jaciá é traiçoeira, Kirimã vive à volta dela, ela não é como as outras que em tudo servem aos maridos, essa só faz o que quer, nunca o acompanhava nas caçadas, acho até que foi por isso que ele arranjou outra mulher, pra ela carregar para a aldeia os bichos que ele abatia, agora vai sozinho para a mata e a primeira coisa que coisa que faz quando chega é oferecer a caça para aquela que pensa ser a mãe do seu filho, diante dela, coitado, ele parece uma criança.

O noivo se entristece, em uma hora em que ele devia viver só para admirar a beleza e o encanto de Bartira, a raiva o acompanha e faz sombra à alegria. A insinuação de Poatã penetra na alma de Maíra, com seus bons sentimentos ela afasta o pensamento, mas o
Maracá lhe repete, a semente de Kirimã nunca haverá de crescer na barriga de uma mulher.

Lamento de Jaciá

Quase adormeço, chego a cochilar, mas antes que a consciência se apague, Jaciá entra em meus devaneios, quer conversar, ela me diz, tenho medo, minha barriga está crescendo, não consigo dormir, levanto, fico andando como alma penada, eles pensam que estou me sentindo mal por causa do menino, não sabem que estou apavorada, bem, tem quem desconfie de mim, Poatã é um deles, me olha enviesado, por causa dele, Bartira se afastou de mim, ela pensa que me engana, mas vejo uma estranheza nos modos dela, esse foi outro desgosto que tive, ajudei minha mãe a criar essa menina, eu a tinha quase como filha, será que todos por quem tenho apego vão me trair, às vezes o olhar de Maíra me diz que ela está ciente do acontecido, não tenho mais sossego.

É um terror que me corrói por dentro, durmo pouco, e quando consigo pegar no sono, acordo suada, a pergunta me envenenando o pensamento, e se não for filho de Kirimã, se for filho do branco, tanto Kirimã esperou por esse filho, quantas e quantas luas nós vivemos juntos, minha barriga nunca cresceu, as pessoas zombavam de mim, tanta beleza por fora, por dentro é como uma fruta seca, às vezes doía um pouco, mas, quer saber, minha vida era tão boa, se não fosse por causa da vontade de Kirimã, não sentia falta de menino agarrado nas minhas pernas, só fazia o que me dava gosto, vivia em estado de contentamento, levantava pensando em tudo de bom que havia de fazer naquele dia, nadar, mergulhar, catar as conchas para fazer as pulseiras, andar pelo mundo com Kirimã, arrumar as tintas pra pintar minhas vasilhas, comer o mel que Kirimã colhia no mato e reservava o maior tanto para mim, tanta coisa boa pra fazer.

Mas tudo isso se foi quando ele trouxe aquela coitada pra viver com a gente, foi aí que começou meu sofrimento, minha mãe falou: uma mulher que tem não filhos não vale nada, ele tem esse direito. Desta vez as línguas ferinas conseguiram me atingir, não importa o que eles dissessem, levantei a cabeça, eu não podia perdoar a traição, ele agiu como uma cobra.

Jaciá, eu também não posso me escusar de dizer que a mim espanta que você seja uma índia tão diferente das outras, quando Kirimã separa um lugar na cabana para outra, você o chama de cobra, se enche de ódio, ora, dizem que as índias gostavam quando o homem arranjava outras mulheres porque com elas podiam dividir o serviço pesado, Jaciá, você é rebelde!

Então você também aproveita para me atacar, ora, sua avó era uma índia, ela se bandeou para o lado dos brancos! Ora, ora, quem fala! Mal os europeus pisaram nessa terra, você arrumou um filho com Cabral. Logo me dou conta do engano, que infantilidade a minha, quis devolver o desaforo, não estou aqui para julgar, estou aqui para ouvir, só por isso ela veio ter comigo, ela precisava desabafar, desculpa, eu fiquei sentida quando você falou daquele modo de minha avó Irene, ela é a menina dos meus olhos, por causa dela fui ao encontro do seu povo, por causa dela estamos agora conversando.

Não adiantam as suas desculpas, você ficou do lado dos que estão contra mim, que vou fazer se sou diferente, nasci assim, é da minha natureza, minha mãe culpa Maíra, que continuou a nos tratar como seus curumins, nos dava as coisas na mão como as mães fazem com seus filhos, bastava que a gente trouxesse o peixe, que trouxéssemos a lenha para acender o fogo, Kirimã flechava os peixes, eu mergulhava para apanhá-los, não me custava, a coisa de que eu mais gostava era entrar no mar ou no rio, ela, Maíra, tinha as vasilhas mais bonitas porque eu sabia escolher o barro, fazia jarros grandes ou pequenos conforme ela me pedia, neles pintava flores e animais.

Não as queria pra mim, quase todas eram dadas pra ela, minha mãe tinha ciúmes, mas ela não dava valor ao que eu fazia, por mais bonito que fosse não servia, sempre encontrava um defeito, para não me aborrecer, larguei ela de mão, Maíra se sentia prestigiada, quando Kirimã e eu vagávamos pelo mato, não voltávamos de mão vazias, trazíamos tudo que encontrávamos, frutas, galhos secos, coquinhos, pequenos animais, além do que Kirimã gostava de caçar, mas, isso era coisa que ele fazia sozinho ou com outros companheiros, nunca gostei de caça grande, cada um com sua fraqueza, Kirimã tinha medo de afundar a cabeça na água, eu do Jaguar.

O amor que eu tinha por Kirimã não é coisa de Juruá, como você deve estar pensando, eu e ele éramos como se fosse uma coisa só, ele devia saber, a culpa não foi minha se tudo aconteceu desse jeito, a culpa foi dele quando levou outra para viver na cabana, ele quis me afrontar, era uma menina que mal tinha colocado os peitos. Se os brancos não tivessem chegado, nada disso teria importância, tudo dava pra consertar, só depois que aquele homem colocou o menino dentro de mim que eu vi a morte nos olhos dele.

Jaciá abaixa a cabeça, o medo lhe devora o coração, seus dias e suas noites são consumidas pelo temor de que a criança seja filho do estrangeiro, o amor de Kirimã eu reconquistei, mas não traz de volta minha alegria, a felicidade que conheci está perdida, ele não tem olhos pra outra mulher, mas isso só vai durar até que a verdade venha à tona. Oh, por Tupã, estou desgraçada, de que adiantariam os cantos e as rezas, foram os deuses que decretaram minha perdição.

Coema nasce numa manhã ensolarada

As primeiras dores chegam para Jaciá, a noite ainda cobre a terra, elas se estendem madrugada adentro, quando o sol se levanta, tornam-se mais amiúde e fortes, o marido a leva pra fora da cabana até a pedra onde pode apoiar a mão e fazer força para expulsar a criança, Maíra vem em socorro, a dor se torna insuportável, a moça pensa, vou morrer, as dores lancinantes surgem em pequenos intervalos, as últimas vêm com se fossem lhe rebentar o corpo e dilacerar a pélvis, a primeira, a segunda, a terceira, a cabeça da criança desponta, a quarta, e finalmente a quinta, a criança desliza, e é recebida no mundo pelas mãos de Maíra.

É um menino e logo chora. É a avó quem corta o cordão umbilical, quem lava a criança e banha a mãe. Kirimã corre a estender uma rede nova e branquinha onde instala a mulher e o pequeno curumim. Só então, petrificados, eles se dão conta, ele nasceu sem cabelo, apenas uma leve penugem cobre a cabeça do recém-nascido. Enternecida pela força que sustenta todas as mulheres, Jaciá reage ao assombro que se reflete no rosto de Kirimã e coloca o filho no seio.

Um murmurinho corre pela aldeia, a tribo se reúne, quem vai sacrificar a criança? Jaciá advinha a trama macabra que se arma, seu terrível temor se confirma, ele é filho do branco, todos já sabem, como podem saber, se ninguém tem conhecimento do que se passou, vão tirá-lo de mim, vão matá-lo. Ela aperta a criança contra o peito, pensa em fugir, examina todas as possibilidades de evadir-se e salvar o menino que tem nos braços, entrega-se à evidência, ela e Coema estão perdidos, o nome da criança lhe vem à mente sem que ela o procure, ele nasceu em uma manhã ensolarada, a ideia corta a mente como um raio, os deuses vão encontrar um modo de salvá-lo, duas mulheres se aproximam, ela sabe, vêm tomar-lhe a criança, não há por onde escapar, súbito se ouve o zunido do vento seguido de um grande estrondo, o medo abandona o peito da mulher, ele é protegido de Tupã, Kirimã é o mensageiro Daquele que rege o destino do mundo, em gesto desesperado, se coloca na frente da rede, estou aqui, para colocar a mão nele, só passando por cima de mim.

A aldeia silencia, o assombro e o medo se apoderam de todos, Maíra teme o castigo de Tupã, mas prepara o chá de algodão com que mais tarde vai lavar a mãe. Kirimã se deita na rede, guardando
a mãe e a vida frágil da criança que veio ter com eles. Depois do crescente, a lua se torna cheia, segue a minguante, a nova, o quarto crescente, a cheia retorna, entra dia, sai dia, o sono do guerreiro é leve e o desperta ao simples movimento de uma rede, praticamente não dorme, cochila, mais que o mal que possa advir pela mão dos vivos, teme que os espíritos levem com eles a alma do menino.

Com paciência, vai dando forma ao pequeno arco e à flecha de que fará prenda ao filho, contudo, há em tudo que faz e se empenha um sentimento de inutilidade, como se todos os seus atos estivessem destinados à morte e ao fracasso. Enquanto reflete e se toma de pesar, ele se pergunta, o cabelo de Coema cresceu substituindo a penugem inicial ou estou imaginando coisa, no dia seguinte, Jaciá o chama, veja Kirimã, o cabelo de Coema é negro e liso como o nosso. Ele pensa, Tupã veio em nosso socorro, nem meu pai usou sua autoridade contra mim, mas agora não há mais desculpa para tirar a vida de um inocente.

O pensamento lhe traz alegria e ânimo, o caçador retoma seu lugar no coração do guerreiro, preciso preparar meus arcos e minhas flechas, preciso voltar à mata, preciso refazer as minhas forças, vai que o Jaguar me desafia, tenho tem de estar preparado para enfrentá-lo. No outro dia, ao nascer do sol, ele deixa a rede, na primeira refeição do dia, se junta ao pai e a irmão, a lembrança do tabu que foi quebrado ainda subsiste na tribo, a reserva foi substituída por um acolhimento distante, indiferente à desconfiança dos seus, Kirimã segue para a casa dos homens, sua excelente disposição desarma a todos, ele se ajoelha e pede à onça que permita a caça e proteja aqueles que vão para o mato em busca da comida que garanta a força e a vitalidade da tribo.

Poatã não vai participar da caçada. A atitude corajosa e desafiante do irmão lhe infunde respeito, em um misto de sentimentos de piedade e revolta, ele diz para Bartira, melhor que o menino tivesse sido sacrificado quando nasceu, ele é filho do branco, é nosso inimigo, mais dia menos dia, teremos de matá-lo. O ventre da mulher se avoluma, ela se cala e aquiesce.

A guerra é declarada

Quando Dom João VI chegou ao Brasil com a família real, foi estimulado pelos colonos a editar uma declaração de guerra contra os botocudos, nossos antepassados. Houve política de extermínio contra o povo indígena de Norte a Sul.

Ailton Krenak, Entrevista a Dandara Tinoco, *O Globo, Sustentabilidade*, pg. 24, 8/5/2015

Não são apenas Kirimã e Jaciá que me interrogam. De repente, ouço Matalauê, punhos erguidos, gritar: "Vocês estão dentro da nossa casa. Estão dentro daquilo que é o coração do nosso povo, que é a terra, onde todos vocês estão pisando. Esta terra nos pertence".

Matalauê quer que eu escute parte de sua história, eu lhe devo isso, uma primeira pergunta me ocorre, como o povo brasileiro vê os índios, aqueles que são os donos milenares do continente americano? Ah, os índios são preguiçosos, é o que dizem no mais das vezes, são selvagens, não deixaram nenhum legado para a civilização, dizem outros, fechando o debate mal iniciado. Não é o caso de culpar ninguém, isso vem de muito longe, essa imagem foi plantada em nossa consciência e em nosso imaginário por aqueles que quiseram, em nome da civilização, se apoderar de cada torrão de terra que desde milênios eles possuíam.

Ideia expressa com precisão nas palavras de Ailton Krenak: "A ocupação do Brasil é feita em cima das terras indígenas, com o argumento recorrente de que os índios não promovem o progresso dessas regiões e que eles precisam ceder seus territórios para o progresso. Essa é uma visão que está no núcleo da ideia do Brasil, da ordem e do progresso".

Não é esse um fenômeno novo ou desconhecido, é parte da marcha da história que conhecemos, mas, de repente, me junto ao coro daqueles que denunciam a injúria, mas, dirão, tudo não passa de delírio de sua imaginação criadora, por isso vou atrás dos fatos, mas, quando me ponho a caminho, não sou eu que falo, são eles que elevam o braço no ar e dizem, essa terra nos pertence, nós somos seus verdadeiros donos, fomos expulsos do que era nosso, a guerra que por século travamos, perdemos, aqueles que se dizem civilizados usaram de artifícios e mentiras, disseram que nossos deuses eram falsos, nossas crenças vãs, chegaram a duvidar que fôssemos humanos, não bastasse a nova fé que tentaram plantar em nossos corações, trouxeram a varíola, o sarampo, a influenza, a tuberculose, nós, que éramos sadios, caíamos como mosca, da metade de nós os microoganismos deram cabo, foi assim que começamos a perder essa guerra.

Os Botocudo: uma resistência de três séculos

Matalauê, eu bem sabia que não podia usar seu nome em vão, estou aqui para abrir uma fresta na ignomínia cometida contra os donos milenares dessa terra com dimensões de um continente, vamos devagar, passo a passo, por enquanto vamos fixar nossa atenção nos Botocudo, e ainda que me restrinja a eles, tenho pouco nas mãos, pedacinhos, flashes, uma coisa colhida aqui outra ali, mas o importante é que eles estão aí, estão gritando, eu ouço, o mundo ouve, há uma nova frente que se levanta, que se torna dona da palavra, da qual sou uma mínima parte, mas fui convocada para falar e por que fui convocada, ora, não sou isenta, sou neta de Irene, que seja trineta, ainda não descobri seu nome de índia Puri, mas juro que vou descobrir, como, não sei, sou tinhosa, não desisto, abro picadas, veredas, sigo em busca de alguma verdade, ainda que não sirva de nada, serve para dizer de onde vim, de onde vem o povo brasileiro, esse povo do qual faço parte, e assumo.

Sou de muitos brasis, de muitas léguas, muitos séculos, fui gerada por aqueles que geraram o povo brasileiro, de seu Gamboa, neto de uma índia que andava nua e livre pela matas que ornavam as margens do Rio Pomba, que nasce em Minas Gerais, na Serra da Mantiqueira, e desemboca no Paraíba do Sul, no Estado do Rio de Janeiro. Matalauê, não vou permitir que Irene fique perdida nas brenhas dos tempos, quero trazê-la para a luz do dia, vocês vão ver, Irene haverá de falar, trarei sua palavra pura, luminosa, verdadeira.

Matalauê, os Aimorés se destacaram na luta contra a coroa e os colonos portugueses. Manoel da Nóbrega já dizia que eles eram como gigantes, Anthony Knivet também, alguns indivíduos, sim, eram mais altos, todos, porém, fortes, musculosos, entroncados e, como disse o Príncipe Maximiliano, encontrar sozinho um deles na floresta daria medo, pavor, mas como começou essa história toda, começou na praia onde deixei frente a frente Cabral e Jaciá, os portugueses haveriam de voltar, diziam os homens que sonhavam e podiam falar com os espíritos, Kirimã avisou que viu a morte nos olhos daqueles que vieram do mar, mas havia uma aura de encanto em torno dos recém chegados, eles que traziam instrumentos de ferro, machado, facas, facões.

As mulheres encompridavam seus olhos quando viam tesouras e agulhas, objetos de metal que eles não possuíam nem podiam fabricar, e mais seduziam os nativos as armas de fogo, os canhões e a pólvora com que os alimentavam, com a ajuda deles quem sabe poderiam derrotar os inimigos, os Tupi sabiam acolher aqueles que chegavam, do que tinham tudo ofereciam ao visitante, a rede, a água pura e fresca, a madeira, a farinha, os peixes, a caça, a batata, o milho, o palmito, as frutas, o cauim.

Eis que os portugueses voltaram e, de novo, os índios os acolheram, mas não venham querendo fazer deles escravos, meio século se havia passado desde que Cabral e Jaciá se encontraram na praia, os Tupiniquim então se revoltaram, incendiaram canaviais, vilas e engenhos dos colonos que os escravizavam, vieram os prejuízos e a ameaça da fome. Mem de Sá, o governador-geral, se põe à frente para combatê-los, ordenou que queimassem suas aldeias e, por fim, ganha a batalha, de novo impuseram-lhes dez anos de servidão como pagamento dos prejuízos causados durante a revolta.

A derrota, no entanto, não viria sozinha, uma década depois, (1562-3) chegou a peste, uma epidemia de sarampo atingiu os Tupiniquim,o vírus viaja na companhia de um padre da companhia de Jesus até o Espírito Santo, os índios apavorados fugiam para suas aldeias no sertão, era tarde e trágico, o veneno já lhes corria no sangue, tanto que não se pode calcular quantos mortos ficaram no seu rastro, a morte que o guerreiro vira nos olhos dos recém-chegados mostrava sua cara, uma guerra se ganha ou se perde, Kirimã sabia bem disso, mas é preciso reconhecer o inimigo, não se pode deixar que primeiro ele lhe enfie a faca no peito, como eles o fizeram.

Quando os Tupiniquim, sentindo-se escravizados, entraram em luta contra os colonos, colocaram fogo em suas vilas e engenhos e fugiram para os sertões, os colonizadores quiseram penetrar sertão adentro para apresar os índios conhecidos como Botocudo, inglória ideia, eles são indomáveis, como afirma Mawe, de seu trabalho os invasores nunca haveriam de viver, com fúria haveriam de reagir e reagiram, imagine, trabalhar para aqueles que chegaram pra tomar suas terras, destruir suas crenças e sua cultura, habitantes, sim, eles eram da floresta, nela e dela podiam e sabiam viver, não haveriam de capitular diante do jaguar que agora se apresentava e habitava o corpo do homem branco.

O que foi afinal que aconteceu com essa terra onde vivia a

nação Aimoré, índios também conhecidos como Botocudo ou Tapuia, é preciso dizer que ao lado desta outras nações dividiam as matas virgens, todos, caçadores coletores seminômades, homens que viviam na selva e que não queriam trato com os brancos, em represália ao aprisionamento e à escravidão fugiam, lutavam, incendiavam vilas, lavouras, engenhos, o que foi feito dessa gente e dessa terra de bravos?

Dela desistiram os colonos e os donatários que aqui tinham investido o que possuíam, não havia braços para trabalhar nas lavouras, os índios revoltados incendiavam e matavam também os escravizados trazidos da África, as capitanias de Ilhéus, Porto Seguro e Espírito Santo fracassaram, foram devolvidas à coroa portuguesa, que também não se interessou em nela investir o seu dinheiro, deixaram a terra livre para os índios, que eram e continuavam seus donos, depois de 1500 eles ainda viveram por um pouco mais de três séculos embrenhados nas matas, donde tiravam sua sobrevivência e garantiam a posse de seu território.

O que foi e por que afinal se deu a trégua entre os colonos, a coroa e os índios genericamente ditos Botocudo? Além da forte resistência à colonização, um bom motivo foi o ouro tão intensamente desejado, procurado e, enfim, encontrado. À metrópole interessava erguer uma parede que impedisse a passagem de outros aventureiros para as Minas Gerais, onde se encontrava o metal que enchia o cofre da coroa. Deixasse aos índios o seu viver, eles não estorvavam o interesse dos portugueses, antes impediam a passagem de novos vilões que pudessem entrar à caça do tesouro.

O extermínio como política da coroa

Matalauê é um índio Pataxó. No sul da Bahia, onde viviam, dividiam a fronteira de seus territórios com os Botocudo, nome com o qual os Aimoré ficaram conhecidos, assim eram chamados por causa dos grandes botoques que usavam na boca e na orelha. O Príncipe Maximiliano os encontrou no norte do Espírito Santo, na fértil região próxima ao Rio Doce. Saint Hilaire relata sua presença em Minas Gerais. Manoel da Nóbrega diz que "estes gentios são como gigantes, trazem um arco muito forte na mão e em outra um pau muito grosso, com que pelejam com os contrários e facilmente os espedaçam e fogem pelos matos e são muito temidos entre todos os outros. Fazem buracos nos beiços e nas ventas dos narizes e põem uns ossos neles, que parecem demônios". Na descrição de Anthony Knivet, são igualmente temíveis, não lutam em campo aberto, atacam de surpresa e fogem para os matos onde ninguém os pode alcançar, pois correm como cavalos.

Quem eram afinal os Botocudo que tanto resistiram e se opuseram à coroa portuguesa? À medida que a conquista se consolidava, Botocudo não eram apenas os Aimoré, mas todos aqueles índios que continuavam a lutar contra os colonos e a coroa, todos aqueles que se negavam a entregar suas terras, considerados inimigos mortais do governo, inimigos dos brancos, inimigos da civilização, seres cruéis e beligerantes que não podiam conviver com a nova ordem social que se impusera, deveriam, portanto, ser exterminados.

"Desde então", diz Maximiliano, príncipe Wied Neuwied, "não se deu trégua aos Botocudo que passaram a ser exterminados onde quer que se encontrassem, sem olhar idade ou sexo, só de vez em quando, em determinadas ocasiões, crianças muito pequenas foram poupadas e criadas. Essa guerra de extermínio foi mantida com a maior perseverança e crueldade, pois acreditavam firmemente que eles matavam e devoravam todos os inimigos que lhes caíam nas mãos."

Por ordem de Dom João VI, essas nações de índios insubmissos deviam se aldear e tornarem-se cristãs e viver em boa paz com os portugueses, caso contrário a guerra estava declarada, a intenção de Dom João é atroz, no devido tempo, se não fizessem aquilo que deles era esperado, seriam varridos da fase da terra, seriam mortos, desapareceriam.

Os lábios de Kirimã tremem, as lágrimas escorrem dos olhos de Matalauê sem que ele as possa ocultar, depois de 1760 teve início no Brasil um movimento para combater aqueles que continuavam resistindo e entravando o progresso, os índios teriam de ser tratados com violência, era preciso deixar de ser bonzinho, a guerra precisava ser total e precisava ser ganha de uma vez por todas, era preciso ensiná-los a obedecer, a se render, fora da rendição, seriam passados a golpes de espada, suas cabeças cortadas, mulheres e crianças sacrificadas, as nações exterminadas. Era preciso garantir a posse definitiva do território conquistado, a solução encontrada foi a militarização das ações contra eles exercidas. Como ela se deu? O que fizeram, que territórios queriam reconquistar?

Matalauê, é essa a história que você queria que eu contasse? Estou tentado, do meu jeito, com o pouco que sei, desculpe, a gente sempre sabe tão pouco, mas vou dizer, os colonizadores não lutavam a esmo, sempre havia uma estratégia, não seriam eles tolos de querer conquistar de uma vez todo o território nacional em um país de dimensões continentais, duas ou três partes dele tomadas por florestas impenetráveis, o que eles queriam agora era, em especial, algumas terras férteis, como aquelas em torno do Rio Doce, queriam as terras das capitanias que ficaram abandonadas nas mãos de seus donos primitivos, queriam recuperar Ilhéus, Porto Seguro e Espírito Santo até os limites com Minas Gerais, a quem queriam eles derrotar e submeter? Aqueles genericamente ditos Botocudo, isto é, todos aqueles que continuavam lutando, desafiando a coroa e a colônia que aqui se estabeleceu.

Depois de 1760, após a expulsão dos jesuítas, houve uma grita no país, era preciso tratar esses selvagens com a única linguagem que conheciam, a violência, acabara-se o tempo da brandura, abririam fogo contra eles. A ação militar se organizou em torno de três instâncias complementares: os presídios, os quartéis e os destacamentos. Os presídios seriam os centros das decisões, contando com o maior número de tropas e oficiais mais graduados. Os quartéis, centros secundários de decisões, contavam com tenentes e alferes e um número menor de soldados e cabos. Os destacamentos se reportavam aos quartéis, ali ficavam os soldados, em geral em uma estrutura miserável, vivendo em cabanas de palha, devendo prover a sua própria alimentação, porém, esses homens estavam armados e respondiam por ações do governo.

Matalauê, salpicaram a região de quartéis e, em torno deles, se ergueram as vilas que mais tarde deram lugar às cidades, mas a força não haveria de vencer com facilidade, os Botocudo não se entregariam sem lutar, diante do que vou dizer, os lábios de Kirimã tremem, as lágrimas escorrem no rosto de Matalauê sem que ele as possa disfarçar, o Conde de Linhares ordenou que eles fossem exterminados onde quer que se encontrassem, não se poupariam nem mulheres nem crianças, o ministro de Dom João implantou essa política de guerra, com guerra foram recebidos, o território dos assim denominados Botocudo foi sendo corroído e ocupado.

Eles começaram a sentir fome, se aproximavam dos quartéis para saquear as lavouras, os colonos também sabiam que eles desejavam os machados, os facões e, principalmente, as facas que seriam penduradas ao pescoço, sem elas nenhum deles conseguiria mais viver, os quartéis solicitavam cada vez mais os instrumentos de ferro com os quais os podiam seduzir, mas diz o príncipe Maximiliano, as traições daqueles que se aproximavam eram recorrentes, algumas tribos com chefes ferozes resistiam, o cenário de guerra continuava armado.

O Príncipe Maximiliano decide prosseguir a caminhada, sai de Linhares, localidade no Espírito Santo que toma o nome do ministro, e se dirige à Bahia, à região do Rio Grande de Belmonte, lá, para sua surpresa, encontra os Botocudo vivendo em harmonia com os demais habitantes e tudo em virtude da política mais humana adotada pelo Conde dos Arcos.

Mas, como diz Mawe, os Botocudo têm aversão à vida sedentária, desde o princípio dos tempos eles são caçadores coletores seminômades, não poderiam suportar a prisão em uma aldeia, também não fazem trato com outras nações, como não fizeram os bravos Goitacá, mas estes já foram vencidos, sobreviveram por século e meio, mas enfim foram subjugados, os povos ditos Botocudo ainda povoam as florestas de que conhecem cada palmo, uma política de extermínio foi decretada, no lugar onde vivem multiplicaram-se os quartéis, eles estão espalhados por todos os lados.

Matalauê, seu povo está cercado

Matalauê, como eu disse há pouco, seu povo está cercado, desde 1808 o governo decretou que vai exterminá-lo, além do que, vocês estão isolados, os índios da costa brasileira acreditaram que podiam fazer acordo com os recém-chegados, se aliaram alguns aos portugueses a quem emprestaram seus guerreiros e seus potentes arcos para lutar contra os franceses, holandeses ou quem fossem os inimigos que aos olhos deles se apresentassem, outros se uniram aos franceses para lutar contra os colonos e a coroa portuguesa, não importa pra que lado tenham se bandeado, haviam se metido em uma luta que não era sua, seus piores inimigos escondiam-se no âmago daqueles a quem se aliaram, foram muitas as frentes de batalha.

A primeira fora perdida contra os microorganismos, cristianizados, adotaram crenças que não foram transmitidas por seus ancestrais, e, que, portanto, não se inscreviam em suas mentes e em seus corações, perderam, portanto, sua fé, aldeados, perderam suas terras originais, divididos, perderam o poder de grandes e respeitadas nações que eram, em guerras alheias perderam seus guerreiros que, por não temer a morte, nela encontraram seu fim.

Acostumando-se a viver aldeados sob as ordens do sacerdote e do capitão, sua cultura pisoteada e desprezada sendo esquecida, foram perdendo a identidade, até o dia em que os brancos diziam: não são mais índios, não se distinguiam mais do cidadão comum, não têm mais direito à terra, quando se viu estavam extintos ou em vias de extinção, assim aconteceu aos Tupinambá, aos Caeté, aos Potiguar, os que restaram na costa se acaboclaram, ou se internaram sertão adentro, os Tupiniquim de Kirimã foram reduzidos a uns poucos grupos vivendo em uma terra pequena.

Seu povo, Matalauê, está cercado. É verdade que por um pouco mais de três séculos vocês resistiram, mas não há alternativa, os europeus se apossaram da costa brasileira, a morte que Kirimã viu nos olhos de Cabral está prestes a abocanhá-los, vocês lutaram, não se entregaram, algumas tribos se acantonaram em alguma terra escondida, contudo, a maioria vai sendo exterminada seguindo o projeto do governo, o povo brasileiro em formação não reconhece os índios como iguais nem acredita que vocês são capazes de constituir uma civilização.

Segundo eles, vocês representam uma barreira ao progresso, para o governo, que respaldado pela opinião pública, não há necessidade de fazer acordo, os Botocudo, foi decretado, não cabem em uma nação civilizada, poucos se livraram do massacre, algumas crianças foram poupadas, as kurumas, que eram dadas para ser criadas por brasileiros ou estrangeiros, algumas vezes você atacaram e mataram para resgatar suas crianças, atos piedosos de homens desesperados. Matalauê, eu estou vendo, os Botocudo estão isolados.

Com Maximiliano visito os Puri

Tenho andado por algum tempo em companhia de Maximiliano, príncipe de Wied Neuwied em expedição no ano de 1815 por

esses recantos do Brasil, que quero conhecer mais detalhadamente. Primeiro ele quis conhecer os Puri, eu o acompanhei para conhecer a tribo semicivilizada que vivia na selva próxima a São Fidélis, como já relatei aqui, mas eu me espanto quando ele decide conhecer os Botocudo, índios tidos por selvagens, muita coragem se faz necessária, é bem verdade que Maximiliano ganha cartas de apresentação e soldados são colocados à sua disposição pelos governos locais.

Uma vez chegado ao destino, ele e seus companheiros de expedição se acomodam nos quartéis, com dinheiro próprio ou quem sabe, patrocínio de seu governo, organiza tropa de caçadores e caboclos acostumados a esses caminhos incertos, outra vez aproveito e vou em sua companhia, a distância no tempo e no espaço me coloca a salvo de perigos, são duas as minhas intenções, desejava eu, como já disse, visitar a aldeia Puri, tribo a que pertencia minha avó Irene, e ao seguir para o norte, me conduziria aos ancestrais de Matalauê, de quem quero conhecer um pouco da história, se dela devo contar um pedacinho.

Ele chega ao Rio Doce na altura em que o rio corre nas terras do Espírito Santo, precisamente em Linhares, onde atesta, os Botocudo estão sendo exterminados, mas a viagem continua e ele chega à Bahia, às margens do Rio Grande de Belmonte, onde, há quatro anos, sob a orientação do Conde dos Arcos, um acordo de paz foi firmado, ali os índios e os habitantes vivem de modo amigável, tanto a população não os temem que sai a caçar com eles.

É o "benéfico resultado da conduta humana e moderada do governador Conde dos Arcos", seguindo essa política, eles são acolhidos nos quartéis, deixam que usem e abusem de suas acomodações, local também onde podem adquirir ferramentas, principalmente as facas, lâminas de ferro que customizam e trazem ao pescoço, lhes dão os cobiçados lenços vermelhos que amarram no pescoço, eles podem também se valer das roças para mitigar sua fome, alguns caciques, porém, resistem, mas se administra de outra maneira e não por meio da política oficial de extermínio.

O Príncipe Maximiliano é homem de grande saber, por onde passa vai classificando plantas e animais, prestando serviço à ciência, embora a avidez e o descuido com que sua expedição dá caça e mata os animais nos deixe incomodados, bem, não somos só nós, os modernos, sensíveis às questões ecológicas, já Saint-Hilaire denuncia a prática, "para aumentar coleções que logo são destruídas por insetos, e que eles mesmos não apreciam, eles exterminam todas as harmonias da natureza e fazem desaparecer até a última das espécies que embelezam nossos prados e bosque".

São os males do tempo, essa era a prática comum, feita a ressalva, vamos seguindo o príncipe que nos conduz ao coração de um Brasil onde ainda vivem nas primeiras décadas do séc. XIX seus donos primitivos, que lutam para manter a posse de seu território. Os Botocudo, ele testemunha, à medida que entram em contato com os brancos, são vítimas do sarampo e de sua principal inimiga, a varíola, o príncipe vê um bando deles chegar ao quartel derreado pela doença. Mas nem sempre estou de acordo com o Príncipe, a meu ver, ele toma o partido dos colonizadores, embora lhes critique os excessos de desumanidade, o que reduz o probelma a uma questão de proporção.

Onde reina em seu discurso a incoerência me vejo na obrigação de polemizar, ele não se dá conta da contradição, diz, por exemplo, que os Botocudo são preguiçosos, indolentes, deitam em suas cabanas e lá ficam até que a fome os venha despertar, eis que em outro momento diz que sua gente se queixa de que não aguenta acompanhar o ritmo dos índios na caçadas, seus homens chegam absolutamente exaustos, os ditos índios preguiçosos possuem força muscular que lhes permite, caminhando sempre rapidamente, subir e descer morro sem se fatigar, penetram em matas fechadas, tendo a pele curtida não têm medo de espinhos que não lhes rasgam a carne, são capazes de rastejar e passar por pequenas brechas nas moitas e com esse vigor e preparo físico vencem grandes distâncias

por dia, além de nadar em qualquer rio desde que não sejam fortes em demasia as correntezas e, como andam nus, não sentem o incomodo da roupa, não suam e, levando na mão apenas o arco e as flechas, quase nada impede sua flexibilidade e grande desempenho no tecido intricado das florestas.

A narrativa dos europeus sobre os índios do continente se repete na fala do príncipe Maximiliano, "as tribos indígenas do Brasil em seus caracteres morais assemelham-se tanto quanto na constituição física. Domina as suas faculdades intelectuais a sensibilidade mais grosseira, o que não impede que sejam às vezes capazes de julgamento sensato e até de certa agudeza de espírito. Aprendem mesmo, facilmente, certas habilidades artísticas, como a dança e a música. Mas, como não são guiados por nenhum princípio moral, nem tampouco sujeitos a quaisquer freios sociais, deixam-se levar inteiramente pelos seus sentidos e pelos seus instintos, tais como a onça nas matas."

Maximiliano, portugueses e espanhóis diziam que o motivo porque deviam se estabelecer nas terras remotas do Novo Mundo era a necessidade imperiosa de salvar a alma dos nativos para a vida eterna. Nas primeiras décadas do século XIX, quando já haviam exterminado a maior parte dos nativos que habitavam a extensa costa do Brasil, a evangelização continuava imperiosa, mas a pedra mágica que se afigura nesse momento seria convertê-los à civilização.

A gente conhece os argumentos usados pelos europeus contra os nativos da terra, são todos indolentes e preguiçosos, e segundo eles, na origem de tal procedimento está a falta de uma ética que os distinga dos animais, trata-se de gente sem princípios morais, movidos apenas pelos instintos, como as onças do mato, preciso era arrancá-los do estágio inferior onde se encontravam, mas o que os europeus cobiçavam nesse preciso momento? Aquele pedaço de terra que havia sido abandonado pelos colonos e pela coroa, que compreendia as capitanias do Espírito Santo, Ilhéus e Porto Seguro.

No meio do caminho, no entanto, estavam os genericamente ditos Botocudo, que resistiam à evangelização e à civilização, insistindo em expulsar de seu território os invasores, seu viver era o de caçadores coletores, com seus instrumentos de madeira como o arco e flecha, e outros cortantes de pedra, alimentavam-se da caça e dos frutos que colhiam no mato, Meu Deus, pensavam os não-índios, em consonância com a monarquia que para aqui se mudara, era preciso livrar esses homens da ignorância em que viviam, todo o esforço devia ser o de convertê-los à civilização, para aqueles que resistissem não havia outro caminho senão a morte.

Quando a teoria da evolução aparece como um novo postulado da ciência, um novo argumento se levantará contra os nativos do continente americano. São homens primitivos, mais próximos aos antropoides, seu cérebro não evoluiu o bastante, não vão, pois, esses turrões se adaptar à civilização, não podem em tal estágio evolutivo conviver com outros mais avançados de vida em sociedade, seu destino, como diz, entre outros, Von Martius, será o desaparecimento.

Maximiliano, seu discurso é menos radical, os Botocudo, diz você, são seres de uma rudeza natural, mas parte da selvageria se deve à crueldade com que foram tratados, tratados com bondade eles procuram o bom convívio com os brancos, e há de se fazer fé na necessidade que eles têm de comida, pode-se recorrer a meios mais humanos de atraí-los, como fez o Conde dos Arcos, em um ponto, porém, você continua inflexível, não demonstram os nativos agir segundo princípios morais, são comandados pelos instintos como as onças na natureza.

Somos todos onça

Maximiliano, o que você dirá a Matalauê? Que homens primitivos como eles devem ser tratados como criança, que ao Estado cabe a educação e a tutela? A coisa se complica, se agem segundo os instintos, como as onças do mato, que destino lhes caberia dentro do processo civilizatório?

Deixo-o a se explicar com Matalauê, duzentos anos se passaram desde que você aqui esteve, há alguns anos adentramos no século XXI, quando eu era criança ou muito jovem, ouvia que "de dois mil não passarás", trata-se de alguma profecia, Nostradamus? Ouvi essa fala algumas vezes na vida, não foi, contudo, em sala de aula, havia sempre um medo morando bem lá no fundo, de que o mundo iria se acabar, deixa estar, tão logo me vi adulta e dialogante, pensei, o mundo acaba pra aquele que morre, o futuro apenas se anuncia, mais os perigos tomam formas sofisticadas, se não que algum maluco detone as bombas ditas atômicas, não acreditamos tão facilmente no fim do mundo, além disso, ninguém vai querer apertar o botão que nos destrua a todos, eu apostaria na sobrevivência da espécie humana.

Preciso é, portanto, acertar algum modo de convivência pacífica, em algum ponto, na segunda metade do século XX, alguma esperança nos incendeia a imaginação, mas eis que nos primórdios do século XXI o ceticismo há de ter derrotado uma parte de nós, vimos as duas torres desabar e a seguir, em nome do combate ao terrorismo e aos terroristas, tantos procedimentos foram permitidos que não são exatamente resultado da inteligência e princípios morais que distinguem os seres humanos das demais espécies, de modo que, logo após o raiar do século XXI, compreendi que nunca havíamos saído da caverna, nosso destino é a barbárie, vamos viver em guerra eterna, matando uns aos outros, por um pedaço de terra, um barril de petróleo ou comida ou em nome de um Deus único e eterno.

É bom lembrar que, ao longo do tempo, a ordem desses fatores pode variar, o que permanece inalterável é nossa essência, conforme a definição do homem anunciada por Aristóteles antes de Cristo, o homem é um animal racional, que ainda hoje referendamos. Somos animais, esse o princípio que nos iguala e nos coloca no reino da natureza, é bom não esquecer este dado, não sonhar nem teorizar fora dessa realidade.

Maximiliano, somos todos onça.

O relato de Auguste de Sant-Hilaire

Tenho uma avó índia, que seja trisavó, parte do seu sangue corre em minhas veias, estou falando, portanto, de meus ancestrais, pouco sei, dirão, não importa, com esse pouco prossigo, agora, nesse exato momento, estou em companhia do naturalista Auguste de Saint-Hilaire, que aqui esteve em estudos entre 1816 e 1826, acompanho o relato de seu encontro com mascates chineses em Cabo Frio, logo que o naturalista desce do cavalo, eles o convidam para almoçar.

A refeição se dá em clima amistoso, são homens alegres e, diz Saint-Hilaire, delicados, o que provavelmente significa educados, gentis, eles os observa e constata, a face de seus convivas são mais largas e mais chatas que a de nossos índios, mas têm os mesmos olhos divergentes, o mesmo nariz achatado, os ossos da face proeminente, ambos igualmente imberbes.

Procuro no Houaiss o significado de divergente – que se afasta, não paralelo –, a raça americana, prossegue o sábio, é uma modificação da raça mongólica, as modificações que se deram foram devidas ao clima e, arrisca ele, pela mistura com sub-raças caucasianas, isto é, brancas. Confirmando Saint-Hilaire, é aceito que o homem americano descende de ancestrais asiáticos que entraram pelo Estreito de Bering em tempos que havia um faixa de terra, a Beríngia, ligando o Alasca e a Sibéria durante as glaciações. Em relação à teoria clássica norte-americana, de que eles teriam entrado no continente em três etapas distintas, há seis mil anos atrás, esse tempo recuou, fala-se em 12 mil ou 15 mil anos ou mais e podem ter vindo em barcos contornado a costa do Pacífico.

O tempo desfaz armadilhas e enganos, mostrando o quanto doutas teorias podem ser preconceituosas, no caso específico, eurocêntricas. A inferioridade e extinção dos nativos americanos fazem parte de um discurso que hoje não teria lugar na comunidade científica, e o próprio conceito de raça está desconstruído.

Outra impressão me detém no relato de Saint-Hilaire e, devo informar, revela a pouca observação de que sou capaz, antes de adentrar em pesquisas sobre os índios brasileiros nunca tinha me dado conta da semelhança entre o asiático e o homem americano ou pelo menos não me lembro de as ter notado, fato que me deixa perplexa, ou talvez acreditasse em outra hipótese levantada, a de que o homem sapiens que chegou a essas paragens poderia, sob a influência de clima, geografia e novo habitat, ter desenvolvido tais características físicas independente de um ancestral siberiano ou mongol.

Tal relato me leva a outro tema que muito me interessa, diz Saint-Hilaire que, enquanto se acha entregue à escrita de seu diário, um chinês cantava ao seu lado, e ele acredita ouvir o canto dos Botocudo amenizado e aperfeiçoado e, nota ainda que, entre outras tribos americanas, são eles as que mais se assemelham aos seus ancestrais mongóis.

E chegamos de novo aos Botocudo, índios de fala Jê, cujo habitat localizava-se na Mata Atlântida e Zona da Mata, cujos limites seriam o vale do Salitre na Bahia e o Rio Doce no Espírito Santo. Os Puri seriam também do grupo Jê. Estudiosos das línguas indígenas brasileiras, contudo, fazem distinção entre o Jê e o Macro Jê, sendo a família Jê um ramo recente que se separou há uns 3 mil anos ou mais. Como salienta o linguista Greg Urban, historicamente ocorreu uma grande concentração de línguas Macro-Jê na parte leste do Brasil, região que se estende do Rio de Janeiro até a Bahia, que esta poderia ser o local de origem do Macro-Jê, que compreenderia as famílias Maxakali, Botocudo, Puri e Kamakã, e estudos poderiam demonstrar que esta seria uma área de grande diversidade linguística para o grupo Jê, possível local de dispersão ocorrida há 5 mil ou 6 mil anos.

Desperto do sono que pouco mais de meio século manteve meus olhos fechados, é Irene quem está me chamando. Matalauê seria um primeiro sinal a precedê-la, lá de trás é ela quem me chama, o grito que sai de sua garganta ecoa nessa faixa que se estende de Minas ao litoral do que vai da Bahia ao Rio do Janeiro, no meio do caminho fica minha terra, o Espírito Santo, o grito de Marco, meu primo, tinha um destino, havia desde sempre uma centelha acessa em mim onde ele haveria de reverberar, não importa se por décadas ficasse adormecido, um dia me acordaria, seria eu mais uma testemunha de homens que para cá vieram tão logo ou pouco depois que a terra se aqueceu.

Testemunha das nações que fundaram, de sua antiguidade, de sua cultura, de sua luta, de como foram miseravelmente combatidos e vencidos, e que fala tenho eu que me autorize, a meu favor, só posso invocar a poética, que não fornece provas de suas evidências, a evidência ela a porta em si mesma, vejo um punhado de homens, algumas mulheres, uma ou outra criança, protegida pelo calor do seio da mãe, entrando pela Berígia e descendo, multiplicando-se, descendo, multiplicando-se, descendo como os bárbaros na Europa que, milhares de anos depois, desceram em busca de regiões de clima mais acolhedor, então devo dizer: o preço cobrado pela terra usurpada foi a vida de homens que aqui estavam a quantos milhares de ano não se pode precisar, o índio não existe sem a terra, tomá-la é despojá-lo de si mesmo, arrancar dele a vida que o anima.

Repetindo o mesmo argumento de seus colegas europeus e naturalistas, Auguste De Saint-Hilaire escreve: "Prosseguindo minha viagem pelo litoral falarei frequentemente dos tristes restos de uma civilização que em breve terá desaparecido com a infeliz raça a que pertence".

Fomos há pouco surpreendidos por reflexões bastante diversas das consideradas, lato sensu, como verdadeiras, o historiador Yuval Noah Harari, ao comparar os caçadores coletores com os sedentários agricultores e a sociedade urbana que se consolidou após a revolução industrial, afirma que eles teriam uma vida tão boa ou melhor que a nossa, trabalhariam menos horas para obter o necessário à sobrevivência, coisa de trinta e cinco a quarenta e cinco horas por semana, os agricultores deviam trabalhava de sol a sol para garantir a coleta e, sobre essa civilização urbana que substituiu à agrícola, eles também levam vantagem, não seriam obtusos nem primitivos, antes seriam homens inteligentes e imaginativos, há segundo ele "indícios de que o tamanho médio do cérebro de um sapiens efetivamente diminuiu desde a era dos caçadores-coletores".

Ao contrário de nós, que conhecemos apenas a minúscula área onde atuamos, o conhecimento do mundo que os circunda deve ser amplo e minucioso, sendo essa percepção necessária à sua sobrevivência. Devem conhecer e a dar exemplos, o habitat das feras, onde caçam, onde e quando bebem água, devem ter esse mapa completo na cabeça, devem ser capazes de perceber pelo mais leve ruído a aproximação da serpente, além disso, são nômades, vão onde podem obter a caça que os alimenta.

Quando a Terra começou a se aquecer, aproximadamente dez mil anos antes de Cristo, uma nova forma de atividade surge: a agricultura, esses novos homens são, porém, condenados a trabalhar de outro modo, sua atividade os faz sedentários, constroem habitações que os obrigam ao convívio íntimo com grande número de pessoas o que os faz vulneráveis às infecções e pestes devastadoras, que lhe são transmitidas pelos animais que domesticam e vivem à sua volta.

Ao contrário dos agricultores, os caçadores coletores trabalham apenas para sua sobrevivência diária, em que consomem um número menor de horas, com mais tempo para a diversão e o descanso, e também como não se fixam, sempre em grande mobilidade, são menos vulneráveis às doenças e às pestes. E, em relação aos que hoje vivem com o conforto da moderna tecnologia, eles ainda trabalham menos e têm mais horas para o convívio e o descanso.

Resumindo, os caçadores coletores, ao contrário do que pensamos, têm uma qualidade de vida melhor que a nossa, trabalham menos pra garantir a sobrevivência, são mais inteligentes ou criativos do que admitimos, menos vulneráveis às doenças e às pestes do que as sociedades agrícolas, que trabalham de sol a sol para garantir a fartura da coleta, que pode ser destruída por alguma praga ou pelo mau tempo, condenando-os a longos períodos de fome, sendo que os caçadores coletores têm uma alimentação mais variada, alimentando-se do que encontram, conseguem tiram da natureza tudo do que precisam, não se limitando a único alimento, como com o milho, a batata ou o arroz, que deixam sempre alguma carência alimentar.

Ah!, pode se pensar, estes homens viviam menos, Noah Harari diz coisa diferente, se entre eles a expectativa de vida era de apenas 30 ou 40 anos, tal fato se devia à elevada mortalidade infantil, mas aqueles que venciam esses primeiros anos tinham uma boa chance de chegar aos sessenta, e alguns atingiam os oitenta anos. O que há contra essa teoria que nega o discurso e os sentimentos dos homens ditos civilizados em relação aos caçadores coletores? A falta de provas etnográficas, seus instrumentos basicamente fabricados de madeira não resistem à prova do tempo, dispondo a etnografia apenas de ossos fossilizados e instrumentos de pedra.

Se os caçadores coletores viviam pacificamente ou se matando uns aos outros, não se sabe, e que importância teria, se até hoje vivemos em guerra? Noah acredita que o mundo vive uma era de paz, não é, porém, meu sentimento a respeito dos tempos que correm, guerras se travam diariamente diante de nossos olhos, seriam de outra ordem, atendem pelo nome de terrorismo, assimétricas ou à distância, impostas por mísseis ou drones sem o confronto corpo a corpo, em todo caso, guerra. Metralhadoras varrem centenas de inocentes, o terror é exposto na TV todos os dias, assistimos com o coração oprimido, sabemos que as próximas vítimas poderiam estar em qualquer parte, o que nos resta é o medo.

A civilização que mata

A dança dos Puri é a vida idealizada por eles, pois, na realidade, ela se compõe de trabalho e miséria, enquanto, na dança, é figurada como sendo prazer e alegria.

Hermann Burmeister, 1852

Não posso viver em um mundo de lendas e sonhos, preciso confrontá-los com os fatos. Decido, está na hora de fazer outra viagem em busca dos meus ancestrais indígenas, os Puri. Procura que procura, encontro em visita ao país um estrangeiro que veio em expedição científica, quando ele diz que está se dirigindo para São

Fidélis, ufa, vou partilhar com ele as mesmas trilhas, trata-se de Hermann Burmeister, outro alemão, professor da Universidade de Halle, médico e naturalista que vem conhecer o Brasil, sua flora, sua fauna e os nativos. Logo me dou conta de que seu objetivo é encontrar a tribo semicivilizada que vive na selva para além da aldeia que se instalou em São Fidélis, os Puri.

Coisa digna de nota, o professor deseja visitar as cavernas e ossadas, que se tornaram célebres pelos estudos do Dr. Lund e que ficam em Lagoa Santa, Minas Gerais, onde se encontraram os ossos de Luzia, considerado o mais antigo habitante da América conhecido, que, de acordo com o antropólogo e arqueólogo André Prous, tem 11 mil anos.

A Aldeia da Pedra, a mesma visitada pelo príncipe Maximiliano, está situada num planalto, a cem metros acima do nível do Paraíba e, como já foi dito, teve sua origem em um núcleo de índios, fundada por padres italianos, esses padres, no entanto, diferentes dos jesuítas, aceitavam brancos, brasileiros ou estrangeiros, negros e mulatos. Em que ano estamos quando Hermann se empenha nessa aventura? Corre o ano de 1851, decorridos, portanto, trinta e seis anos após a viagem de Maximiliano. O que mudou?

Coroado e Coropó ainda vivem ali, não mais no centro da vila, mas em cabanas espalhadas pelo mato, como vivem e o que fazem, que notícias novas Burmeister nos traz? Ele conta coisas interessantes. De fato, são estes índios civilizados, isto é, batizados, essa localidade, diz ele, é o centro religioso para todos os índios, mesmo para aqueles que habitam bem longe, no coração de Minas, seu chefe é o monge franciscano frei Florido de Castelo, florentino, que mora ali há mais de vinte anos e orgulha-se de ter batizado mais de 700 Coroado, 200 Puri e alguns Botocudo. Durante sua estada ali, frei Florido veio, porém, a falecer.

Durante os dias em que ele passa na Aldeia da Pedra, celebrava-se a Páscoa em missa solene, Hermann assiste ao ofício católico, mas não nota nenhum índio entre os presentes, nem demonstravam eles a reverência, comum entre os brasileiros, de tirar o chapéu ao passar pela igreja em sinal de respeito. Indício de que, apesar de batizados, a fé não deitou raízes em seus corações. Como vivem os Coroados?

Vestem-se de roupas europeias, aos domingos usam chapéu e sapato, as mulheres trazem um pano na cabeça, não fabricam mais arcos e flechas, na caça utilizam espingardas, plantam ao redor da casa mandioca, laranjeiras, bananeiras, o bastante para a sobrevivência, como é o costume das tribos brasileiras. Tendo adotado os costumes dos invasores, deixaram de fabricar os instrumentos que usam como estratégia de sobrevivência, como fazem, então, para comprar aquilo de que necessitam?

Trabalham nas fazendas, em geral para cortar e transportar madeira. Para conduzir as toras até os rios, Hermann diz que eles utilizam uma espécie de trenó, o que seria isso? Não sei, mas, grandes nadadores que são, comportam-se como reis em seu domínio, jogam as toras no rio, amarram umas às outras tal qual uma balsa ou jangada e, sobre ela, a família inteira passa o dia, à noite, prendem-na à margem e descansam. Nos lugares acidentados, atiram-se à água e conduzem a balsa, superando os obstáculos.

Assim elas são levadas pela correnteza dos rios Pomba e Muriaé daí até Campos ou ao mar. Essa intimidade com a água revela-se também em seus hábitos, tomam banho todos os dias, como sempre fizeram, e apresentam-se sempre limpos. E com o dinheiro ganho nessa atividade compram as roupas, a pólvora, o chumbo, facas e tesouras, utensílios dos quais agora fazem uso diário.

Tornam-se bêbados, como se acusam aos índios que, abdicando de sua cultura, adotam os costumes dos civilizados? Não exatamente, é o testemunho que ele nos traz: os índios mais novos não bebem, os de mais idade bebem com moderação, os velhos, sim, tanto homens como mulheres bebem em excesso e caem pela rua entorpecidos.

Da observação dos nativos que ele conhece em São Fidélis, o cientista tira a trágica conclusão: "Os povos originários da América nunca serão verdadeiramente civilizados, mas perecerão forçosamente em consequência da civilização a que os querem adaptar."

Depois de quatro dias na Aldeia da Pedra, Hermann segue em direção à selva, para um encontro com os Puri. No outro lado da praça, em frente à igreja, em uma casa grande, mora o Dr. Dennewitz. Trata-se de um médico alemão, que, em 1815, quando aqui esteve o Príncipe Wied Neuwied, lutava nas guerras na Europa e, é provável que tenha participado da batalha de Waterloo. Ele manda selar o cavalo, vai acompanhar o visitante na viagem ao encontro dos Puri.

A estrada através da mata os conduz, meia hora depois, a uma grande clareira e vasta pastagem onde se encontrava a primeira fazenda dos três irmãos Morais, que se radicaram nessa região. Quando alcançam as margens do rio Pomba, é preciso atravessá-lo, a largura é considerável, os animais seguem a nado sem os arreios, que são transportados nas canoas junto com os passageiros. O balseiro os convida para tomar um café em sua casa, tanta fineza no trato deve-se à presença do Dr. Dennewitz, pessoa muito considerada, o que em toda parte vai lhes garantir melhor acolhida.

Burmeister entra e vê na parede os retratos dos generais Jourdan e Eugène Beauharnais, o enteado de Napoleão, filho de sua esposa, Josefina. Vencendo os obstáculos, chegam a outra clareira, que demarca a fazenda do segundo dos irmãos Morais. Eles veem alguns Puri atirando toras no rio, por onde vão transportá-las. Como o caminho pela mata se torna cada vez mais penoso, eles deixam a bagagem na fazenda e penetram no coração da selva em busca da aldeia dos Puri.

Finalmente, alcançam nova clareira, onde avistam duas casinhas, uma cabana e a nascente de um riacho indicando que chegaram à fazenda Flecheiras, para recebê-los, apenas o proprietário, um dos irmãos Morais e sua jovem esposa. O viajante se dobra ao encanto da figura feminina, eis como ele a apresenta: "Era uma criatura pequena, delicada e amável, toda benevolência." Ela logo entra para preparar a refeição, quer agradar ao Dr. Dennewitz, pessoa que tem sua afeição. Os índios, em sua maioria, encontram-se na mata abatendo árvores.

O que temos a assinalar já ao principiar dessa expedição? Quando o príncipe Wied Neuwied aqui esteve, trinta e seis anos antes, o fazendeiro Morais era o branco que melhor compreendia os Puri e sabia conviver com eles, mas agora esse contato se aprofunda, eles coabitam. Os Puri resistem, são índios semicivilizados, cujo habitat é a selva, mas vivendo ao largo dos rios, nadam e mergulham em grande performance, diz o nosso cronista, tomam banho todos os dias, são muito asseados, mais que negros e mulatos, e eu diria, mais que os brancos. Ao redor da aldeia, os índios plantam mandioca, batata doce, laranja, banana, entraram no comércio da madeira abatendo e

conduzindo as toras até a entrega no cais do rio ou do mar.

Quando Hermann Burmeister chega à aldeia Puri, encontra apenas um dos irmãos Morais e sua jovem esposa, a quem o europeu derrama-se em elogios, logo após, dois índios juntam-se a eles, os outros trabalham na mata abatendo os troncos de árvores, combina-se o que os homens de ciência gostariam de ver e qual o preço que estariam dispostos a pagar pela apresentação do espetáculo de suas danças e pela mostra de suas habilidades em armas e qualquer outra coisa em que sejam exímios.

Lá pelas seis da tarde, os Puri começam a regressar, em pouco acendem uma fogueira no meio da clareira, eles se preparam para a dança, os homens se aquecem com a primeira dose de pinga que está entre as promessas de troca, os homens vestem calça e camisa azul, as mulheres saia e camisa azul. Os homens, de cabelo forte e geralmente cortado, apresentam uma barba tão fraca como a dos Coroado, esta, em muitos, forma apenas um ralo círculo em volta da boca e desce cerca de três polegadas abaixo do queixo

As roupas estão sujas, o que prova que fazem parte de uma cultura que não é a deles, da qual se apropriam parcialmente, de uso ocasional, o hábito de lavar as roupas ainda não foi assimilado. Assim vestidos e com cabelos hirtos e desalinhados, os pares se formam, seriam uns trinta entre homens, mulheres e crianças, no grupo não se encontra nenhuma moça ou garota púbere, apenas a jovem irmã da dona da casa, que é tratada com respeito por todos e não participa das atividades.

A dança começa e recomeça e recomeça, a cada intervalo os homens tomam mais um trago de cachaça, a festa entra noite adentro cada vez mais alegre, o ritmo da dança se torna frenético, o médico esconde o garrafão de pinga, os Puri protestam, mas por instantes se aquietam, os visitantes já se cansaram do espetáculo que, em seu incessante prosseguimento, classificam de selvagem, para acalmá-los, Hermann ensaia um canto, Dr. Dannewitz o acompanha em voz de baixo profundo, em plena selva da Serra das Flecheiras ressoaram as melodias de Mozart e, a plateia emudecida, aplaude quando o dueto se finda.

Cansados da lida diurna, exauridos por aqueles instantes de embriaguez e felicidade, os Puri adormecem, não sem que os donos da casa providenciem esteiras para os visitantes.

Galiane

No outro dia, Hermann interroga um dos dançarinos sobre o sentido das palavras de suas canções, durante a dança, canta-se o que bem entende, de preferência uma aventura de caça, ontem, por exemplo, cantamos a bela plumagem da ave que havíamos caçado. Pouco antes do café, foi esse mesmo Puri quem, na primeira tentativa, mirou e acertou no alvo e ganhou a pataca.

Não quis dizer seu nome nem sua idade, teria uns vinte e três ou vinte e cinco anos, calculou o médico, tão forte impressão terá causado nos visitantes que foi dele o retrato que Hermann desenhou, para o feminino escolheu a companheira do misterioso personagem, ela declina seu nome, chama-se Galiane, tem dezoito, dezenove anos, já com dois filhos pequenos.

O marido permanece ao lado da modelo enquanto o desenho é traçado, do nariz e dos lábios da mulher caem grossas gotas de suor, é grande o esforço que faz pra se manter exposta aos olhos do estrangeiro, se não fosse pelo companheiro há muito teria sumido dali, se escondido no mato, já se viu no espelho, mas, tão fortuitamente, que não se recorda como seriam suas feições, Hermann mostra-se cortês, como sempre o faz com as mulheres que o impressionam, oferece-lhe o objeto, entre todos o mais cobiçado, o espelho, ao lado do qual coloca o retrato impresso na tela.

No instante em que Hermann desenha os contornos do rosto da mulher, uma menina Puri olha desconfiada para o estrangeiro,

desagrada-lhe ver a mãe em companhia dos brancos em clima de intimidade, contrariada, foge para o mato, chega à beirada do rio, o medo a impede de cair na água, mas precisa fazer alguma coisa que extravase sua raiva, o pé indeciso avança sobre a ponte de cipó que atravessa de um lado a outro o rio Pomba, procura uma mão que não está ali para segurar a sua, o apoio está ao seu alcance, seus dedos se fecham sobre ele, experimenta os primeiros passos na corda, não, não pode ir sozinha, vai cair, o corpo balanceia, vai e volta, firma-se de novo, estanca, recua, consegue, afinal, reencontrar o equilíbrio, as pernas tremem, o coração bate, precisa de algum tempo para se recuperar, parada, quieta, aguarda que, aos poucos, a sensação de perigo iminente a abandone, passado o susto, franze o cenho, alguma coisa lhe ocorre à lembrança, apressa-se em descer, volta aos saltos em busca da batata doce que deixou a coser e calcula que já está assada. Tem apenas cinco anos a pequena.

Encontro com Irene

Hermann, sob encantamento, não se cansa de incensar aquelas que tem diante dos olhos, "as mãos das mulheres eram de uma fineza que surpreendia e, apesar do trabalho rude, sua forma e tamanho não envergonhariam a nenhuma de nossas damas. Os pés também eram pequenos, mas um tanto achatados, sem, contudo terem o formato que apresentavam os dos negros. Mesmo assim os pés das Puri eram muito mais finos e delicados que os das nossas camponesas que costumam andar descalças".

Lembra-me Irene, que, aproveitando o instante de magia que as lembranças e a visita aos Puri enlevam o meu espírito, se põe diante de meus olhos, como posso descrevê-la, eu não saberia contar-lhes os anos, rosto moreno, largo, pele bronzeada, maçãs do rosto bem delineadas, com mãos finas prende em coque displicente o cabelo preto, algumas mechas escapam emoldurando a face.

Pergunto, Irene, você gostava de viver junto a uma densa, virgem e impenetrável floresta? Quer saber, minha filha, a vida lá era boa, tomávamos banho de rio todos os dias, e como era bom mergulhar em suas águas frias, a força da corrente passava para o nosso corpo, minha mãe dizia que eu parecia um peixe. Que mais se fazia? Tão bom assar a batata doce no fogo que minha mãe não deixava apagar, que saudade da banana cozida, às vezes, com um tantinho de mel, não se vivia isolado, cada um escondido na sua casa, como se usa entre os brancos, lá todo mundo vivia junto, as crianças sempre brincando, pescando, nadando e se esquentando na pedra quando saíam da água com o corpo frio. Nós, as maiores, passávamos horas preparando a tinta para pintar o rosto de vermelho e os braços com a tinta negra do jenipapo. Uma pintava a outra, sem pressa, no maior capricho.

Imagino um saudosismo permeando as palavras da mulher que, sob o peso da maturidade, se refugia em uma infância feliz, a vida era sempre boa como você diz? Quando o meu sangue veio, fiquei na cabana, minha mãe não me deixava sair por nada, às vezes me dava raiva, ficava pensando que a vida boa tinha se acabado pra sempre, eu não queria ter a vida de minha mãe, ela trabalhava, trabalhava, trabalhava, pra onde iam, levava tudo nas costas, mais parecia uma besta de carga, na aldeia, índio não pega peso, só a mulher, pra isso ela tinha um balaio que prendia na testa, ou nos ombros, carregava as crianças também, as pequenas levava em um trançado feito de embira, igual à esteira.

E os homens, o que eles faziam? Ela começa a narrar no presente como se esse tempo não tivesse se acabado, eles caçam, pescam, cortam árvores, jogam as toras no rio e levam até a cidade, até o mar, limpam o terreno para as mulheres plantarem, fazem o arco e a flecha, mas são as mulheres que prendem a ponta da lança com linha e agulha e enfeitam o outro lado com penas. Fica uma coisa linda! Os homens lutam, fazem guerra, defendem a tribo do ataque dos inimigos, eles são fortes, tanto músculo no corpo que dá medo, ninguém tem ousadia de desobedecer, nem precisa falar, nem olhar, na presença deles a gente tem respeito, baixa os olhos.

E o que você fazia nesse tempo presa na cabana? Ajudava minha mãe a ralar a mandioca, aprendi a fazer a rede, nossa rede é de esteira, fiz mais de um balaio, não podia correr atrás de nada, só comia o que ela trazia, carne de caça não podia comer, fiquei quase da cor dos brancos, não podia cortar o cabelo, quando saí, já podia escolher um marido. Não me agradava nenhum. Quantos anos você tinha? Não sei dizer, só sei que o sangue, no meu caso, demorou até ele vir.

Não consigo tirar Irene do pensamento, quando me dou conta, estamos conversando, diga, o que é que você quer saber? Tem muita coisa que preciso saber, primeira pergunta, qual o nome que lhe deram no nascimento? Galiane, eu me chamava Galiane. Você faz graça comigo, Galiane se chamava a mulher do índio Puri de quem

Hermann Burmeister fez o retrato. Pois, então, ela era minha mãe. Ela era bonita e amável no trato e meu pai, dono de mira certeira, não perdia uma flecha, de uma coragem impressionante.

Um dia, vi quando a onça deu o bote para pegar meu irmão, o arco de meu pai já estava armado, ele a atingiu no flanco, o grito ficou preso na minha garganta, minha mãe e meu irmão gritaram, outros homens vieram, ajudaram a acabar com a danada. Começo a compreender de onde vem o caráter heroico de meu avô Gamboa, sua linhagem vem de guerreiros, homens valentes, músculos de aço, mas do outro lado, estão mulheres delicadas e gentis que tinham as mãos finas e os pés pequenos, nem tudo, porém, seria perfeição, as pernas eram finas e a barriga proeminente, é verdade, Irene?

Deve de ser, não me lembro, as mulheres Puri usavam uma tira de couro nos quadris para que ele não se alargasse demais, uma coisa é certa, meu corpo era forte, Poté dizia que eu devia ter mais traseiro, só isso me faltava, não fosse isso, ninguém me levaria vantagem em beleza, ele gostava de dizer essas bobagens. Poté? Quem era Poté? Ora, você já deve de saber.

É verdade que você foi pega a laço? Onde você ouviu essa história, claro que não, invencionice de Poté, ele dizia, tá vendo, peguei essa índia no laço! Como foi, me conta, que você conheceu meu avô, que seja, trisavô? Ele ia em companhia de seu Ernesto fazer negócio com a minha gente. Da primeira vez, viu quando eu mergulhei, mas, em vez de nadar, fiquei na água brincando com as crianças, quando me vi sob a mira dos estranhos, corri a me esconder, não adiantava mais, era tarde, desde esse momento que me viu no rio, ele sabia que ia dar um jeito de me levar dali, assim ele contava.

Da segunda vez, seu Ernesto, patrão dele, procurou seu Morais, um homem branco que vivia na tribo. Disse que o caboclo que o acompanhava queria me levar para viver com ele. Seu Ernesto afiançou, gente boa, honesto, trabalhador, vai ser bom marido para a índia. Vamos falar com o pai, vá com respeito, não queira que ele vire teu inimigo, senão, quando menos esperas, te faz emboscada e te mata. Vais apodrecer na mata, ninguém nunca mais põe os olhos em ti.

A cunhada do seu Morais me contou, o branco quer levar você pra morar com ele, na minha boca se abriu um sorriso, no rosto de meu pai se via o desprezo com que ele encarava o desconhecido, por que você acha que ela ia querer viver em sua companhia? Ele olhou pra mim, viu que meus olhos brilhavam como duas estrelas no firmamento, ainda assim tentou dificultar o consentimento, então vou dizer o que você deve fazer, se quer mesmo levar minha filha, traga uma espingarda, quero uma espingarda.

Seu Ernesto balançou a cabeça, o índio é esperto, tentou se intrometer na negociação, ele traz um galão de cachaça, meu pai continuou desdenhando, eu bebo pouco e, fica sabendo, não preciso de arma de fogo para matar branco que queira se meter com minha gente, pra isso tenho essa lança, mostrou a flecha com a ponta reta e forte, tendo um lado da lâmina denteado como um serrote; quero a espingarda para caçar. Tem aparecido muita onça por aqui.

Meu coração disparou, medo dele desistir de me levar, o que você viu nesse homem a ponto de querer abandonar sua família, ir viver em um mundo hostil no qual uma índia nunca seria tratada como igual? Foi a chama que vi brilhando e iluminando tudo ao redor dele, de meus lábios brotaram o nome com que o havia de chamar, Poté, não importa para onde, se meu pai permitisse, eu iria com ele. Poté? Poté, em minha língua, quer dizer fogo, mas só eu o chamava desse jeito. Os dois homens em disputa viram a luz nos olhos da jovem, vou trazer a espingarda, me dê alguns dias pra resolver isso, dou minha palavra que vou conseguir uma, seu Ernesto fez um gesto de resignação, ele se apaixonou, não pode viver mais sem essa índia, pensou, nada que eu faça vai tirar essa ideia da cabeça dele, quis saber que outras condições seriam impostas, a mãe pediu que trouxesse um vestido e um lenço colorido para a filha, não queria que ela entrasse nua no mundo dos brancos, uma faca foi pedida para o filho, ah, finalizou meu pai, traga o galão de cachaça, a tribo vai querer dançar e festejar.

Como eu estava dizendo, não consigo tirar Irene do pensamento, quando vejo, estamos conversamos. Minha curiosidade é grande, conte, como foi seu casamento? Quando Poté chegou com as prendas, montei na garupa do cavalo, ele bateu com chicote e o bicho disparou. E o vestido? Ele trouxe uma saia florida, de três babados, a blusa era azul e o lenço da cabeça vermelho. Foi como um sonho a hora que vesti aquela roupa e Poté me ajudou a subir no cavalo.

Você não chorou ao deixar sua mãe e seu pai, seus irmãos, a tribo? A gente vem ao mundo porque os pais nos escolheram, mas quando vamos viver com um homem, nós que escolhemos a vida que queremos viver. Irene, a Bíblia diz o mesmo que você está dizendo, é uma das primeiras leis que ela anuncia: "Por isso um homem deixa seu pai e sua mãe, se une à sua mulher, e eles se tornam uma só carne" Gênesis, 2, 24. Mas, não foram difíceis esses primeiros tempos longe de sua família e da sua gente?

Nos princípios, eu e ele vivíamos tão juntinhos que parecia uma só pessoa, com ele ao meu lado eu não precisava de mais nada, para dizer a verdade, às vezes, meu coração apertava, minha mãe tinha um menino pequeno, eu me apeguei muito a esse irmãozinho, quando Poté ia trabalhar nas roças de café, também sentia falta do fogo que minha mãe nunca deixava apagar, mas esse sentimento logo passou, muita coisa pra fazer, eu me distraía com o trabalho. Cruzes, Irene, você parece até uma filha desnaturada que esquece tão fácil seus pais, sua gente.

Quando fui embora, sabia que no momento em que trepasse naquele cavalo, eu não pertenceria mais àquela tribo, meu pai me disse, eu não tenho precisão da espingarda nem você do vestido e do lenço que esse estranho ficou de trazer, baixei os olhos e respondi, eu quero ir com ele, meu rosto ficou em fogo, vi uma nuvem encobrindo os olhos dele, foi coisa de momento, logo ele recuperou o sangue frio, chamou meu irmão, vamos pescar, a carne do porco acabou. Você não estranhou a comida tão diferente daquela que você estava acostumada? Você faz essa pergunta por que nunca conheceu Poté, ele cuidava de tudo, pensava em tudo, quando nos chegamos, ele acendeu o fogo, pôs banana para assar, fez um café, colocou na caneca e a gente tomou com rapadura.

O amor faz passar o tempo, o tempo faz passar o amor, diz o ditado, para Irene, o tempo há de ter sido ligeiro e suave como o vento que perfuma e refresca a noite e protege o sono dos amantes, porém, nenhuma ação deletéria exerceu sobre os sentimentos amorosos da jovem índia, ela o levou para a eternidade, sorte dela, o amor embelezou e frutificou sua existência e a conduziu ao paraíso. Insisto em questões comezinhas, o que Poté achava da nudez, da sua nudez?

Todo mundo na tribo vivia nu, só vestia roupa para dançar na frente de estranhos ou para imitar vocês, era nosso jeito de viver, eu era moça solteira, nunca tinha vestido roupa, mas os brancos têm horror de ver uma pessoa pelada, eles ficam, a bem dizer, fora de si, Poté custou a se acostumar, às vezes, quando eu estava nua junto ao fogão ou deitada na rede, ele olhava para o chão, foi preciso muita paciência por parte dele, da minha, a necessidade de andar vestida demorou também, no fim, ele foi se acostumando, não se importava que dentro de casa eu andasse sem roupa, éramos só eu e ele, nosso pedacinho de terra ficava fora do alcance dos cristãos, a roupa do meu casamento vivia pendurada no prego na parede do quarto, não queria que ela se acabasse, eu poupava aquela roupa de tudo que a pudesse manchar, molhar, rasgar, se estragar, quando eu olhava pra ela, meu sorriso era de felicidade.

Um dia, Poté foi até a aldeia, levou batata doce, abóbora, laranja e banana, trocou por pano, me disse, você tem de aprender a costurar. Eu ajudava minha mãe a enfeitar as flechas, era minha a tarefa de colocar linha na agulha e dar na mão dela, Poté me ensinou o ponto que eu devia usar para fazer a roupa, me ensinou a alinhavar para moldar o feitio, ele pediu a dona Gertrudes, mãe dele, para cortar as duas blusas e uma saia, ele era um homem que pensava em tudo, assim fui aprendendo, às vezes a costura embolava, mas naqueles ermos bem que serviam; para descer no riacho e tomar banho como fazíamos assim que o dia amanhecia, eu vestia uma das duas camisas que ele herdou do avô materno, eles eram do mesmo tamanho, Poté, porém, encorpou, tornou-se um homem muito forte, não cabiam mais nele, na beira d'água, eu tirava a camisa, ali, ninguém podia nos ver, desde que longe da vista dos outros cristãos, ele não ligava.

O que você fazia nos primeiros tempos, quando ele ia pra roça e você ficava sozinha? Tanta coisa, minha filha, tirava o milho do pé, desfolhava, debulhava as espigas, depois pilava para fazer a canjiquinha, arrancava as macaxeiras, descascava, colhia a batata doce, cozinhava as abóboras, dava comida pras criações, Poté conseguiu a embira, fiz a rede, ele gostava de deitar nela, não para dormir, só descansar, fiz esteiras novas para nossa cama, aprendi a destrinchar o porco, a fazer a linguiça, separar a gordura, as partes melhores ele vendia, muito trabalho, minha filha, você não imagina. Eu fazia a comida, varria a casa, Poté gostava de tudo limpo, o que sei da vida dos brancos foi ele que me ensinou. Lavava a roupa na nascente onde ele colocou uma bica, de lá trazia também a água de beber, para a limpeza pegava água no córrego, água clara e limpinha, trazia para cima, quando passei a ajudar Poté na colheita do café, sentia falta dos banhos de rio que tomava durante o dia, quando chegávamos era ele que ia buscar a água, servia pra lavar a louça da janta e o banho de bacia antes de dormir.

Gostaria de saber o que foi que Irene sentiu quando desceu do cavalo e se deu conta de que estava casada com um homem branco que ela mal conhecia. Brancos eram todos aqueles que não eram índios, quero saber dela, deu medo? Quando entrei na casa, vi o fogão feito de barro, pintado com uma mão de cal, fiquei espiando, não conseguia tirar os olhos, eu não sabia falar português, ele sabia umas palavras e umas frases poucas na minha língua, mostrou o forno, a trempe que ele comprou na aldeia, não conseguia me afastar dali, admirando.

Como é que ele conseguiu fazer uma coisa tão bonita e de tanta serventia, tinha também uma mesa e um banco, o coador, um bule vermelho, duas canecas e dois pratos de ágata, ele já deixou a lenha preparada, era só acender, fez o café, cozinhou as bananas, nós ficamos ali comendo e bebendo sem pressa, eu com minha saia florida, a blusa azul, o lenço vermelho no cabelo, parecia um sonho que eu estava vivendo acordada, naquele momento, senti que não ia estranhar o mundo dos brancos, só de chegar eu estava gostando, gostando muito, meu coração disparou quando ele pegou minha mão, mostrou o quarto, por cama havia um estrado coberto com duas esteiras, ele me convidou para sentar, me pediu para tirar a roupa, custei a entender o que ele dizia, fui tirando, não queria tirar, também não queria que ela sujasse nem rasgasse nem se estragasse, ele levantou e pendurou tudo em um prego na parede, fiz que sim com a cabeça, aprovando e agradecendo, ele sentou de novo ao meu lado, tomou minha mão entre as suas.

Irene, você sabia o que era o sexo, não? Como eu ia saber, se nunca havia me deitado com um homem! Mas e a dança de sua tribo que era uma representação do ato sexual! Isso eu não sei, é você quem diz. Na ocasião que o alemão pintou o retrato de sua mãe e de seu pai, você deve ter participado da dança junto com eles, até consigo te ver agarrada às pernas de sua mãe. Devo sim, mas eu era pequena e não tenho lembrança, lembro só da raiva que senti vendo aquele estranho pintar o retrato de minha mãe, é a única recordação que tenho. Mas eles dançavam sempre, decerto que você deve ter dançado outras vezes com eles. Não me lembro, só as crianças dançam com os pais, quando a gente fica maior não pode mais, as moças não podem nem ficar olhando, só quem pode participar são as mulheres casadas.

Você não sentia medo de ficar sozinha naqueles ermos, diga sinceramente, você não ficava apavorada de que alguém aparecesse para lhe fazer mal? Poté me ensinou a atirar, herdei a mão firme e a mira certeira de meu pai, quando ele saía, deixava a garrucha comigo, se por ali aparecesse algum malfeitor, eu sabia me defender. Uma ou outra vez que ouvi algum barulho, dei uns dois tiros para o alto, nunca ninguém ousou nos fazer mal. E os filhos, Irene, quando foi que nasceu o primeiro, me conte?

Custou um pouquinho, quando Poté deitou em cima de mim doeu, fiquei ainda sentindo dor algum tempo, quanto? Não sei, um mês? Creio que me magoou. Talvez seu corpo não estivesse preparado para ter um filho. Quando fazia mais de ano que a gente tava morando junto, tive uma febre, Poté foi à aldeia, consultou o doutor, ele mandou os remédios, Poté cuidou de mim, fez comida, de manhãzinha fazia café, fez sopa de fubá, matou um frango, dona Vitória e o seu Ernesto vieram me ver, foi a primeira visita que recebemos naquela casa, ela disse pra eu tomar chá de algodão e me banhar com essa mesma água, assim fiz, depois de tudo passado, fiquei prenha.

Deve ter sido providencial esse tempo sem filho para que Irene se acostumasse à nova vida e aprendesse tudo que era mister aprender, eles viviam sozinhos naqueles ermos, mas os dois não se importavam, aprenderam a viver um para outro antes de viverem para criar os filhos. Nesses entretantos foram tecendo sentimentos, amarrando, atando, apertando um corpo ao outro, até que não houvesse nenhuma brecha onde o infortúnio e o mal pudessem penetrar e separar. Irene me diz, eu não sabia que estava esperando um filho, mas fiquei diferente, dormia, dormia, acordava com um nojo de tudo, ficava derreada, deitada, sem poder fazer nada.

Poté se sentiu impotente vendo a mulher daquele jeito, estava depauperada, e se ela estivesse com alguma doença que a consumia, o desespero tomou-lhe mais de uma noite de sono, ela era sua companheira, aquela que Deus lhe destinara, será que é plano do

Criador me deixar sozinho nesse mundo, mas um dia acordou, o sol vinha raiando, uma ideia passou pela sua cabeça, ela está grávida, não podia mais trabalhar pesado, vai fazer mal a ela e à criança, antes de sair de manhãzinha, fazia café fraquinho, leite ele podia arranjar um litro todo dia, ela não bebia leite, deixava batata doce ou banana assando, aipim, o que tivesse, deixava o milho pilado para a canjiquinha, a linguiça separada, ou um pedaço de carne de sol de molho na água para tirar o sal, ou até um bom punhado de feijão novinho que tinha acabado de colher.

Trouxe cana, os Puri gostam de cana, mas ela não podia tolerar, os dentes trincavam, a pele do braço eriçava, era gastura o que ela sentia, ele achou graça, vinha almoçar em casa, não queria ela andando debaixo de um sol tinindo pra levar a comida, aconteceu dela perder os sentidos nessa caminhada, não queria mais. Enfim, quando a barriga apontou, a mulher tinha se fortalecido, ele viu que podia sossegar.

Foi à cidade, comprou flanela, foram à casa de dona Vitória, que ensinou como fazer o enxoval da criança, cortou os tecidos, Irene tinha um senso prático fora do comum, embainhou os cueiros, fez casaquinhos de manga para o menino dormir quentinho, com os restos de tecido que tinha em casa, fez camisinhas de pagão. Lavou tudo, passou, levou o banco da cozinha para o quarto, servia de armário para a roupinha do menino, que ela ficava olhando, embevecida.

Na hora de o menino nascer, ele queria ir buscar a parteira, ela não o deixava arredar dali, a noite chegando, o tempo passando, ela sofrendo, o dia amanhecendo, quando ela disse, eu vou morrer, ele desesperou, selou o cavalo, foi buscar dona Bárbara, que chegou a tempo de ajudar a mãe a expulsar a criança, cortou o umbigo, lavou o menino, porque era um menino.

Vai se chamar Francisco. Dona Vitória trouxe sapatinhos que ela tricotou, ensinou a Irene como embrulhar o recém-nascido, Poté colocou o filho no berço que ele mesmo tinha feito, se benzeu, Irene sorriu para o marido, ela agora tinha dois amores, a avó, quando soube do acontecido, fez presente do cobertorzinho, que depois dos filhos crescidos, ela lavara e guardara para o primeiro neto.

Chegou o tempo de ir para a lavoura de café carregando o menino nas costas, o que terá feito Irene? Ela teceu as embiras, prendia o menino ao corpo, ia pra roça, ele dormia, depois mamava, dormia, depois mamava e tornava a dormir, chegava à noite e queria ficar um pouco acordado pra olhar o mundo, ainda não conseguia se distinguir daquela que era sua mãe, e o intruso, que queria separá-los, quem era? Quando ela o banhava, ele sorria, se ela falava com ele, ele compreendia, tentava conversar, balbuciava, engraçado, sorriu para o intruso também, sem dormir o bastante, Irene cansava, a vida seguia, pelejando no sol, ela usava um chapéu que protegia sua cabeça e a do filho, quando Poté vendeu sua parte no café, pediu ao carpinteiro que fizesse uma cama para o casal e um pequeno armário de gavetas para guardar os pertences da família. Com a paina colhida na várzea, confeccionaram travesseiros, pode se dizer que viviam agora com certo capricho.

Francisco crescia, fez um ano, já andava, o tempo passava que nem se via, o menino continuava pagão, Irene não se dava conta, Poté um dia montou no cavalo, fez o caminho da aldeia da Pedra, estava decidido a conversar com os pais. Irene, me diga, quem era sua sogra, quem era seu sogro e como eles reagiram? A mãe de Poté, dona Gertrudes, era branca, mas vivia tão curtida de sol cuidando das roças tratando dos bichos que a pele engrossara, ficara morena quase da cor de Poté, o pai era filho de uma índia civilizada e um negro, mais alto e mais magro que Poté, a pele um pouco mais escura, era um homem bonito, Irene achava, olhos grandes, amendoados, cílios longos e negros dominavam-lhe as feições, vivia um pouco alheio aos trabalhos e ao movimento da casa, a mulher cuidava de praticamente tudo, mas seu Tonho tinha umas tiradas engraçadas, fazia a gente rir.

Como ele obtinha o sustento da família? Em um pedaço de terra, a bem dizer, pequeno, plantavam o que era de comer, banana, laranja, batata doce, macaxeira, abóbora, couve, pepino, ervas usadas como remédios, criavam uns porquinhos, galinhas, mas o que ele gostava mesmo era do comércio, tinha uma venda, no tempo das goiabas, era ele quem fazia os tachos de doce, a goiabada, que colocava em caixas de madeira, coisa fina na época, de quando em quando matavam um porco, tudo que colhiam e fabricavam virava mercadoria, no balcão o freguês encontrava as linguiças e a gordura do porco, ovos, doces, frutas como a banana e a laranja, o sabão em barra que dona Gertrudes fazia, as roscas que saíam de seu forno, farinha não faltava, cachaça sempre havia ali e por todo lado.

Aos domingos seu Tonho tomava uns tragos, ficava alegre, dona Gertrudes também gostava, mas se contentava com um único gole, ah, se Poté tomava pinga? Em nossa casa, cachaça e mel eram guardados como remédio, usados nas febres, friagens, catarros, quando eu fiquei de barriga, para curar minha fraqueza, Poté cozinhava a macaxeira ou a banana, adoçava com mel, me levava na cama com uma caneca de café, no resguardo ele me tratou do mesmo jeito, posso dizer que tive sorte com o marido.

Como eles receberam a criança? Quando eles viram o menino grande, forte, sorrindo, abraçando os avós, falando vô, vó, o coração deles se alegrou, o padre disse que era preciso primeiro batizar a mãe, depois realizar o casamento dos pais e só então o menino poderia receber o batismo. Poté voltou pra a roça, Irene ficou para a catequese, ninguém sabia ler, os ensinamentos eram passados de boca, minto, seu Tonho sabia ler e fazer contas, aprendeu com os padres, em quinze dias, ela estava pronta para receber o sacramento.

Francisco, com dois anos completos, tornou-se o mimo da família, minha sogra comprou linho branco e fez o fato para o menino e para mim costurou uma blusa, que vesti com a saia florida e ainda coloquei um véu de renda cobrindo a cabeça. Irene não podia entrar na igreja descalça, afirmara dona Gertrudes, envergonharia a família, quanto a você, meu filho, seu calçado está pedindo outro. Poté vendeu sua parte em uma nova safra do café, aproveitando a precisão, comprou bota nova de couro feita por sapateiro exímio do local, Irene ganhou seu primeiro par de sapatos. Foi um acontecimento memorável, seu Ernesto e dona Vitória, convidados para padrinhos de casamento, compareceram, Irene, minha avó, que seja trisavó, abraçara a fé católica, com a cor do bronze e o cabelo liso cor de azeviche, seria, daquele dia em diante, uma índia civilizada, mais uma cabocla a engrossar as fileiras do povo brasileiro.

O selvagem do general Couto Magalhães

Os pantanais não são mais do que as partes em que a água está coberta pelas plantas aquáticas de que acima falei, em um tecido tão vasto e compacto que um homem deitado em cima se sustenta; e tanto é assim que, quando nas primeiras enchentes o rio destaca algum pedaço deste imenso tapete para arrastá-lo em sua serena e vagarosa corrente, os tigres costumam embarcar em uma, e assim viajam dias; a planta que forma este tecido é uma espécie de lírio aquático de flores brancas em cachos, com o cálice da corola às vezes roxo, às vezes cor-de-rosa; é conhecida pelo nome Guarani de aguapé. Do Forte Olympio (Paraguai) até Albuquerque, a árvore que predomina nestes desertos dos pantanais é a palmeira carandá, que se assemelha ao buriti, muito conhecido de todos nós; de Albuquerque para cima os pantanais são comumente acompanhados e cortados de zonas estreitas, mas extensas, de bosques muito densos, e às vezes muito elevados conhecidos sob a designação de capões (do tupi cahapôm); às vezes, ao pé desses capões, onde a água é mais baixa, crescem zonas, que vão a perder de vista de arrozais silvestres.

O índio Guató, para colhê-lo, não tem outro trabalho além do de meter por ele adentro a sua canoa e de bater indolentemente com o longo remo sobre as espigas vergadas para dentro do barco, que dentro em pouco tempo fica cheio com aquele grão de que ele e nós nos servimos como do arroz asiático. As viagens que se fazem em canoas pelo rio não são isentas de acidentes; há três inimigos contra os quais o viajante deve estar prevenido: a piranha, o sicuriju e o tigre.

General Couto Magalhães, 1876

No encontro confronto entre Kirimã, Jaciá e Cabral continuo tentando desbravar caminhos. Alguém vem vindo em minha direção, traz na mão um lume, quem será que quer iluminar o árido

terreno por onde sou obrigada a trilhar, reconheço, esse tem jeito de gente da terra, chega depois de Von Martius, depois do príncipe Maximiliano Wied Neuwied, e, ainda depois de Hermann Burmeister, os três, homens de ciência, são alemães que vêm conhecer o Novo Mundo, o que vem agora difere deles, é o general Couto de Magalhães, um brasileiro, que escreveu *O Selvagem*; no prefácio de sua obra imprimiu o ano, 1876; logo em suas primeiras letras, afirma a estratégia a ser usada para conquistar duas partes do nosso território que estão na mão dos selvagens e que, portanto, lhes pertence, mas ele tem a fórmula segura de domesticá-los, e diz ele: "o que equivale a fazermos a conquista pacífica de um território quase do tamanho da Europa, e mais rico do que ela".

Seus propósitos são pacíficos, ele quer conquistar suas terras sem derramamento de sangue. Trata-se de um homem singular, que, em outro momento, nos traz um belo testemunho da riqueza da cultura indígena, não posso, no entanto, ignorar a rudeza e a simplificação da sua proposição, da qual em nenhum momento revela dúvida ou alguma parcela de incerteza. Não há meio-termo, "ou exterminar o selvagem, ou ensinar-lhe a nossa língua por intermédio indispensável da sua, feito o que ele está incorporado à nossa sociedade, embora só mais tarde se civilize".

Fora dessa faixa litorânea, restava, como nos assegura o general Couto de Magalhães, um território quase do tamanho da Europa e mais rico do que ela, em mãos dos índios. E é essa a política de conquista em que vai se empenhar o Império já na segunda metade do século XIX, sob a égide de Pedro II. Com a ajuda de intérpretes, iniciariam a domesticação dos índios, processo que abriria caminho para os missionários.

A apropriação de todo o esse imenso território de dimensões continentais não se deu de uma vez ou apenas durante o período da colonização, foi um processo contínuo, que se estende até os dias atuais. Couto de Magalhães e Rondon são homens com grande experiência e conhecimento do sertão brasileiro, conhecem o país além da faixa litoral sob o domínio da União, são exploradores do mato grosso, do cerrado, da floresta amazônica, dos rios caudalosos por que navegam e atravessam, seus propósitos são pacíficos, são homens corajosos, são também leais ao Estado Brasileiro e ao pensamento nacional, que acredita que é preciso "conquistar" essas duas partes do território.

Em 1808, quando Dom João VI chega ao Brasil, os monarquistas querem liberar as terras férteis no Espírito Santo em torno do Vale do Rio Doce e parte do Estado do Paraná para a colonização. A política adotada por seu ministério determina o extermínio aos Botocudo, isso é, aqueles índios que resistem e fazem guerra à Coroa. Sob o comando de Pedro II, o projeto se amplia, ainda que se abrande. Dois terços do território nacional que ainda estão sob o domínio dos índios são terras a conquistar e incorporar ao país, Couto de Magalhães nos afiança que ela é maior que todo o continente europeu, o nativo retêm em mãos essa incalculável fonte de riqueza e progresso, ele acredita, no entanto, que a natureza bruta do sertão só tem um homem capaz de enfrentá-la com a força de seu trabalho: o nativo ou o mameluco, mestiço do índio e do branco.

O índio não é apto para a agricultura, aclimatado à vida selvagem seria talhado para a indústria extrativista, a pastoril e de transportes pelos rios que não têm navegação a vapor. Ele destaca as três instituições que seriam mobilizadas nesse projeto: a colônia militar, que daria suporte ao intérprete e ao missionário.

O Marechal Rondon

A política imperial de tomar posse de todo o estado brasileiro, através de atividades que deem prosseguimento à conquista territorial, é reafirmada pela República. Cândido Mariano da Silva Ron-

don participou da construção das Linhas Telegráficas país adentro, pertence à escola Positivista que, segundo Manuela Carneiro da Cunha, advogou uma política indígena das mais respeitosas, foi nomeado o primeiro diretor do Serviço de Proteção aos Índios, o SPI, cunhou uma frase que definia seu trabalho junto às populações nativas sertanejas: "Morrer se preciso, matar nunca".

O Marechal Rondon foi um dos baluartes dessa instituição, seu intento foi o de promover a integração do índio ao Estado Brasileiro, era um homem honrado, preocupado com a justiça e a paz. Como homem público, notabilizou-se pela coragem, consagrou-se como um herói nacional e um grande humanista, mas como membro da Escola Positivista, acreditava no Progresso. Na oficina de cultura Guarani, Lúcia perguntou a Antônio Overa como ele avaliava a atuação do Marechal Rondon: "Rondon tinha intenção de proteger os índios, mas ao confinar os índios em reservas, libera as terras para a colonização, contribuiu para tirar os índios de suas terras tradicionais. Rondon levou a militarização às reservas. Cada família Kaiowá tem autonomia, a base da organização social Guarani é a família extensa. Mas no novo sistema instituído nas reservas, alguns índios são elevados à condição de capitão, tem um poder acima das famílias", aquelas que querem manter seu estilo tradicional de vida são consideradas desobedientes e violentas, algumas são expulsas das reservas e quando elas tentam voltar paras suas terras, as encontram ocupadas por fazendeiros. A aldeia se torna um lugar controlado, vigiado.

Essas figuras de autoridade portam porretes, facões, correntes de aço, até mesmo armas de fogo, os índios ficam sujeitos ao medo e a todo tipo de castigo, o que pode significar prisão, tortura, expulsão, até o assassinato. Rondon cria um sistema impositivo, e os missionários são usados como força de persuasão.

Ainda o general

Eis que no início do trabalho para qual é indicado pelo imperador, o general Couto de Magalhães é um homem cheio de entusiasmo, há nele um excesso de confiança para a grandeza da tarefa a que ele se propõe realizar, diria uma confiança desmedida. Os primeiros tempos da colonização ficaram para trás, não se trata mais de aldear os índios na costa, mas de avançar sertão adentro e conquistar, como ele afirma, dois terços do território. No seu projeto cabe também um curso de língua Tupi ou Nheengatu, que ele apresenta e publica ao final do trabalho, mas é precisamente nesse momento que seu ânimo arrefece e vem o choque com a realidade, aquela que nos faz avaliar o caminho que trilhamos ou onde nos perdemos. Quais os acertos de Couto Magalhães?

Alguns, e não são pequenos, ele conhece parte do caráter dos índios e dos mestiços, seus descendestes, sabe de seu valor moral, de sua força, de sua capacidade única de viver daquilo que a natureza lhes proporcionar, de enfrentar a selva, de viver em harmonia com ela, de ser o único que pode desbravá-la, não seria o branco o primeiro a domá-la, sem o auxilio do nativo a tarefa seria inglória e inútil. Este seu primeiro acerto. Destaca a coragem e a valentia do índio frente à selva e seus perigos, sua rusticidade, são homens austeros, que com pouco podem viver e com ele se conformam, criaram uma cultura que lhes permite viver na mata, sem os luxos dos ditos civilizados. São dois, portanto, os acertos do general, acreditar no valor moral do índio e saber que ele é o único que pode desbravar o sertão.

O índio é um bravo, tem coragem, é o único que pode desbravar o sertão, será ele que precederá o branco na posse desse imenso território, mas ele tem nome, chamam-no "O Selvagem". O general está preso em uma armadilha, ao término do livro, setas, mais ferinas que as minhas, são disparadas por seus próprios pares, eles se

perguntam e o fazem em voz alta: como é que um homem prático se ocupa de tais coisas?

Outros mais afoitos vão avante, o que há de se fazer com esses bárbaros é caçá-los e dizimá-los. Revoltado, Couto Magalhães exerce seu direito de resposta, tem argumentos para contestá-los e, de repente, a indignação lhe mostra uma fissura incomoda no caráter dos civilizados, "os jovens talentos, em vez de haurir nas tradições indígenas, exemplos tão frequentes nela de dedicação levada ao heroísmo, amor da pátria, desprezo da vida e energia de caráter, exemplo, estes próprios para inspirar virilidade a uma nação que começa, foram buscar na literatura francesa os modelos mulherengos de seus heróis efeminados".

General, sei que conheces bem a força dos nativos, por duas vezes percorrendo esses ambientes inóspitos das selvas, foram esses homens intrépidos que te salvaram a vida. A hipocrisia e a crueldade manifesta dos colonizadores expõem-se à luz do dia, preciso é tomar partido, dizes, o índio não é mau, não é perigoso, não é bêbado nem traiçoeiro como o querem apresentar. "Os que lhes escrevem a história são aqueles que, a pretexto de religião e civilização, querem viver à custa de seu suor".

E, se assim, muita vezes eles apresentam respostas aos maus tratos sofridos, a exploração sexual de suas mulheres, a quem tomam como concubina, não há que aldeá-los, não há que impor a esses homens a agricultura e o cultivo das roças, eles vivem primordialmente da caça, da pesca, que é farta e não lhes falta, a raiz da mandioca lhes é suficiente.

Quando os europeus chegaram aqui, disseram que esses homens não eram filhos de Deus, nem eram homens, pertenciam à selva e que deles se podiam servir como se serve dos animais. Uma vez consultado, o Papa assegura que eles de fato são homens, mudam então a estratégia, dizem: são antropófagos. Outra vez a negativa vem da boca do general, não é verdade, muito convivi com esses homens e nunca os vi praticar a antropofagia, isso é mito, não é verdade, e se o fazem, é ato de vingança contra o inimigo, várias aldeias são convidadas para comer a carne de um único homem, reúnem-se quatro a seis mil homens, não é alimento, os homens jovens e as moças apenas provam dessa carne, menos de um grama caberia a cada homem. Trata-se de um ritual de vingança contra o inimigo.

E vejam, apenas por curiosidade, na longa epígrafe que ilustra o texto, outra evidência que o general Couto de Magalhães nos apresenta e quase todos desconhecemos, sabemos que os índios americanos forneceram à Europa dois alimentos que mataram a fome de suas populações e as fizeram crescer: a batata e o milho, ele, no entanto, nos assegura que, no século XIX, possuíamos também, no pantanal, outro cereal, o arroz, embora os nativos não o tenham domesticado, utilizando-o apenas na forma como a natureza lhes oferecia.

Fuja, Jaciá!

Entro em desespero, ainda guardo a esperança de impedir a tragédia que vai se abater sob a aldeia Tupiniquim, no entanto, preciso dormir e sonhar, depois de muitos exercícios de relaxamento, adormeço, é cedo, cedinho, o sol ainda não despontou, apenas uma leve claridade anuncia que a carruagem que o conduz se aproxima, Jaciá acorda, os pés tocam o chão com cuidado, uma vez de pé, ela toma o filho nos braços e, ligeira, sai com ele para fora da aldeia. Ela procura o regaço onde outrora, veja só como o mundo é traiçoeiro, trazia Kirimã pros seus encontros de amor.

Ele não a denunciaria, é uma certeza que ela traz, o pacto que os uniu não permitiria, essa lealdade ele lhe deve, ela acomoda o menino que ainda dorme na pedra onde, tantas vezes, os dois ficaram sentados, conversando, sim, ele não era de muitas palavras, mas com ela contava as raivas, as façanhas no mato, falava de suas proezas, por duas vezes venceu o jaguar, não fosse sua flecha, mais de um teria morrido, falava de seus afetos e desafetos, da mãe que os enchia de mimos, ele gostava da mãe, mas às vezes, os mais velhos lhe diziam, que não era bom continuar sendo tratado como menino, ele era um homem, um guerreiro, as mulheres deviam respeitá-lo.

Kirimã, então, mudava, por um tempo tratava mal a Jaciá para lhe ensinar quem mandava em quem dentro do casamento. Mais logo se arrependia, ansioso por renovar os seus encontros. Eu lhe digo, Jaciá, não fique divagando, recordando um passado que se findou, se você não encontrar outro lugar para viver, eles vão matar Coema. Fuja, não volte para a aldeia, quem sabe, depois de muito andar, você consiga encontrar uma clareira, faça uma oca. Você é daquelas pessoas que sabem fazer de tudo, peça força e ajuda a Tupã.

Ninguém consegue viver sozinho no meio da mata, muito menos uma mulher, precisamos da proteção dos guerreiros, como vou lutar com os animais selvagens, como vou alimentar eu e meu filho, até hoje ele mama, mas precisa que eu coma para alimentá-lo. Foge, Jaciá, insisto, isso vai terminar mal, conformada, ela diz, os deuses não demoram a nos castigar, não tenho condição de viver sozinha pelos matos, só vivo bem perto da água, mas não posso dormir com meu filho na margem dos rios, pelos matos tenho medo dos bichos, o jaguar ronda e vai nos devorar, tenho medo.

Jaciá, uma coisa posso dizer sem medo de errar, o sofrimento te modificou, você perdeu a leveza e até um pouco da graça e da beleza, com essa vida que tenho levado é até um milagre que eu consiga dar de mamar a Coema, mas ele é a razão da minha vida, nunca pensei que pudesse me apegar tanto a um menino. Ele é seu filho.

Eu ajudei minha mãe a criar Bartira, menina ingrata, eu cuidava dela, brincava, fui eu que lhe dei o nome, para mim ela era como uma flor, mas, quando cansava, entregava a minha mãe e ia pro rio tomar banho, não gostava quando ela me estorvava, não queria que ela atrapalhasse quando eu ia junto dos meninos pegar peixe, ficava com ela quando não estava ocupada com minhas coisas, todo dia a levava pro rio ou pro mar, dava banho nela, não gosto de criança suja, lavo toda hora que for preciso, da minha comida, ia lhe dando os pedacinhos, pra ela ir aprendendo a mastigar, ficava com ela nos braços enquanto minha mãe ia na roça pegar mandioca, quando eu estava por perto, ela estava sempre protegida, não deixava menino maior tirar as coisas da mão dela, mas não ia morrer por ela como sou capaz de morrer por esse que está aí dormindo, o meu menino.

Fuja, Jaciá, procure abrigo em outra aldeia, em outra tribo. Não adianta correr pelos matos procurando abrigo com outras gentes, outros índios não me aceitariam, sou filha de seus inimigos e, portanto, sou também sua inimiga. Quantas aldeias Tupiniquim se espalham por aí? Muitas, são muitas, todas do meu povo que mora em roda, a notícia do menino branco se espalhou, eu e Coema estamos cercados de inimigos, eles aguardam a hora da vingança chegar, nem sei por que luto, logo vamos morrer. E aqui, de que você se alimenta, criatura?

De peixe, das frutas que cato em volta, ou de folhas que são boas de comer. Como você consegue os peixes? Alguns, os maiores, às vezes, quando tenho sorte, pego até com a mão, em outro recanto, em praia afastada que só eu vou lá, faço um cercado na beirada das pedras, eles vêm quando a água cresce, depois quando ela abaixa, eles ficam presos, eu pego. E bicho pequeno, você não pega no mato? Não, tenho nojo, e a fome ainda não foi tanta que me obrigasse a comer essas porcarias que eu não gosto.

Quando a lua é cheia, noite alta, vou na roça da minha mãe ou de Maíra, arranco raízes de mandioca, carrego, trago para cá e enterro e vamos, eu e Coema, comendo devagar. Como ninguém vê a fumaça que sobe do fogo que você faz? Eu cozinho tudo no buraco que cavo na terra, ponho pedra em cima e faço o fogo, mas estou ficando cansada de viver essa vida, estou cansada de viver tocaiada igual bicho no mato, noite passada, os espíritos que vivem nas águas vieram enquanto eu estava dormindo, eles me disseram que quando lágrimas de sangue estivessem correndo pelo meu rosto, eles teriam piedade de mim e iriam me levar. Tenho de esperar que as lágrimas de sangue caíam dos meus olhos e molhem meu rosto. Mas não desanimo, não posso morrer, tenho de proteger Coema.

Desse lugar onde estou não existe tempo nem espaço, é o reino das palavras, dos sentimentos puros, onde só os espíritos sobrevivem, penso em encontrar o jeito de exorcizar a tragédia, não tenho, porém, a força do trovão nem a potência do raio, nem meu espírito é suficiente sábio e poderoso que consiga me aproximar de Monan, quando penso que vou me colocar em sua presença, desvaneço. Os ancestrais também estão contra Jaciá, eles mandam recado, a hora da vingança se aproxima, seus filhos não podem tolerar que o inimigo partilhe por muito tempo da oca onde todos dormem, é o que eles me dizem.

Não tenho a quem pedir, não há nenhum espírito superior que me ouça ou atenda, retorno a Jaciá, quero compreender porque os acontecimentos tomaram esse rumo. Eu a encontro amamentado o menino, me dá nervoso, moderna que sou, ver um garoto de mais de dois anos, no peito da mãe, ele é grande, herdou a corpulência do pai, ela pede que eu me cale para que ele possa mamar sossegado, espere, depois de mamar ele vai dormir, aí a gente pode conversar.

Foi bom você vir, preciso falar com alguém, vivo sozinha no meio do mato, só eu e Coema, para nossa sorte, todos evitam esse lugar, os espíritos das águas me protegem, a qualquer outro que se aproxime, eles enviam as cobras, o mais valente dos guerreiros teme esse bicho que rasteja, bicho traiçoeiro, portador da morte, ninguém acredita que eu possa estar aqui, não sabem que, quando chegamos, as cobras fogem, obedecem aos espíritos das águas que as expulsam e, se alguma insiste, colocam a pedra em minha mão para que eu possa esmagar-lhe a cabeça.

Sempre foi assim, desde que eu vinha com Kirimã. Jaciá quer saber o que me traz, ela gosta de conversar, são só ela e o filho, se distrai com ele, mas o pequeno curumim ainda está aprendendo a falar, não tem companheiros, fica enjoado, chora, quer voltar para a oca, é uma criança solitária, só tem ela com quem brincar, às vezes ela se cansa de ser tudo para o filho, sim, ela me diz, é aqui que vivemos, debaixo dessa árvore que nos protege do sol e da chuva, de seu tronco só se afastam quando ouvem um barulho terrível, é Tupã que está zangado, é preciso correr, ficar longe dali, longe da água, aguentar até a tormenta passar, o fogo desce do céu para castigar os homens e matar os bichos, ferir as árvores, ela já viu um homem ser atingido e dele sobrar apenas um pedaço de carvão.

Jaciá, é de outra coisa que vim falar, quando os brancos chegaram, na praia havia muitos guerreiros, a cada dia ele chegavam em maior número, dia houve que Caminha contou quatrocentos, mas as moças foram poucas, embora suas vergonhas tão certinhas tenham encantado ao escrivão... Pois é, eu era uma delas, só as mais corajosas vieram, aquelas que não tinham medo de nada.

Jaciá, não exagere, de animais ferozes você tem medo, e medo maior tem do Jaguar. Medo do Jaguar eu tenho, quem não tem não é certo da cabeça. Dos guerreiros, só Kirimã é capaz de enfrentá-lo, qual era seu intento quando foi à praia, eu queria ver de perto aqueles panos que os brancos trazem no corpo, queria ver se eu podia tecer uma coisa parecida. Você sabe tecer sacos e redes? Claro que sei, tudo que for de fazer com a mão eu aprendo em um instante, fazia tudo com tanto gosto e tão depressa que todo mundo admirava.

Viajante que sou, apresso-me, alcanço Kirimã, imploro, salve o menino, se Coema morrer, Jaciá não vai suportar, ele me vira as costas, corro atrás dele, por favor, como você vai continuar vivendo sem a presença dela, nós dois sabemos, sem ela você perde sua alegria. Minha alegria perdi há muito tempo, o que ela fez não tem volta. Não adianta nada que eu fale ou pense, ou peça, a sorte de Coema está decidida, quando tento falar com Abaetê, pai de Kirimã, ele vira o rosto, volto, Kirimã, você ainda pode impedir a morte do menino, faça com que cada um volte para sua cabana, tire o tacape da mão do matador, acabe com isso.

Você é branca, não conhece nossas leis, ninguém mais pode fazer nada, olhe à sua volta, as mulheres têm pedras na mão, os guerreiros estão avançando, o menino está amarrado. Imploro, olhe só pra Jaciá, ela não vai suportar. Coema não é meu filho, ele é filho do homem branco, não pertence a nossa gente, quando Cabral voltar, ele ficará ao lado do pai, o mal tem de ser arrancado do meio de nós. Ele tem de morrer.

Os miolos de Coema voam pelos ares, Jaciá corre para a floresta, ninguém a detém, Maíra lamenta, tão moça, tão linda, tão boa, a mais bonita de todas aquelas que já nasceram de nossa gente, ela não foi feita para esse mundo, balbucia, imploro, salve Jaciá, ela não poderá viver sozinha no meio do mato, quando ela voltar, eles vão matá-la.

O que é que eu, uma mulher, velha pode fazer, conheço muitas ervas que curam, mas contra o mal que os homens brancos trouxeram não tenho nenhum remédio, não tenho o poder de salvá-la, não do jeito que você imagina, mas, pode ir descansada, os espíritos que vivem na água a protegem, não vão deixar que lhe façam mal, sua dor vai ser lavada, o destino está traçado, as águas vão levá-la.

Você acredita que na morte ela encontrará a salvação, Jaciá é jovem, ela quer viver. Você não compreende, mas eu sei do que falo, enquanto correrem os rios, ela será a senhora das águas. Você pode pensar que a culpa é de meu filho, a culpa é do seu povo, foram os brancos que trouxeram essa desdita, Kirimã fez o que qualquer um faria, temos de cumprir as leis que nossos ancestrais nos deixaram, se o homem branco não tivesse vindo nada disso estaria acontecendo.

Maíra profetiza, Kirimã não sabe, mas eu sei das coisas terríveis se sucederão quando eles voltarem, nossos corpos vão se abrir em feridas, nem com o mel nem com as ervas que conhecemos haverão de fechar, os vivos não serão suficientes para enterrar os mortos, será esse o sinal da grande noite que vejo se aproximar.

Que seria de mim sem os sonhos e os devaneios, que haveria eu de saber, desta vez, basta um cochilo e encontro-me na beirada de um rio. Quando olho um pouco mais à frente, quase perco o fôlego, quem vejo, Jaciá, meu coração bate aos saltos, corro até ela, que bom te reencontrar, tanto me preocupei, e aqui estás tão bela quanto fostes enquanto o destino não te impôs o terrível sofrimento de que fui testemunha, quem foi que salvou-te a vida, minha boa amiga?

Jaciara, senhora das águas

Quem é essa de quem falas, não estou sabendo, espanto-me com a frieza que com ela me trata, a fala, porém, é preguiçosa e melodiosa, aturdida, levo alguns segundos para recuperar a lucidez, mas a razão logo me acode, se não és Jaciá, de quem guarda as feições, quem és que me engana com aparência igual à dela? Sou Jaciara, a senhora das águas, e, como podes ver, esse é o meu reino, não, não te conheço, mas digas logo a que veio, por quem procuras. Se ela é a senhora das águas ,pode me dar notícias de Irene e de seu povo, os Puri. De tua avó a quem chamas de Irene, não sei, lá por aquelas bandas em que procuras por ela, homens da minha cor, de cabelo liso e negro como o meu, colocam as toras nas águas e as conduzem ao mundo dos brancos.

Estupefata com o desdém com me ela trata, encontro a desforra, Jaciara, dizem que és malévola, que atrai os homens e os levas para o fundo das águas, onde os mata. Dizem que és vaidosa, que à tardinha vens para a margem do rio onde contempla a própria beleza no espelho das águas, que ficas lá penteando os cabelos com um pente de ouro. Penteio o cabelo porque não posso deixar que eles se embaracem, vê, eles são como camadas de seda negra caindo sobre meus ombros, ela se gaba.

Dizem que, no final da tarde, vens para as margens dos rios e seduzes os homens com teu canto. Dizem que eles se tornam prisioneiros da música com que os enfeitiças. Gosto dos homens, de longe, de muito longe sou capaz de ouvir a voz grave deles, tão diferente da minha, sou senhora das águas, mas invejo as pernas com que caminham sobre a terra, eu canto, é da minha natureza cantar, vez ou outra, algum deles vem. Jaciara, por que os atrais para o fundo do rio, se tua intenção é matá-los? Não resisto à tentação de seduzi-los, mas, quando os homens se aproximam, não posso deixar que eles cheguem perto senão perco o encanto, tenho de fugir enquanto me perseguem, não sou eu que os mato, eles são vítimas da fúria das águas que os tragam e afogam.

Kirimã acorda assustado, com a sensação de sufocamento, qual o drama que no sonho se desenrola e o coloca neste estado de angústia e desassossego? A carruagem do sol vinha descendo no horizonte, levando com ela a luz do dia, ele andava à toa, à procura de alguma coisa que fazer, quando, na beirada do rio, vê Jaciara, sua cauda escondida pelas águas, ela traz na mão o colar de ouro que adornava a roupa do comandante da esquadra, eis que ela levanta o braço e o metal se transforma em um pente, que vagarosamente desliza pelo cabelo, até que ele caia como nuvem de seda negra sobre os ombros, então, Jaciara canta. A doce e suave melodia vai chamando Kirimã.

O guerreiro não consegue resistir à voz com que a mãe das águas encanta e seduz os homens, ele se agarra aos troncos das árvores para resistir, sabe que está sendo levado e que vai sucumbir, a intenção dela é malévola, vai levá-lo para o fundo e afogá-lo, o homem tenta se manter protegido pelos grossos troncos que se estendem à sua frente, a sublime melodia vai demovendo sua vontade, os dedos se afrouxam, nessa aflição, ele desperta.

Consolo de verdade não posso lhe trazer, mas corro até Kirimã para conversar, ele não conseguiu ainda se desfazer da trama do sonho, de qualquer maneira não venho para acalmá-lo, eu o interrogo, digo, tanto lhe pedi para salvar Coema, conhecendo Jaciá. Não havia nada que eu pudesse fazer, mas você é branca, não fica no seu lugar, seu prazer é me atormentar. Kirimã, você ainda tinha tempo para tirar o tacape da mão do matador, mas você não me ouviu, pensa que não sei do que falo, não sabe mesmo, a lei tinha de ser cumprida. Tudo que eu queria era evitar as tragédias que viriam e, agora, na margem dos rios, Jaciara estará te chamando, você sabe o que significa esse chamado, não sabe?

Ele é tão claro que qualquer criança saberia dizer o seu significado, é sua morte próxima que ela vem anunciar. Quem trouxe o mal para o meio de nós foi o homem branco, ele é o pai de Coema, aprendemos com nossos ancestrais que não podemos deixar entre nós o sangue de nossos inimigos, devemos devorá-los antes que eles nos devorem, porque, quando eles voltarem, o filho se juntaria ao pai para nos destruir. Eu me calo, sei que não estava em suas mãos outra resposta que não fosse aquela que a tribo impunha, a ordem fora rompida e, para ser restituída, o menino tinha de ser sacrificado. Mas, diga, Kirimã, é a primeira vez que ela vem atormentá-lo em sonhos? Não, na sucessão dos dias, o pesadelo se repete. Para resistir ao encanto da melodia, agarro-me aos troncos das árvores, quando sinto que as mãos vão se soltar, acordo sufocado, aflito, as pernas tremendo.

Kirimã, o que houve? O que pode ter abatido seu ânimo marcando suas feições com a tristeza e a desolação? Medo? Medo de quê, eu teria, me diga, a senhora? Medo de ser arrastado pelo canto de Jaciara, ou me engano? Saiba que a coragem nunca há de me faltar, um guerreiro não teme a morte, na luta encontramos a glória e, se for vontade de Tupã, o paraíso, onde haveremos de cantar e dançar com nossos ancestrais. Então me diga, o que o mantém acabrunhado, cabeça pendida para o lado, como se a veia do guerreiro de que tanto se gaba o tivesse abandonado?

Meu povo está sofrendo, os espíritos das águas se negam a nos fornecer o peixe, estamos com fome, não aguentamos mais comer só mandioca e batata doce, queremos fazer o piracuí, se nossos inimigos nos atacam, vão nos encontrar enfraquecidos, seremos vencidos. Não pergunto pela caça, mas ele acrescenta, a caça também tem sido pouca, os presságios do maracá não são bons, há dois dias que Maíra me pede, não vá, meu filho, não vê como o dia amanheceu triste, os guerreiros rezam para a onça, a guardião da floresta, pedem que permita a caça para matar a fome da tribo, mas voltam com caça pequena, uma ou outra ave é tudo que trazem.

Não me venha você falar em Coema e Jaciá, não ofendemos aos nossos deuses, a lei que os ancestrais nos deixaram tinha de ser cumprida. Meu pai está fraco, precisando de comida, não vou ouvir conversa de mulher. Se demoro muito a agir, perco até as forças para empunhar arco e flecha, amanhã vou convocar meus companheiros, vamos caçar.

A CIRANDA

Ciranda Cirandinha/ Vamos todos cirandar/
Vamos dar a meia volta/ Volta e meia vamos dar.

O anel que eu me destes/ Era vidro e se quebrou/
O amor que tu me tinhas/ Era pouco e se acabou

Por isso, dona Rosa/ Entre dentro dessa roda/
Diga um verso bonito/ Diga adeus e vá se embora.

Cancioneiro popular

Imagem: *Vale na Serra do mar* (detalhe). Jean-Baptiste Debret, 1834.

Jorge

A canção popular ensina, entre dentro dessa roda/ diga um verso bem bonito/ diga adeus e vá- se embora, assim como diz a ciranda, devo umas palavras finais aos meus personagens, e em algum sentido, devo-lhes o desfecho da história, o certo é começar a cerimônia com Jorge porque foi aquele que primeiro me deu a mão, e, se eu entrei na roda, devo dizer um verso e me despedir, mas como vou dizer um verso se não sou poeta, minha palavra vem da prosa, dos contadores de causos, e é dela que vou me valer, tentei contar a história de Jorge, foi Nhanderu quem decidiu que ele deveria ser colocado em meu caminho, quem diria que eu me converteria, mas o crente o deve crer completamente, não é, porém, essa a natureza do meu pensamento, por isso não pude nem posso me batizar, em toda parte busco e descortino uma centelha da verdade, falo de coisa tão frágil, tão pequena que quase não se pode ver ou medir e deve resultar do esforço que se faz sem que se pense em prêmios, fama ou dinheiro.

De onde então deve o escritor tirar o seu sustento, ele pode vir de outro lugar, mas é sina do artista morrer pobre e desvalido. Ainda estou presa na roda. Devo dizer esse verso e sair da roda, mas as palavras não me vêm à boca, culpa das musas que me abandonaram, mas alguém me sussurra ao ouvido, não existe o tempo para aquele que escreve, preciso é paciência porque as musas são voluntariosas, não posso me apressar, tenho que esperar pelo capricho delas, seres encantados que são, elas vão soprar as palavras no meu ouvido, em todo caso, não será dito em verso, sou cativa da prosa, preciso esperar, vivo na terra do nonsense, onde os relógios não marcam hora, não há praticidade nesse ofício, e o que devo dizer, quase nada, quase tudo, é a verdade que transborda, que entorna, mas estou presa na roda, não se escreve com um anel de vidro no dedo, ele tem de ser de ouro com pedrinhas de brilhante, o material de nosso oficio é feito do metal que ilumina e da pedra preciosa que corta o vidro e o aço, enquanto não ganho esse anel de verdade fico presa na roda, não posso dizer o último verso, mas a canção me anima, promete, entre dentro dessa roda, diga um verso bem bonito, diga adeus e vá se embora.

Qual desfecho devo dar à história de Jorge? Todos sabem que as histórias não terminam, ninguém se casa, tem muitos filhos e vive feliz para sempre, há muita dor no meio do caminho, muito trabalho, muito enredo, muitos atalhos, no entanto, a esperança acena para aquele que se move, a vida de Jorge, ouso dizer, segue como segue a vida de todos os homens com seu quinhão de alegria, com seu quinhão de sofrimento, alguns tem mais sorte do que outros, o carma de alguns é muito pesado, não creio seja esse o fardo de Jorge, sua vida é de luta, mas aquele quc tem força para lutar tem força pra vencer, o que obtém o homem como fruto do seu trabalho, deste ponto de vista, a vida nos iguala a todos, como Sísifo subimos a montanha carregando uma pedra e quando chegamos ao topo ela escorrega da mão e desce morro abaixo, e nesse labor incessante levamos a vida, como se toda ela fosse obra do absurdo, mas essa imagem também é falsa por incompleta.

Alguma coisa conseguimos segurar, o resultado do nosso trabalho, ainda que pouco, mal ou bem nos sustenta no mundo, a vida do homem se resume em caminhar. Jorge nasceu entre os Guarani, é um índio Guarani, sua gente veio caminhando de Santa Catarina até a Serra da Bocaina em Paraty, lá ficou escondida sem que ninguém soubesse dela, estavam em busca da Terra Sem Mal.

Com a construção da estrada Rio-Santos foram descobertos, ele se casou com uma índia Guarani, teve uma filha, no que andou pelo mundo para fazer seus estudos, uma mulher branca atravessou seu caminho, separou da primeira, pediu perdão a Nhanderu e, como seu coração fosse sincero, o obteve e, à filha que teve com a segunda mulher, Nhanderu deu nome, mas o anel de noivado ainda desta vez seria de vidro, ela, a mulher que não era do seu mundo, não poderia se tornar uma índia Guarani se não o fora por nascimento, acredito, posso estar enganada, que por causa desse amor atribulado houve um cisma, sua família devia procurar outro lugar para viver, a organização Guarani é o da família extensa, foram para Niterói, onde os encontrei, eu pretendia aprender Guarani, para lá me bati com minha amiga Lúcia, Beth se juntou a nós.

É pouco o que trago para partilhar com quem nos acompanha nessa aventura, mas, não importa, não vou lançar mão de artifícios, foi o tanto que consegui, foram muitos os obstáculos que me impediram de chegar onde queria, como estou sempre em busca de meus ancestrais, abandonei a pesquisa para iniciar outra, em momentos diferentes, minhas companheiras também se dispersaram, quanto a mim, pretendia continuar o que tinha começado, mas quando voltei o professor não dispunha mais de tempo para essa aluna inconstante. Fiz diversas tentativas, mas o curso não pode ser reatado, Jorge não pôde me encaixar no tempo que ele tinha para cuidar da sua gente.

Assim fica explicado o escasso conhecimento que adquiri da língua Guarani, que, no entanto, às vezes me auxilia, outro o motivo me fez contentar com esse pouco, os índios com os quais convivi falam bem o português, mas, entre eles, usam a língua materna, tendo Jorge, inclusive, formação como professor de Guarani.

Estou chegando bem perto do que quero falar na despedida. Não se pode ler alguns livros sobre os Guarani sem que se depare com a Terra Sem Mal, a Yvy Marã Ey, pouco que andamos logo tropeçamos nela, embora meu saber não seja suficiente, não posso deixar o assunto passar despercebido porque, enquanto estou tentado compreender parte da trajetória de Jorge, Verônica me diz, não foi por causa das máquinas que entraram fazendo trilhas para começar a construir que eles deixaram Niterói. A causa não foram os interesses imobiliários postos acima da legitimidade da aldeia Guarani, isso não corresponde à verdade, eles saíram de lá por outros problemas, sobre o comportamento político de Jorge, ela disse, ele não vai chegar à Terra Sem Mal, ele é um territorialista. Preciso, pois, pegar um atalho, vou recorrer primeiro a Pierre Clastres, aquele que nos fala da Terra Sem Mal com mais calor, se a palavra não é adequada, foi esse o sentimento que seu texto calou em mim. Segundo ele, sob a condução de seus profetas, os Karai, os índios Guarani, abandonando aldeias e plantações, jejuando e dançando sem parar, punham-se em marcha para o leste, ao lado do sol nascente, em busca da Terra Sem Mal.

E para encontrá-la é que eram feitas, já no final do século XV, as grandes migrações religiosas. Os Karai não são os pajés, curandeiros da tribo, o dom do Karai é a palavra, são os donos do discurso, são profetas. A existência do Karai marca as sociedades Tupi-Guarani, mas contra que mal pregam os Karai e o que prometem? Eles dizem que é preciso abandonar a Terra má para encontrar a Terra Sem Mal, a Yvy Marã Ey, não se trata de um fenômeno messiânico, esse é o parecer de Pierre Clastres e de Helène Clastres, isso acontecia antes da chegada do europeu à América, já no século XV.

O crescimento de suas populações propiciou o aparecimento dos grandes chefes, que ameaçam a igualdade que rege a vida dessas tribos, e é contra esse mal, a desigualdade, que pregavam. Guiados por seus profetas com as belas palavras, cantando e dançando, eles caminham para a Terra Sem Mal, Yvy Marã Ey, a terra dos deuses, o paraíso terrestre, lá onde as flechas caminham sozinhas, onde o milho nasce nos campos sem ser plantado, onde os homens podem e devem dar suas filhas a quem quiserem , é a terra divina, aquela que existia antes de ser destruída pelo primeiro dilúvio, onde viviam os homens e os deuses.

Ouvi discurso paralelo a esse, e vou começar por Montoya, vão dizer, ah! por favor, que conhecimento você tem para falar desse assunto, seu projeto fracassou, seus estudos de Guarani foram condenados ao fiasco, antes que me digam, confesso, eu nada sei, mas vou começar pelo testemunho de Montoya, na Conquista Espiritual, segundo ele, os Guarani são todos agricultores, a partir dos onze anos, os rapazes já têm suas roças, entre eles não há compra nem venda, fazem isso com muita harmonia, ajudando uns aos outros e, com muita generosidade e desinteresse, socorrem-se em suas necessidades.

Mas essa não é a Terra Sem Mal, é a terra de onde se tira o pão com o suor do rosto, aqui já se coloca o dom da reciprocidade, de que vai nos falar outro jesuíta, Bartolomeu Melià, apoiando-se no *Tesoro de la lengua Guarani,* do padre Antônio Ruiz Montoya, Melià encontra outro conceito que define a Yvy Marã Ey – "solo intacto que não foi edificado" – seria, pois, a terra virgem. Terra virgem e fértil que propicia o cultivo, a fartura e a divina abundância que Ulrich Schmídel encontrou entre os Guarani em 1537. Esse o elo que Bartolomeu Melià sugere entre a procura por terras novas e férteis e a migração de inspiração profética.

Não se trata apenas de um pedaço de terra, mas de um espaço geográfico que envolve floresta, campos cultivados, rios, nesse sentido a experiência colonial ao cercear os movimentos e a liberdade teria provocado alienação e rompimento de seu espaço não só físico, mas espiritual, e teria provocado as migrações por novas terras onde pudessem restabelecer esse estilo de vida, onde o bem viver e o contentamento pressupõem a fartura, a reciprocidade, as mãos abertas, o dom e a igualdade.

São discursos diversos que tento resumir em algumas linhas, não sem algum temor, mas há um momento em que me sinto confortável ao tratar deste tema, quando conversamos com Antônio Overa, um índio Guarani, da etnia Kaiowá, ele é assertivo e não é demais repetir o que ele nos falou. De acordo com a cultura Kaiowá, quando algum mal acontece à tribo, quando as coisas não estão boas, quando algum mal os atinge, eles devem rezar um dia inteiro, o dia e a noite sem interrupção.

Quando eles conseguem realizar a nemoa, a reza completa, eles se tornam invisíveis, podem permanecer escondidos, por isso eles não mudam de lugar, permanecem lá, a reza os torna invulneráveis ao mal. Aqueles que não conseguiram com o efeito da reza tornarem-se invisíveis e invulneráveis ao mal que lhes é infringido tiveram de partir, partem em busca do lugar em que possam viver bem. Segundo o professor, essa denominação, Terra Sem Mal, teria sido criada pelos não-indios. Não importa o nome, eles fugiam de um mal que os ameaçava, não conseguindo como os Kaiowá esconjurá-lo através da reza, tinham de partir.

Convivi algum tempo com os Guarani Mbyá, conversei muito com Jorge, que foi nosso professor, nossa oficina funcionava às sextas-feiras de duas a quatro da tarde, no início, Fernanda, enquanto a barriga ainda permitia o conforto, sentava-se em uma das extremidades da oca como ouvinte, Luiz participou de algumas dessas aulas, ele estava sendo treinado para o magistério pelo irmão, era sua a tarefa de ensinar as crianças da tribo, de uma coisa não tenho dúvida, Jorge é um índio Guarani, sempre viveu como um índio Guarani, mas é sua metade branca que o aproxima de nós.

Dona Elisa também conversava com a gente, ela é a pajé, não estaríamos ali se ela não consentisse, ela é casada com um homem branco, mas o que tornou possível a união foi que ele viveu sempre na aldeia como vivem os Guarani, talvez o casamento tenha sido o facilitador do diálogo, Antônio Overa foi nosso professor substituto e eventual, respondia ao que perguntávamos sem reservas, estava com o projeto de doutorado pronto para apresentar na universidade, dialogava, portanto, com o mundo dos brancos, outra com quem conversamos foi Cema, irmã de Jorge, ela casou e foi morar em uma reserva que promovia bailes e onde se consumia cerveja, lá onde os costumes Guarani se encontravam, segundo Jorge, ameaçados, não conversamos com outras pessoas da tribo, ah, no dia da reinauguração da aldeia, em nosso primeiro contato, conversamos com Miguel, ele havia participado da fundação da nova aldeia, falava também a nossa língua e respondeu ao nosso interesse de maneira franca. Posteriormente, ele se afastou ou foi afastado.

Conversar com branco não significa que a cultura está se perdendo ou vá se perder. Significa que categorias fechadas estão se abrindo e as fronteiras se ampliando, o procurador Edmundo Antônio Dias, em defesa de outra etnia, os Krenak, que vivem à beira do Rio Doce, agora coberto de lama, onde carros e motos ficam parados em frente às casas, que, embora sejam muito modestas, são de alvenaria, diz que, "segundo a convenção 169 da OIT (Organização Internacional do Trabalho, Agência das Nações Unidas), povo indígena é aquele que se reconhece como tal, se o jovem estuda e faz faculdade não significa que perdeu seus valores".

Outra vez aproveito as lições que recebemos de Antônio Overa, ele não vê problema na "aculturação", uma cultura é construída em contato com outras culturas, o índio incorpora aquilo que está disponível, lhe dando outro significado, por exemplo, a luz. Ele usa a luz não apenas pra iluminar a sala de visita, ela serve para afastar a assombração, os espíritos malignos fogem da luz, eles gostam da escuridão.

Os índios são brasileiros, afirma o professor Bessa, não se pode ver o índio congelado na carta de Caminha, vivendo nu, no meio da floresta, com o arco e a flecha na mão, eles vivem em um país moderno, onde recursos da informática estão ao alcance das massas, eles interagem não só com os brancos, mas com o mundo, isso não os leva ao abandono de seus valores e ao esquecimento de quem são ou à negação de sua cultura, brasileiros que são, eles pleiteiam, enquanto índios, o exercício da cidadania brasileira.

Voltando a Jorge e sua família, eles são índios Guarani da etnia Mbyá e vivem segundo sua cultura e ancestralidade, foi o que testemunhei quando tantas vezes fui recebida na aldeia, Jorge é um índio Guarani, embora ele possa transitar no mundo dos brancos, ele é um índio, não só pelo cabelo liso e negro, a pele castanha avermelhada, ou o tembeta, quase imperceptível, que ele traz no lábio inferior, mas, sobretudo, em suas crenças e seus costumes.

Segundo Bartolomeu Melià, os Guarani usam o termo teko porã, teko seria a cultura, o hábito, o modo de ser, teko porã seria o viver bem, onde os dons podem ser compartilhados, as mãos abertas, uns socorrendo os outros em suas necessidades, em clima de reciprocidade. Mas, para que isso aconteça, eles precisam da Tekoha, isso é, um território, que não significa apenas um pedaço de terra, mas onde se conjugam o rio, o terreno de cultivo, a floresta, animados pelos espíritos em que acreditam.

Jorge, creio, busca esse território para seu povo o que se concretiza na aldeia de Maricá. Lá eles encontraram uma terra fértil ao lado do sol nascente, no meio de uma pequena mata, ele procura estabelecer esse estado de teko porã, esse bem viver de que nos fala Bartolomeu Melià, onde eles possam ajudar uns ou outros, com generosidade e desinteresse. Após o cisma que ocorreu em Paraty, eles precisam encontrar uma nova tekoha, esse território lhes foi oferecido em Maricá, lá eles podem viver junto ao rio, construir suas ocas espalhadas pelo mato, podem fazer suas roças de milho, plantar a batata doce que se esparrama pelo chão, ou a melancia, podem pescar o peixe que eles cortam ao meio e põem para secar como fizeram por milhares de ano, e uma vez seco o peixe, as mulheres fritam e a tribo come no café da manhã e no almoço, como pude ver no pouco que frequentei essa aldeia, para a qual a se mudaram em Maricá.

Se Jorge vai se afirmar como um territorialista ou como um autêntico índio Guarani, são ele e o tempo que vão responder. Ele procurava um lugar para vender artesanato, como ele me disse, se o Guarani não tem uma casa de reza nem produz seu artesanato, perde seu modo de viver, sua cultura. Que o índio procure uma atividade que lhe garanta uma renda não é novidade entre os Guarani, Cadogan já diz que na medida em que eles passam a incorporar à sua vida objetos que, precisam ser comprados, eles empregam sua força de trabalho onde possam receber um salário, não podem mais tirar tudo da natureza como fizeram seus ancestrais, estão inseridos em uma sociedade com quem forçosamente interagem.

No que olho e vejo, na aldeia em Niterói, onde tive um contato maior, e outro mais recente em Maricá, pude ver que eles, diferente de muitas etnias, não abandonaram suas ocas, vivem em cabanas construídas com madeira, bambu, barro, cobertas com palha seca de palmeira, Jorge e Luiz guardam o segredo de suas construções, suas ocas não deixam passar a chuva, não são derrubadas pelo vento, são sólidas, seguras, nelas estão protegidos das intempéries. Quanto ao que vi, posso testemunhar de suas crenças.

Na aldeia, a vida adquire sentido na opy, na casa de reza, onde toda noite cantam e dançam para que Nhanderu os ilumine, o ritmo de suas vidas é ditado pelas cerimônias religiosas, tamanha é a crença e a fé em Nhanderu que Antônio Overa diz em palavras onde vai alguma crítica, tudo para Jorge é Nhanderu, tudo que se obtém é através Dele, tudo é concedido por Ele.

Matalalauê

"Vocês estão dentro da nossa casa. Estão dentro daquilo que é o coração do nosso povo, que é a terra", proclama Matalauê diante da tela para que o Brasil inteiro possa ouvir. Os brasileiros pensavam que essa era uma questão resolvida, não se coloca em juízo uma posse que se deu em quinhentos anos, pensaram que eles tinham esquecido, eles não esqueceram, a ferida está aberta e nunca há de cicatrizar. Durante a festa para celebrar os quinhentos anos, o governo cercou Coroa Vermelha, onde os índios estavam acampados, prontos a marchar sobre Porto Seguro, para uma cerimônia a que não foram convidados, e eles dizem, durante dois ou três dias helicópteros sobrevoaram constantemente a aldeia, e a Marinha foi chamada para fiscalizar o mar.

Parece que sou repetitiva, e sou, mas os personagens, uma vez na roda, não são liberados se não dizem um verso.

Esta terra nos pertence, diz o bravo. "Foram quinhentos anos de sofrimento." Vamos falar ao acaso, seguindo a história que me foi recém-contada. Estive em Paraty para uma conhecida feira literária, lá onde coexistem três aldeias Guarani, próximas aos três grandes centros urbanos do país, Rio, São Paulo e Belo Horizonte, mas, igualmente longe das vistas e do coração de seus habitantes. Uma vez no burburinho das ruas que rodeiam o Centro Histórico, pelas calçadas, em metro e metros que se alternam, se espalha o artesanato indígena.

São muitos os que ostentam a pele de bronze, os maxilares marcados, os olhos amendoados, não são apenas os Guarani que se põem de pé na praça oferecendo colares, maracás, pulseiras, brincos, milhares de cestos belamente trançados, lá está Vãngri, da etnia Kaingáng, do Rio Grande do Sul, o rosto pintado com arte nas tintas do urucum, ao lado do artesanato que ela expõe na calçada estão seus livros, ela é escritora. No outro dia, quando a procuro, no seu lugar, está seu marido, Garapirá, eis que me espanto, é um índio Pataxó.

Alegro-me, ele vai me trazer notícias de Matalauê, não traz, pela rua adiante vou encontrando outros da mesma etnia, Maiõ, o rosto pintado com o vermelho alaranjado do urucum, esse sabe de Matalauê, primo seu, mas não pode me dar notícias se não as tem, anda por outros lados. Debaixo de um pé de árvore, conforme me indicaram, Pacari expõe seu artesanato, entre eles um pequeno canudo que imita o som dos pássaros, trago um sem a ilusão que dali possamos tirar os trinados que ele consegue sem esforço. As notícias que procuro não tem, quem, por via travessa, as traz na boca é Garapirá, quando volto pra conversar com ele.

Indago: de onde saíram as palavras que brotam com raiva e ímpeto do coração de Matalauê? Não escaparam no improviso, foram em séculos inteiros geradas, germinadas, encontraram na imprudência do governo a ocasião de manifestar-se, no momento em que ficariam gravadas na memória daqueles a quem se destinavam. De onde vem sua mágoa, sua ferida, sua indignação que irrompem diante da tela? Que circunstâncias fizeram dele o arauto de tantas nações exterminadas, massacradas, espoliadas, de seus remanescentes excluídos, de suas mulheres estupradas, de suas terras e matas, de quem eram guardiães, devastadas.

Garapirá diz: viemos para Rio para continuar nossa luta. Sobre o nome da etnia conta que Pataxó vem do barulho da água que bate na pedra, pá, e escorre, taxó, é o banho na pedra. Ele e Vângri se conheceram na Aldeia Maracanã, aquela de onde Jorge afirma que os índios foram retirados com bombas. Ali viviam 47 índios, de 17 etnias. Entre elas, os Pataxó e, a julgar pelo manifesto, são eles que com mais força foram atingidos pela mentira do descobrimento.

Como se fundou essa aldeia em pleno coração do Rio de Janeiro? Em 20 de outubro de 2006, quando iniciamos nossa luta na cidade, lhe demos o nome dos índios que aqui habitavam, assim o chamamos Movimento dos Tamoios. Em 2010, Sérgio Cabral convidou as lideranças para uma reunião sobre um edital de empregos para índios e negros. Sobre o espaço em que vivíamos, outorgou-lhe o nome de Aldeia Maracanã. Foi ele quem a batizou. Como moravam? Em ocas, em barracas. Tinha água e uma cozinha comunitária. Banheiro? Só uns vasos. E o banho? Tinha uma biquinha onde todos nos banhávamos.

Quando os europeus invadiram suas terras ancestrais, havia no Brasil sete milhões e oitocentos mil índios, é número que ele me fornece. A exatidão, que pode causar estranheza, depende do modelo de cálculo adotado. Quando fizemos a entrevista com o historiador e embaixador Evaldo Cabral de Mello para a revista *Uape*, eu já me encontrava empenhada nessa pesquisa, em conversa paralela, afoita, afirmei, em 1500 havia cinco milhões de índios no Brasil. Para minha surpresa, ele acrescentou, talvez mais, talvez mais.

De onde vem o abismo onde a alma de Matalauê se precipita? De onde vêm as palavras que brotam de sua boca? Nas palavras de Garapirá, vou encontrando outras respostas para as perguntas que me assaltam. Quando os portugueses chegaram a Porto Seguro, eles já sabiam da existência dessas terras, sabiam que ali havia ouro. A história de que a terra foi descoberta ao acaso é mentira.

À medida que a consciência se expandia, eu indagava, que sabiam os índios que viviam em fronteiras marcadas no Sul da Bahia, Espírito Santo e Minas Gerais sobre os passos dos invasores no continente? Sabiam do extermínio já em curso nas colônias espanholas? Sabiam que procuravam ouro, o que de fato sabiam? No registro da chegada da esquadra de Pedro Álvares Cabral, ela foi recebida pelos Tupiniquim. Onde estavam os povos que os rodeavam, a saber, Botocudo, Pataxó, Maxakali, outros, impossível que não se dessem conta dos forasteiros que chegavam.

Os portugueses vieram em paz, em paz se foram, é o que nos dá conta a Carta de Pero Vaz de Caminha. Por ali zanzaram por mais de uma semana. Em 1549, Manuel da Nóbrega escreve sobre os guerreiros Aimoré e da impossibilidade de combatê-los, uma vez que não lutavam em campo aberto, antes a modo de guerrilha, onde espedaçavam os inimigos. Ninguém podia alcançá-los, porque corriam como cavalos, diz Anthony Knivet. Todos os outros os temiam. Onde estavam esses ferozes guerreiros em 1500? Nem a história nem os livros se pronunciam.

Em que fonte se alimentou Matalauê, de onde brotaram as acusações terríveis por ele proclamadas? Todos hão de pensar que levo um roteiro para induzir as palavras de Garapirá, ou que faço perguntas, não, elas são espontâneas, saem em um fluxo só, a chegada de Cabral não foi pacífica como os livros contam, os índios eram inocentes e correram para ver os brancos e suas embarcações fabulosas, onde eles fizeram a matança, a intenção era exterminar, eles possuíam canhões, chegaram atirando, os avós contam, na praia da Baía só se via corpo. Em Coroa Vermelha só se via índio morto e sangue, daí o nome, Coroa Vermelha.

Em suas andanças pelo sul da Bahia, o príncipe Maximiliano encontrou os índios Pataxó e Machakali vivendo nos sertões, isto é, nas florestas seculares, em ambas as margens dos rios que por ali correm, e nestas paragens, e mais ao norte, visitavam pacificamente as moradas dos brancos, a quem ofereciam cera ou caça, no mais das vezes, em troca de comida. Diz o viajante: "O caráter de todas essas tribos selvagens é, de certo, muito semelhante nos traços essenciais, se bem que cada uma tenha as suas peculiaridades; assim os Pataxós são, entre os restantes, os mais desconfiados e reservados; o olhar é sempre frio e carrancudo, sendo muito raro permitirem que os filhos se criem entre os brancos, como as outras tribos o fazem prontamente. Vagueiam pelas cercanias; as hordas surgem, alternadamente no Alcobaça, em Prado, Comechatiba, Trancoso, etc."

É só um parágrafo, no entanto, conta uma longa história.

Segundo o senso de 2010, a população dos Pataxó é de 13.588 indivíduos, 6982 são homens, 6606 mulheres. Quando tantas outros grupos desapareceram, não são tão poucos. Matalauê, como vemos no testemunho do Príncipe Maximiliano, vocês nunca foram amigáveis com os invasores, com a política oficial de extermínio ou pacificação em curso, vocês mantinham o contato, mas os tratavam à distância. Como vemos nas cartas de Manoel da Nóbrega, para evangelizar os nativos era preciso aprender a língua que falavam, o método mais eficaz seria ensinar os pequenos curumins a ler e escrever, assim, eles aprendiam o português e os ensinavam a falar o Tupi.

Pois é, Matalauê, vocês nunca confiaram nos brancos, mantinham-se, mais que outros, desconfiados e reservados, frios e carrancudos a lembrar-lhes que não acreditaram em suas mentiras e boas intenções. Entre as estratégias adotadas, uma delas se mostrou mais sábia: não permitiam que seus filhos se criassem entre os brancos. Vocês não se demoravam nas vilas, a passagem era suficiente para o escambo, forneciam ao morador a cera e a caça e eles lhes davam alguma comida. Os naturalistas queriam objetos de fabricação artesanal, a exemplo, os arcos e as flechas, vocês, as facas e as machadinhas, e por que não, vez ou outra, um lenço vermelho. Trocas feitas, se iam.

Pais amorosos, vocês não permitiam que suas crianças fossem viver longe de seus olhos, ao cuidado dos invasores, talvez esse o maior segredo da sobrevivência, quando tantas outros grupos desapareceram, ninguém conhecia a língua que falavam nem podia dar detalhes de seu viver, de sua cultura de suas crenças, somado a isso, a luta constante os preservou.

Salve Matalauê!

Irene ou Galeane, qual seu nome verdadeiro?

Irene, o oráculo de Delfos, no templo de Apolo, diz a Édipo, "farás amor com tua mãe e darás origem a uma raça cuja visão o mundo não suportará e serás o assassino de teu pai". Talvez você não saiba do que eu falo e por que haveria de saber, tragédias gregas certo que você não as conhecia, nem nunca em toda a sua vida ouviu falar em Freud e o complexo de Édipo. O fundador da psicanálise ainda fazia sua formação acadêmica quando você ingressou como cabocla nas fileiras do povo brasileiro.

Mas voltemos aos gregos, quando a maldição do oráculo se cumpre, uma Jocasta em desespero proclama, tentando em vão proteger Édipo da verdade do seu nascimento: "Ah! que jamais possas saber quem és", esse é o verso que devo dizer dentro da roda, não tenho palavras tão bonitas quanto às de Sófocles, que nos precede em dois milênios e meio, meu primo Marcos disse, gritou, a avó de vovô Gamboa era uma índia que foi pega a laço.

O oráculo era um menino, foi na voz de um garoto que o inconsciente se manifestou, o segredo de família se revelava, mas a verdade já se manifestava na morenice de meu avô que o retrato testemunha, que importância teria essa morenice se o brasileiro, todos sabemos, é um povo miscigenado, e na foto, o negro também se imiscuía, somos miscigenados, não precisamos, pois, procurar nossas origens, ela se proclama no cabelo crespo e escuro, outras tantas vezes liso, cor do azeviche, na pele morena onde se mesclam o branco, o cobre e o negro.

Tanto esquecemos essa avó que o inconsciente usa, para dar parte do seu conhecimento, um garoto, ele sabe que está cometendo uma transgressão ao dizer o que não pode ser dito, mas sabe que precisa dizer. Perguntei às senhoras de noventa anos que me precedem na família, mas, sobre essa avó não tinham o que dizer, ignoravam, mamãe confirma, a avó de seu Gamboa era uma índia. Então quem me vem cabeça é Édipo, perplexo e incrédulo diante do oráculo de Delfos que prediz que ele vai matar o pai e se casar com sua mãe. Se o oráculo diz a verdade, quem o autoriza a dizer? O Deus Apolo. Apavorado, ele foge de sua casa e de sua cidade. Toda vida esconde um segredo, uma cultura esconde ela também o seu segredo, a de Édipo pede expiação, atrás da maldição que recai sobre Édipo está a falta cometida por Laio, o pai que ele desconhece. No caso brasileiro, o segredo das famílias esconde uma índia que foi pega a laço, essa é a história que as famílias não querem contar,

um não reconhecimento daquilo que se é, uma negação do ser. Édipo tem um encontro marcado, será obrigado a caminhar em busca de seu passado, Édipo é inocente?

Em Colono, onde vai em busca de um lugar onde possa viver seus últimos dias e encontrar sepultura, ele se proclama inocente de todos os crimes que lhe são imputados e pelos quais foi amaldiçoado. O pai que ele conhece é aquele que o criou, em uma encruzilhada, mata um desconhecido em legítima defesa, alega, mas esse homem é Laio, seu pai verdadeiro, a seguir se casa com Jocasta, também não sabe que ela é sua mãe, esse oráculo que o desperta o levara ao conhecimento da sua história até o desfecho da tragédia que sobre ele se abaterá.

Édipo é inocente? Eu o defendo, foi seu pai que cometeu a falta primordial e causa da maldição que se lança sobre ele, mas Freud diz que essa falta é universal, o menino deseja matar o pai para ficar com a mãe que ele ama. Édipo é culpado. Eu sou inocente, não sabia dessa avó, o silêncio era a marca do segredo, meu primo Marcos, um garoto quase da minha idade, o proclama.

Como Édipo, terei de percorrer o caminho do conhecimento. Eu soube, me foi revelado, por que só eu escuto o que Marcos diz? Por um momento, sua fala me fere a consciência, a ferida cicatriza, a marca, porém, fica lá indelével e silenciosa, não perguntei nada ao meu pai, que, tenho certeza, me contaria a história com muitos detalhes, mas, sem essa pergunta, meu pai não falou, pra que mexer nesse assunto sem precisão, havia um pacto não escrito, um pacto que foi feito pelo povo brasileiro, não falar da mulher que é nossa avó, ignorar esse DNA que cisma em manifestar essa verdade escondida, essa trama, esse drama que a mim atingiu em cheio, eu também fiz parte do pacto, eu o mantive, não perguntei, era um segredo dos adultos, revelava em nós e no povo brasileiro uma falta, a falta de nobreza, a falta na pele morena, a falta do puro sangue europeu correndo na veia.

Não importa que se negue ou se afirme. Em nossas feições foram se revelando essa mulher índia que é a avó do povo brasileiro. Ainda dessa vez, quando vou mais uma vez a Vitória para uma festa da família, vejo a mocinha com a pele morena clara, o cabelo castanho claro levemente ondeado, e quando pergunto por seus belos olhos amendoados, a mãe responde: a bisavó do meu marido era índia. Idalina, minha irmã, reforça o elo, sempre me disseram que tenho um rosto exótico, nós temos feições exóticas, não são finas e delicadas com a de Sônia, que as herdou de nossos ancestrais europeus, temos a face mais larga e as bochechas marcadas.

Irene, assim a nomeei a falta do nome que você recebeu no nascimento. Enganei-me, essa é minha sina, enganada, pensei que o marido branco daria à índia um nome curto para evitar delongas, um nome a que se atende rápido e envolve uma voz de comando firme e potente. A desdizer da minha astúcia, Poté se revelou um homem apaixonado, não havia falta nele, seu papel foi cumprido com honra e bondade. Só agora percebo, é ele que recebe um nome de índio Puri. Mas o papel da índia não estava no script, não havia lugar para ela em uma sociedade fina e educada, mesmo os sem escola sabiam que ela representava o atraso, a ignorância e a selva.

Houve, no entanto, um acerto na escolha, Irene é um nome grego, eram três as horas, filhas de Zeus e Têmis: Eunômia personificava a Disciplina, Dique, a Justiça, Irene, a paz. Os atenienses, no entanto, as chamavam de Talo, a que faz brotar, Auxo, a que faz crescer, e Carpo, a que faz frutificar. A descoberta me deixa feliz, ela não vem por nenhum outro propósito senão o de me guiar no caminho do reconhecimento do ser. Talvez fosse ainda o inconsciente a conduzir-me, e a escolha não fosse aleatória, Irene não vem em nome da guerra nem do ressentimento, vem em nome da reconciliação e da alegria

de trazer à consciência a verdade.

Deusa do outono, do amadurecimento e da colheita, traz na mão a cornucópia, um vaso em forma de chifre, extravasando de frutas e flores, símbolo da fertilidade, riqueza e abundância. Por que, pergunto, você veio ter comigo quando lhe dei um nome falso, embora rico de significados? Você estava à minha procura, dei-lhe o tempo necessário para conhecer minha verdadeira identidade.

Pois é, agora estou confusa, pela força do hábito, insisto em dizer Irene e, no entanto, é Galiane!, que nome bonito para uma mulher. No mundo dos brancos, na companhia de quem você escolheu viver, como é que te chamavam? No princípio até Poté estranhava, dizia Liane, eu corrigia, ele dizia Eliane, até que conseguia pronunciar meu nome correto, esquecido, na próxima, errava de novo, repetia, repetia, Liana, Eliane, Liane. E na tribo? Todos me chamavam de Galiane, o mesmo nome de minha mãe, uma mulher bonita e delicada e, Galiane referia-se, na minha compreensão das coisas, a essas qualidades dela.

O povo de fora deixei que me chamasse de Liane, com Poté eu insistia, até que ele aprendeu a dizer meu nome por inteiro. Imagina você que recordação boa me ficou da vida, quando ele queria me trazer para junto dele, querendo que eu me achegasse até quando o corpo de um pode se estreitar ao do outro, Poté me segredava no ouvido: Galiane, ainda sou capaz de ouvir o seu sussurro, Galiane, Galiane, meu amor.

Jaciá

Eis que encontro, à tardinha, na beirada do rio, nossa princesa Jaciá, transformada em Jaciara, senhora das águas. Conserva a beleza singular de outrora, acrescida de um toque dramático e pérfido das mulheres fatais. A cauda escondida, ela canta com voz divina e melodiosa. Não é mais aquela moça doce, que nunca se dera conta da beleza que a distinguia de todas as outras mulheres da tribo, ou, no dizer de Kirimã, envaidecido, de que era a mulher mais bonita que ele havia conhecido, nela não reconheço sombra da leveza que a adornava, qualidade perdida em vida, quando os deuses lhe enviaram a dor ensandecida que presenciamos.

Tenho para mim que os acontecimentos que nos despertaram tanto horror não o foram impingidos pelos deuses, com quem ela rivalizava em beleza. Antes, vieram como anúncio do triste destino que os brancos infringiriam ao seu povo e ao homem americano. Jaciara, em pura faceirice, penteia os cabelos. Não posso calar a admiração que me causam, eles caem sobre tuas costas como nuvem de seda. Pois, não é? E muito me espanta a vaidade confessa em alguém que conheci tão alheia aos próprios encantos, para alfinetá-la, digo, pena que tenhas perdido a modéstia, como posso perder uma coisa que nunca tive, se viste aqui para me importunar, imploro que te vás.

Converso contigo para me distrair, sinto falta dos humanos, mas aqueles, na verdade, que venho seduzir são os homens. Tu és malévola, vi os padecimentos, que por causa de ti sofreu Kirimã, até nos sonhos tua voz lhe alcançava os ouvidos, ele me confessou que se agarrava aos troncos das árvores para escapar ao chamado de teu canto. Quem é Kirimã, de quem falas? Agora mais essa, ela não se lembra da outra vida que tinha vivido, não me lembro de ninguém como o que me descreves, nunca tive marido, sou senhora das águas, ninguém aqui levanta a crista diante de mim, mas diga, ninguém canta como eu, não é, não existe outra voz tão melodiosa quanto a minha.

Quase fico sem fala, ao ver Jaciá transformada nessa criatura egocêntrica e presunçosa, me enganas dizendo que não sabes do sofrimento que te foi imposto em vida pelos deuses, de que vida falas, não me lembro, sempre estive aqui, no reino das águas onde sou rainha. Não vou deixar que ela se gabe dessa maneira, vou trazer lembranças que abrandem tal arrogância, não te recordas de Kirimã, mas vou avivar-te a memória, foi o irmão dele, Poatã, quem te atraiçoou, desde o dia fatídico em que te deitaste com Cabral, ele suspeitou da verdade, ele tinha raiva do modo como, no entender dele, escravizavas e fazias de tolo o irmão, o maior guerreiro e orgulho da tribo, no princípio, foi suposição, mas quando Coema nasceu com apenas uma penugem leve cobrindo a cabeça, ela se transformou em certeza, e assim, um a um, foi envenenando aqueles mais próximos de ti, e por fim o ódio contra ti era de toda a aldeia e se estendia às aldeias que se espalhavam à volta tua.

E por vingança, digo para afligi-la, a primeira pessoa que ele conseguiu convencer a se afastar de ti foi Bartira, a irmã que tanto amavas. Não me lembro das coisas de que falas, vida só conheço essa onde vivo, em meio à água. Excelente nadadora sempre foste, no mar, ultrapassavas a arrebentação e lá ficavas sobre a superfície, desafiando o poder do oceano e o medo que ele desperta nos homens. Dava agonia naqueles que de longe te acompanhavam, todos temiam que as águas te tragassem para as profundezas, mas elas só o fizeram quando as lágrimas que desciam de tua face eram de sangue, quando, por pura compaixão, elas te levaram.

Nem por Coema, teu filho querido, guardas apego em teu coração? Não sei se o vento frio ou uma perturbação interior a fez estremecer, mas logo ela se recompôs, não sei do que falas, dos homens só me lembro aqueles que lutam contra o feitiço com que eu os atraio e, já que falas, me lembro de um, como esse que me descreves, alto, bonito, de mãos fortes e pernas bem torneadas e ligeiras, que veio iludido e aflito por cair em meus braços. Que fizestes, fugiste? Sabes que sim, já te disse, se fico, perco o encanto, são eles que se jogam na fúria das águas pra me perseguir, esse, com certeza, se afogou no próprio querer.

És malévola, Jaciara, que me importa, é meu destino, não tenho culpa se gosto de atrair os homens com minha voz melodiosa, aprecio neles, sobremaneira, a voz, em contraste, grossa e profunda, e a força das pernas com que caminham em terra firme, é um mútuo êxtase, que culpa tenho se é essa minha natureza, mal sabem eles que, além da doçura da voz e da beleza de meus cabelos negros qual nuvem de seda, nenhum bem tenho para lhes oferecer, senão a morte e a sepultura em meio às pedras que os prendem no fundo dos rios.

Kirimã

Ardendo em febre, Kirimã jaz na rede adormecido. Quando acorda, não sabe direito onde está, desmaia, recobra os sentidos, cai em sono sem fim, sonha que está indo para a mata caçar. Sabe, porém, que o jaguar o aguarda, ele não o vê, mas sabe que a fera está na tocaia, o sonho vai e retorna, os pajés das aldeias vizinhas são convocados, fazem uma grande pajelança, é preciso salvar o guerreiro da tribo, sopram o fumo sobre o doente, cada um recita seu canto para afastar o espírito que trouxe a doença, um deles vaticina, foi Mamaé, o espírito da floresta, quem trouxe o mal para Kirimã, ele o quer levar, eles invocam o Mamaé bom, cantam, dançam, fazem escoriações na pele de Kirimã, a doença precisa sair do corpo dele, ao fim eles se reúnem, vaticinam, ele vai se salvar, amanhã a febre vai começar a baixar.

A tribo sente fome, os guerreiros se reúnem na casa dos homens e se ajoelham, pedem à onça que proteja a caçada, eles precisam comer, precisam se fortalecer, Kirimã ficou fraco, por isso a febre tomou conta de seu corpo, o pajé os contradiz, quem trouxe a doença foi o Mamaé mau, ele o quer levar. Os homens vão para a mata, trazem muitas aves que as mulheres logo depenam e cozinham em fogo lento, o milho floresceu e amadureceu na roça, elas o colhem, desfolham, debulham e colocam no pilão, e socam, socam, socam até a força se esgotar nas mãos, a farinha obtida jogam no cozido, mexem para não embolar, as moças tiram as folhas de taioba do mato, rasgam e jogam na panela. Todos comem, adormecem, os homens sonham que as mulheres estão preparando o cauim.

Antes que as mulheres acrescentem o milho na panela, Maíra tira uma cuia de caldo e vai colocando os pequenos goles nos lábios de Kirimã, o recipiente fica vazio, ele adormece, suou de molhar a rede, a mãe se enche de esperança, meu filho vai ficar bom, quando ele acorda, ela lhe oferece água onde joga um punhado de farinha, ele sorve o líquido devagar, o pajé da tribo convoca a família, o rapaz vai se recuperar, o sangue está se purificando, amanhã ele vai se levantar.

O dia amanhece, os homens se espreguiçam e se esticam, as mulheres são as primeiras a deixar a rede, ouve-se o canto do primeiro bem-te-vi, as crianças choramingam, mamam, barriguinha cheia de leite, se acalmam, mas logo querem sair da rede, tudo para os meninos são folguedos, brincam, enfim, as moças os levam para banhar-se, começam a pintar o rosto e os braços dos pequenos, as mulheres se apressam, dali vão atiçar o fogo, colocam as batatas no meio das brasas, com farinha preparam o pão, as bocas dos curumins se enchem de água quando as mães espalham um fio de mel na tapioca quente, cada um ganha a sua porção, mais de hora terá se passado desde que todos deixaram a oca, os homens aguardam acocorados.

De repente, como um enxame, se dirigem para o rio e se jogam na água fria tirando a murrinha que a noite deixou no corpo, saem de lá revigorados, xô preguiça, alguns pulam para se esquentar, outros dão volta ao redor da aldeia, sem pressa, retornam para a primeira refeição do dia, são servidos por suas mulheres, quando os apetites foram saciados, Kirimã acorda, Maíra está junto dele, traz batata-doce assada, ele pede uma porção de água, onde ela joga outro punhado de farinha, ele mesmo segura a cuia, sorve devagar, levanta, olha ao redor, como a reconhecer o ambiente que o cerca, a batata deixa aí, vou comer depois.

As mulheres vão para a roça tirar a mandioca do chão, é hora de começar a preparar o cauim, todos querem festejar, quando a bebida fica pronta? É preciso dormir ainda uma noite e esperar a outra que vem a seguir para que eles comecem a cantar, dançar e bater forte o pé no chão. O desejo e a necessidade movem os homens para o mundo, eles juntam seus arcos, contam as flechas, por mais afoitos que sejam, joelham-se e pedem à onça que proteja a caça, caça grande não vão conseguir, Kirimã não está com eles, o dia claro e luminoso os enche de ânimo, caça pequena vão trazer e muita, na claridade será fácil derrubar as aves que indefesas se agitam no ar. Maíra consulta o maracá.

A febre se foi, mas Kirimã ainda convalesce, levanta, caminha pela aldeia, quando se cansa, deita na rede recuperando as forças perdidas para a doença, come, quando o sol atinge o zênite, alheio à faina da tribo para conseguir o pão de cada dia, adormece, nada o aflige, nada o motiva ao exercício e à caça, dois dias entregues à indolência, mas, ao cair da segunda noite, quando os tambores tocam, seu corpo se eletriza, põe-se de pé, as mulheres trazem as cuias cheias de cauim, Kirimã se abstém do álcool, os homens as entornam goela abaixo, é hora de cantar e dançar sem pensar na vida, novas cuias das bebidas são servidas, os homens só levantam para verter a água que se acumula na bexiga, os pés batem com força no chão, urros saem de suas gargantas e se propagam pela mata, quando os jarros de cauim ficam vazios, o dia já amanhece, todos procuram suas redes, ninguém tem hora para se levantar.

Mal adormece, Maíra desperta em um sonho ruim, quando colocou a rede de Kirimã na vasilha pra clarear, o tecido se desfez na água. Os espíritos lhe enviam a mensagem, ela conhece o mau presságio, levanta, convoca o seu Maricá, pede que os espíritos protejam a vida de Kirimã, depois que ouve seus vaticínios, a mulher permanece encurvada. Ontem o dia foi tão feliz, quem diria que este amanheceria tão triste, opaco, opaco são seus olhos, Maíra, o que afinal os espíritos disseram, sua boca permanece trancada, ninguém vê o que se passa em seu coração, aterrorizada, ela se joga no chão, seu corpo se debate em espasmos, quando se recompõe do pequeno mal, ela se põe de pé e inicia seu canto.

Kirimã sonha, cheio de confiança pega seu arco, conta suas flechas, se dirige à casa dos homens e pede à onça que permita e favoreça sua caça, ele precisa ajudar a alimentar os seus, agora que a febre se foi todos esperam que ele traga carne com fartura, uma vez na mata, ele sabe, o jaguar está de tocaia, não se deixa ver, Kirimã se inquieta, escuta, perscruta, sabe que está sendo vigiado, um guerreiro não corre, espreita, advinha, e repente, a noite desce sobre a mata.

Kirimã levanta, o espírito assombrado pelo sonho, o guerreiro deve lutar seja no corpo a corpo com o inimigo, seja no corpo a corpo com o jaguar, se for preciso. Foi pra isso que foi preparado, para vencer ou morrer. Ele pega seu arco, junta suas flechas, Maíra o alcança, não vá, meu filho, a senhora pensa que sou seu curumim para viver pegado às suas pernas, um homem não teme a morte e aquele que a teme mais fácil a encontra.

Não vá, meu filho, veja como o dia amanheceu triste, nós temos o milho, temos a mandioca e as batatas, os espíritos que vivem na floresta têm permitido que os homens voltem com muita caça, ninguém mais está fraco, temos taioba, os pés estão cheios de pitanga, ontem você abandonou a rede e juntou-se aos outros, temos motivos para festejar, os homens tomaram tanto cauim que só vão levantar quando o sol estiver alto no céu, alguns só vão despertar no fim do dia, descanse, meu filho, não é dia de caça.

Kirimã contém a ansiedade que toma conta de seu espírito. Vai esperar mais um dia, ou dois, quando os homens, depurado o álcool do corpo, pensem de novo na subsistência, ele precisa de dois companheiros que o acompanhem, a mãe tem razão, não é dia de caça, impaciente, espera que outra noite venha, mas quando o sol de novo se levanta, ronda, ronda, ronda, não há mais caça que incremente a refeição, os guerreiros, indolentes, ainda sentem o efeito da grande bebedeira, Kirimã desespera-se, toma o arco, conta as flechas, ele não aguenta a tortura da espera, a mãe o alcança na porta da aldeia, não vá, meu filho, veja como o dia amanheceu triste! Não é dia de caça, ela repete.

O espírito do guerreiro está sendo chamado, não importa que seja sua luta derradeira, foi treinado para vencer ou morrer, não sabe Kirimã que é o jaguar que o chama, um bicho macho, grande, o maior e mais feroz que vive na mata, o convoca para a arena, escondido ele espreita, está na tocaia, Kirimã se lança no grande combate de sua vida, para vencer ou morrer, esse é o segredo do guerreiro, ele não teme a morte, antes nela encontra a sua glória.

Nenhum galho estala, o inimigo não se move, estático, guarda sua presa, Kirimã espreita o chão, o bicho não vem para confronto e de nenhum modo se anuncia, Kirimã ouve um ruído leve de folhas, o caçador sabe que o assombro é o passo que antecede a vitória, pode ser também o sentimento que prediz a morte, ele é um homem, não teme o jaguar, que astucioso se esconde para mostrar que é ele o senhor das matas, Kirimã também está na tocaia, espreita, mas o bicho que não se deixar ver teima em se esconder, a alucinação avizinha-se da razão na mente do guerreiro, ele é o caçador e a caça, só avista a fera quando ela se lança sobre ele sem lhe dar chance de defesa.

A grande noite cai sobre a mata e cobre a América.

Entrevista com o Pajé Sapain Kamaiurá

Luciana Lang e Vera Moll

27/12/2007

Sapain, de onde você é? A que tribo você pertence?

Moro no Parque do Xingu, ali é nosso lugar. Eu sou da tribo Kamaiurá.

Eu fui escolhido pelo Mamaé.

Mamaé o espírito da floresta.

Mamaé me escolheu pra eu ser pajé. Eu não queria ser pajé, eu não queria, meu pai me contava, Mamaé tava vendo quando eu nasci da minha mãe, Mamaé diz que eu ia nascer muito forte, energia muito grande, limpa, esse menino nasceu muito forte, energia grande, energia limpa, ele vai ser pajé, ele vai ser grande pajé da tribo, ele vai ser maior curandeiro da aldeia.

Eu não sabia que ele me escolheu, depois que eu nasci, meu pai sonhou que Mamaé me escolheu pra ser pajé.

Eu não chego a ver minha mãe, meu pai falava, minha mãe ficou três semanas, faleceu.

Quem me criou? Uma irmã mais nova, minha tia, ela que me criou. Eu chamava ela mãe, minha mãe. Eu andei, cresci, eu acho que eu tava mais ou menos com a idade de nove anos naquela época, chegou sonho pra mim. Primeiro sonho: eu fumava charuto, charuto dos pajés.

Outra noite veio Mamaé junto, mas não disse pra mim, não me explicou que me escolheu.

No outro dia de noite, eu caí na lagoa, eu vi todo espírito da água, no fundo, vi o espírito do peixe, da dança, todo espírito que vive na água, eu nem me afogava, a água ficava por cima, eu afundei, cheguei lá no fundo, a água subiu em cima de mim, lá dentro

da água, não tem água, eu vi todo o espírito da água, espírito de peixe, espírito da arraia, espírito de qualquer peixe. Depois eu levantei e saí pelo outro lado.

No outro dia de noite, eu voava, caí no meio da floresta, eu vi os espíritos das árvores, dos animais, toda noite eu via, todo dia. Esse sonho me deu medo, eu fiquei assustado.

Meu pai era pajé, ele não foi preparado pelo Mamaé, foi preparado pelo pajé mais velho. A preparação de Mamaé, não é fácil, é muito difícil.

Quando o pajé mais velho prepara, a pessoa fica um mês na oca sem sair, depois o pajé autoriza ela a sair. Mamaé não, Mamaé é difícil.

O sonho me deu medo, eu tava chorando, perguntei para o meu pai o que significa fumar cachimbo do pajé, o que significa esses sonhos, eu caí na lagoa, eu voava, me explica isso.

Você não sabe, meu filho, eu sonhei, Mamaé escolheu você grande pajé.

Eu não vou ser pajé, não vou.

Mais ou menos com a idade de dez anos, aconteceu. De repente veio aquela luz, como uma grande bola de luz, Mamaé tá dentro, vem de onde nasce o sol, parou ao lado da minha oca, depois a luz se foi sob forma de uma espiral. Eu recebi a energia dele. Eu entrei na oca, acendi o fogo, senti a febre muito alta, não senti o calor do fogo ao lado da minha cama.

Eu adoeci, a febre tomava conta de mim, de meu corpo, eu tremia. Foi então que Mamaé veio em pessoa, sentou ao meu lado. Meu pai, meu tio, meu irmão, ninguém viu quando ele entrou. Ele disse: você fica com medo de mim, eu caí ao lado da sua oca, você não me viu. Agora eu vou te preparar, eu escolhi você pra ser pajé.

Ele sentou com o charuto, fumou o charuto, jogava fumaça em todo o corpo, eu desmaiei. Veio toda a família. Fiquei dez minutos desmaiado, Mamaé joga fumaça outra vez, eu voltei.

Mamaé colocou uma venda nos meus olhos, uma venda na minha boca, fiquei cada vez mais doente, passei um mês sem comer, sem beber nada, sem falar uma palavra que fosse. Desmaiava sempre.

No outro dia, eu piorei, meu irmão mais velho foi chamar todos os pajés. Eles vieram fumando charuto. Eles perguntaram o que houve, nós vamos curar você. Você vai ficar bom hoje ou amanhã. Mamaé disse: não, você não vai ficar bom, eles não têm como curar você. Eles não têm como tirar minha energia.

Eu fiquei piorando, piorando, fiquei um mês na rede, sem comer, sem beber, sem falar. Mamaé fechou meus olhos, minha boca. A família não vê o que Mamaé colocou. Eu não conseguia falar nem enxergar porque ele fechou meus olhos, minha boca. Não foi fácil. Depois de um mês, ele disse, agora você está preparado, Você vai se o maior pajé. Eu estou preparando você para ser pajé, você vai ser o maior pajé da tribo, você enxerga tudo, você vê tudo. Eu fiquei um mês desmaiando, desmaiando, desmaiando.

Depois de estar deitado um mês na rede, Mamaé me disse que me levaria para um lugar alto. Ele fumou outra vez, eu dormi. Ele me chamou meu neto.

Meu neto, a energia boa vem daqui, quem tem energia boa recebe energia boa. Sua família tá preocupada, tá chorando. Ouve o choro da sua família. Eu escutei. Você não vai morrer não, você vai ficar bom. Eu vim mostrar a você este lugar que tem energia boa. Aqui é o lugar da energia boa, ele me disse, mas só pode receber esta energia quem tem uma boa energia. Tem lugar de energia ruim, depois você vai conhecer.

Depois ele fumou, ele disse, mas uma vez você vai dormir, eu desmaiei. Agora vamos comigo.

A gente desceu. Quando eu entrei na minha oca, eu respirei. Todo mundo tava chorando, a família perguntou: você vai morrer? Não, não vou morrer.

Agora, meu neto, você está preparado, já passei toda minha energia, poupe a sua energia, você vai usar a energia que estou passando pra você.

Ele fumou, jogou fumaça, eu senti aquela energia mexendo, a energia foi embora, eu disse, puxa, que bom.

Ele disse: levanta. Eu levantei, todo mundo me perguntou, eu disse: eu to bem. Não vou mais ficar doente, estou bem.

Eu não sinto mais nada. Quero ficar assim, quero comer, quero beber. Todo mundo fica alegre, alegre porque estou bom.

Mamaé sopra, sopra, é assim que você tira a dor de seu povo, de sua família.

Ele disse: agora vou colocar a energia na sua mão, ela passou, entrou, passou aqui, entrou aqui, aqui.

Só que agora, quando eu consulto meu povo, eu posso consultar vocês também, eu não consulto de soprar nariz, eu não uso isso. Eu uso a minha mão, eu pego as pessoas e ranco a dor delas. Eu uso a minha mão e tiro a dor das pessoas.

Mamaé fumou, fumou, fumou, fumou: agora eu vou passar pra você o que eu tenho aqui. Tá mexendo, mexendo. Ele veio andando, andando e subindo, subindo, ele abriu a boca e caiu. Ficou andando como se fosse uma cigarra, só que branquinho, bem branco. Mamaé disse: abre a sua boca, eu abri, ele soprou, ele disse: caiu, tá com você.

Eu não sinto que ele caiu, não sinto nada. Ele disse: esse é meu bichinho, esse é meu bodé. A bodé dele. Ele disse: quando seu povo, se tem pai, se tem mãe, ficar preocupado, chorando, se pensar que vai morrer, seu povo consulta você, fazer pajelança, primeira coisa, você tira isso, você fuma, você abre sua boca, cai, cai na sua mão, você mostra em cima da pessoa, pessoa mais doente, doente grave, ele anda, anda, parou e mexe a asa. Tá mexendo a asa, ele tá dizendo que a pessoa não vai morrer. Você vai explicar para a família dele, significa que não vai morrer. Se o bichinho anda, parou, não mexe as asas, fica preso, ele tá dizendo: vai morrer. Você pode explicar pra família dele, não pode esconder, vai morrer. Fica cinco minutos, morre.

Já mostrei várias vezes para o povo, só que dói, dói, dói. Eu fico três semanas fraco, fraco, fraco. Depois de três semanas, retorna aquela energia boa, forte.

Eu já aprendi, pra ser pajé junto de Mamaé não é fácil, é muito difícil. A minha preocupação hoje, agora, não tem nenhum pajé como eu, Mamaé não prepara qualquer pessoa, tem de ter energia boa.

Então hoje sou pajé, eu vejo tudo, a dor das pessoas, Conheço qualquer planta, Mamaé me mostrou. Tem raizeiro na aldeia, só que perto de Mamaé é muito fraco, cura a pessoa, só que demora a ficar boa, o pessoal trabalha com raiz, usa as plantas, é o que eu digo, a pessoa fica um mês pra ficar boa, devagar, devagar.

Meu trabalho não leva um mês, fica boa rápido porque eu tô vendo a dor da pessoa, dali eu ranco, fica boa, tudo isso é meu trabalho, como eu digo, agora, eu tô procurando quem tem energia boa, forte pra ser pajé no meu lugar, não vi ainda. Meu irmão quer que eu prepare ele, mas ele é casado, não vai respeitar minha energia.

Mamaé me disse: eu vou te colocar dentro da sua oca, você vai ficar três anos sem sair. Você fica na sua oca, não pensa sair, não pensa em caçar, não pensa pescar, não pensa trabalhar, não pensa namorar, se você namorar, você morre. Se amanhã ou depois você se apaixona, namora, sai toda energia, você morre. Você vai ficar três anos, se sair, isso que passei pra você pula, você morre. Eu fiquei, ninguém aguenta isso, eu aguentei. Eu disse pra meu irmão, você não vai ficar três anos, você não vai respeitar, depois que eu fiquei três anos, Mamaé disse: agora você está preparado, você vai ser grande pajé, maior da tribo. Mamaé disse: você tem de respeitar a energia, eu tô preparando você para ser grande pajé, grande curandeiro, eu quero que você respeite a energia, se você respeita, você fica, se não respeita, você fica sem nada, vai sair toda energia

que eu passei para você. Depois que eu fiquei três anos, ele manda sair, eu comecei a trabalhar, mostrar. Ele disse: volta pra dentro de sua oca, você vai ficar mais quatro anos.

Depois disso você vai sair, aí acaba. Mais eu aguentei, ninguém aguenta isso. É uma provação.

Meu irmão é pajé, hoje tá velho, não quer mais consultar.

Eu viajo a outra aldeia, vou viajando, volto só depois de oito meses para minha aldeia. Sempre o povo tá me ligando se estão bem, mas eu tô olhando aqui também, tô olhando, eles estão bem lá.

Na aldeia Kamauirá tem cinco pajés, quando faço reunião chama todos os pajés de todas as aldeias. Eles ficam perguntando o que você tá olhando, o que você tá sonhando? Eles dizem: a gente não vê nada, não sonha nada. Eu digo: vocês são pajés, você aprendeu primeiro, eu aprendi depois, vocês são pajé do Paraguai! Eles dizem: puxa, não fala isso pra nós não!

Nós somos três irmãos. Todos os três são pajés. Mas eles não veem nada, eu sonho sempre, Mamaé, meu guia, vem me dizer, eles estão bem, não se preocupa. Mamaé não sai de mim, não sai, sempre ele vem falar. Mamaé não quer mais dar o espírito.

Já deu, no passado, agora Mamaé não quer mais dar.

Mamaé me preparou para eu ser pajé, foi Mamaé quem me escolheu, minha energia não vai acabar, Mamaé continua trazendo energia boa.

De onde veio sua gente?

A gente veio de outra floresta maior, um lugar sagrado. A gente vem de lá, um lugar chamado Morená. Todos os índios vêm de lá. Nosso criador, na minha língua chamado Mawutsini, escolheu onde as tribos iam ficar, então a gente se espalhou, mas todas as tribos vêm de um lugar só: Morená

Nosso criador deu a língua a cada tribo. Hoje em dia cada tribo fala diferente. Ele disse, eles são Tupi, eles vão falar Tupi. Na verdade, nós somos Tupi, nós somos do tronco Tupi. Todo mundo fala tupi.

Na aldeia falam português?

Fala também.

No Xingu todos falam Tupi?

Não, só meu povo fala Tupi. Têm os Kuikuro, os Calapalo, os Iaualapiti, os Caiaibi, os Suiá... A língua deles é muito diferente, muito. A tribo Iaualapiti fala Aruaque, outra língua é o Jê. O povo lá não sabe falar, eu falo todas as línguas.

A língua Guarani é do mesmo tronco Tupi?

Ficou esse nome Tupi-Guarani, mas a linguagem deles é muito diferente, A tribo Caiaibi fala parecido com o Guarani, eles também moram no Xingu, sim, os Tapirapé também falam Guarani, eles usam as mesmas palavras.

Os cânticos são muito importantes para os pajés. Você usa o canto nas curas?

Não é todo dia, toda hora, eu uso só em grande pajelança. Grande ritual. Quando as pessoas ficam muito doentes.

Tem Mamaé bom, mamaé mau. Se o espírito da pessoa fica junto com espírito mau, fica doente. Quem traz a doença é o espírito mau, porque ele é mau. Então a gente só canta quando a pessoa está mal. A gente tá chamando o espírito da pessoa que fica junto com o espírito ruim.

Eu sei que você é um grande tocador de flauta, Daniel Mandurucu fala em um de seus livros que, quando Egberto Gismonti viu você tocar, ficou em êxtase. Você não tem uma flauta para tocar um pouquinho pra gente?

Essa flauta que você tá falando é a flauta do espírito da água. Tem também a flauta grutaí, todo espírito da água usa essa flauta.

Tem outra flauta, é a flauta do espírito da floresta, do Mamaé.

A flauta taquara é a flauta da alegria, da brincadeira, toca qualquer dia, qualquer hora. A gente toca a uruá na época da dança do Kuarup, cinco pessoas tocam uruá, e a menina acompanha, as meninas acompanham. Ela não tem nada a ver com a flauta do Mamaé. A flauta do Mamaé é jacuí, vive na água. Grutaí também vive na água, eu fico aqui tocando a música do espírito da água, toco aqui sozinho. Essa flauta foi tirada dentro da água porque jacuí vive na água, grutaí também.

Dança tauraunã.

É a dança do espírito da água, o pajé antigamente sonhou com isso, então ele explicou como é essa dança, toda a meninada acompanha, todo mundo dança.

O que é a doença?

Ela vem para nós. Quem tá mandando é Mamaé ruim, ele joga pra pessoa porque ele é ruim. Tem Mamaé bom que não faz nada, ele ajuda, quando Mamaé bom tá vendo não deixa jogar. Quando tô curando tô brigando com Mamaé ruim junto com meu Mamaé. Se Mamaé jogar a doença pra você, você não vai ficar bom na mão do médico, não vai. Quem cura é o pajé, porque ele tá vendo a doença do Mamaé. Você pode fazer exame, o médico não vai descobrir o que você tem, você pode tomar calmante, você não vai calmar, você fica piorando, é o pajé que cura doença do Mamaé ruim.

Você pode ver e tirar o mal que por ventura estiver nos afligindo?

Posso, de qualquer pessoa.

Em toda aldeia existe esse negócio de olho grande, existe em qualquer lugar. Tem pessoa má que joga energia ruim pra gente, sente inveja, joga energia negativa, preocupação, tristeza, nervoso. Você não vai sentir nada, depois de duas, três semanas, aí a gente sente que pegou, fica fraco, pesado, energia da pessoa má ataca nossa energia. Nossa energia fica presa, não tem como abrir, quem faz isso é o pajé, abre, devolve a energia ruim para a pessoa. A gente não conhece quem está fazendo isso, o pajé pode descobrir pelo sonho. Mamaé mostra: isso tem cura. O pajé vai fazer limpeza, tirar a energia ruim da pessoa, tem uma planta para o banho, tudo isso o pajé faz.

Na sua tribo não tem nenhuma lenda sobre um homem branco que trouxe o conhecimento da agricultura para os índios? Que os ensinou a usar a mandioca, o milho, o mate?

Não.

Como o tempo está se esgotando, Sapain diz: "A cura fica pra outra ocasião. Demora. Marca aí para vocês voltarem".

Até quando você fica no Rio?

Eu fico até março.

Então vamos voltar com certeza.

Não voltamos, e estamos devendo uma visita ao pajé Sapain. Quem sabe em sua aldeia no Xingu...

Agradecimentos

A Luciana Lang agradeço a indicação de livros, filme e cursos. Agradeço a companhia na aventura de frequentar a oficina de língua e cultura Guarani em uma aldeia em Niterói, assim como a colaboração na pesquisa, inúmeras leituras, críticas e sugestões. Embora o roteiro e o texto do romance sejam da responsabilidade da autora, com a liberdade que a poética permite a nós, escritores.

Agradeço a professora e antropóloga Els Lagrou a permissão de frequentar seu curso na IFCS - UFRJ como ouvinte.

Agradeço a Maria Joana Colin e Sônia Mileipe que, com as inúmeras leituras, críticas e sugestões, ajudaram, em meio a um texto escrito em muitos anos de trabalho intelectual e criação literária, a organizar, enxugar e colocar de pé o livro. E, ressalto o cuidado, sempre recomendado, na atenção à narrativa, até que ela estivesse, em nossa visão e possibilidades, concluída.

A Márcio Vassallo agradeço a leitura que me fez acreditar no livro, ressaltando seu caráter autoral e poético.

A Geny Vilas-Boas agradeço a companhia na aventura de frequentar a oficina de língua e cultura Guarani em uma aldeia em Niterói. Agradeço a leitura, as críticas, as sugestões e o incentivo.

A Christina Pinheiro Vasconcelllos agradeço a primeira e uma segunda e generosa leitura, suas críticas, sugestões e o incentivo.

A Beth Skiavini, Conceição Albuquerque, Esther Largmann, Marília Motta, Miriam Mambrini, Vera Vinháes, Helio Brasil, Jacobb Gonik e Rodolfo Motta Rezende agradeço a leitura, críticas, sugestões e o incentivo.

A Marcia Denser agradeço a leitura e as sugestões que ajudaram a dar ao texto uma leitura mais leve e agradável.

A filósofa e professora Ruth Monserrat agradeço a orientação em língua escrita Guarani.

Ao escritor e professor José Ribamar Bessa Freire agradeço a generosidade por manter as portas abertas para aqueles que, fora da academia, pesquisam a cultura indígena no Brasil.

BIBLIOGRAFIA

ABREU, Capistrano de. *Caminhos antigos e povoamento do Brasil*, São Paulo: Itatiaia, 1989.

AMADOR, Elmo da Silva. *Baía de Guanabara*: Ocupação histórica e avaliação ambiental. Rio de Janeiro: Editora Interciência, 2013.

ANTONIL, André João. *Cultura e opulência do Brasil*. Belo Horizonte/ Rio de Janeiro: Itatiaia, 1997.

BESSA FREIRE, J.R. Cinco ideias equivocadas sobre o índio. *In*: *Revista do Centro de Estudos do Comportamento Humano* (CENESCH). Nº 01. P.17-33. Manaus-Amazonas, 2000.

BIARD, Auguste-François. *Viagem à Província do Espírito Santo*. Vitória: Secretária Municipal de Cultura, 2002.

Bíblia Sagrada. Tradução Ecumênica. Direção de Gabriel C. Galache. São Paulo: Edições Loyola/Paulinas, 1995.

BUENO, Eduardo. *Náufragos, traficantes e degredados:* as primeiras expedições ao Brasil, 1500-1531. Vol. 2. São Paulo: Objetiva, 1998.

BURMEISTER, Hermann. *Viagem ao Brasil através das províncias do Rio de Janeiro e Minas Gerais, visando especialmente a história natural dos distritos auri-diamantíferos*. São Paulo: Itatiaia/EDUSP, 1980.

CABEZA DE VACA. *Naufrágios & comentários*. Porto Alegre: L&PM, 1999.

CADOGAN, León. *La literatura de los Guaranies*. Espanha: Editorial Joaquin Mortiz, 1965.

Cartas Jesuíticas, I. I. In: *Cartas Avulsas* (1550-1568)." Belo Horizonte: Itatiaia, 1988.

CHEVITARESE, André L.; FUNARI, Pedro Paulo A. *Jesus histórico*: uma brevíssima introdução. *Rio de Janeiro: Klínē*, 2012.

CLASTRES, Hélene. *Terra Sem Mal*: O Profetismo Tupi-Guarani. São Paulo, Ed. Brasiliense, 1978.

CLASTRES, Pierre. *A fala sagrada* – mitos e cantos dos índios Guarani. Campinas: Papirus, 1979.

______. *Arqueologia da Violência*: pesquisas de antropologia política. São Paulo: Cosac & Naify, 2004.

COLOMBO, Cristovão. *Diários da descoberta da América*. Porto Alegre: L&PM, 1998.

CORTEZ, Hernan. *A conquista do México*. Porto Alegre: L&PM, 1996.

Crônica da Companhia de Jesus, Vol. I e II. Editora Vozes: Petrópolis, 1977.

CUNHA. Manuela Carneiro. *História dos índios no Brasil*. São Paulo: Companhia das Letras, 2009.

DE CASAL, Manuel A. *Corografia brasílica*. Rio de Janeiro: Imprensa Nacional, 1945.

DE LA VEGA, Garcilaso. *Comentarios Reales de los Incas*. Peru: Editorial Mantaro, 1998.

DEBRET, Jean Baptiste. *Viagem pitoresca e histórica ao Brasil*. Belo Horizonte/ São Paulo: Itatiaia/ Edusp, 1989

DESCOLA, Philippe. *As lanças do crepúsculo*: relações jivaro na Alta Amazônia. São Paulo: Cosac & Naify, 2006.

ELIADE, Mircea. *O xamanismo e as técnicas arcaicas do êxtase*. São Paulo: Martins Fontes, 2002.

FAUSTO, Carlos. *Inimigos Fiéis*: História, Guerra e Xamanismo na Amazônia, São Paulo, EDUSP, 2001.

FERNANDES, Florestan. *A função social da guerra na sociedade tupinambá*. Porto Alegre: Editora Globo, 2006.

FERNÁNDEZ-ARMESTO, Felipe. *Américo*: o homem que deu seu nome ao continente. São Paulo: Companhia das Letras, 2009.

FRANCO, A. Arinos de Mello. *O Índio Brasileiro e a Revolução Francesa*. Rio de Janeiro: TOPBOOKS, 1976.

FROTA, Dilza Fonseca da Frota. Thesauro de Cultura Material dos Índios do Brasil. Rio de Janeiro: Funai, 2006.

FUNARI, Pedro P. & NOELLI, Francisco Silva. *Pré-história do Brasil*. São Paulo: Contexto, 2002.

GALLEANO, Eduardo. *As veias abertas da América Latina*. Trad: Sérgio Faraco. Porto Alegre: L&PM, 2011.

GÂNDAVO, Pêro de Magalhães. *Tratado da Terra & História do Brasil*, 1576 (org. por Leonardo Dantas Silva). Recife: Fundação Joaquim Nabuco/ Ed. Massangana, 1995.

HARARI, Yuval Noah. *Sapiens*: uma breve história da humanidade. Tradução de Janaína Marcoantonio. 3ª ed. Porto Alegre: L&PM, 2015.

HEMMING, John. *Ouro Vermelho*: A Conquista dos Índios Brasileiros. Trad. de Carlos Eugênio Marcondes de Moura. São Paulo: Edusp, 1995.

HEYERDAHL, Thor. *A expedição Kon-Tiki*. Rio de Janeiro: José Olympio Editora, 2002.

_____. *Na trilha de Adão*: memórias de um filósofo da aventura. São Paulo: Companhia das Letras, 1998.

HILAIRE, Auguste De Saint. *Viagem pelo distrito dos diamantes e litoral do Brasil*. Belo Horizonte/ São Paulo: Itatiaia/ Edusp, 1974.

HOLANDA, Sérgio Buarque de. *Visão do paraíso*. São Paulo: Brasiliense, 2010.

_____. *Caminhos e Fronteiras*. São Paulo: Companhia das Letras, 1994.

HUE, Sheila Moura. *Primeiras cartas do Brasil* (1551- 1555). Rio de Janeiro: Jorge Zahar, 2006.

JECUPÉ, Kaká Werá. *Tupã Tenondé*: a criação do universo, da terra e do homem segundo a tradição oral Guarani. São Paulo: Peirópolis, 2001.

_____. *As fabulosas fábulas de Iauaretê*. São Paulo: Peirópolis, 2007.

JORGE, Marcos; PROUS, André; RIBEIRO, Loredana. *Brasil Rupestre*. Arte pré-histórica brasileira. Curitiba: Ed. Zencrane Livros, 2007.

KNIVET, Anthony. *As incríveis aventuras e estranhos infortúnios de Anthony Knivet*. Rio de Janeiro: Jorge Zahar Editor, 2007.

LADEIRA, Maria Inês. *O Caminhar Sob a Luz*. O território Mbya e a beira do oceano. São Paulo: Dissertação de Mestrado (Pontifícia Universidade Católica - PUC), 1992.

LAGROU, Els. *A fluidez da forma*: arte, alteridade e agência em uma sociedade amazônica (Kaxinawa, Acre). Rio de Janeiro: TopBooks, 2007.

LAS CASAS, Frei Bartolomé. *O paraíso destruído*. A sangrenta história da conquista da América. Porto Alegre: L&PM Editores, 2001.

LÉRY, Jean. *História de uma viagem feita à terra do Brasil, também chamada América* (Vol. 3). Rio de Janeiro: Fundação Darcy Ribeiro, 2009.

MANN, Charles C. *Novas Revelações das Américas Antes de Colombo.* Rio de Janeiro: Objetiva, 2007.

MARTIUS, Carl F. P. von. *O estado de direito entre os autóctones do Brasil.* Belo Horizonte: Editora Itatiaia; São Paulo: EDUSP, 1982.

______; SPIX, J. B.; *Viagem pelo Brasil,* 1817-1820. Belo Horizonte/ São Paulo: Itatiaia/ EDUSP, 1981.

MAURO, Joubert di. *Lendas do Povo Tupi.* São Paulo: Consultoria Editorial, 2001.

MEDEIROS, Sérgio (org.). *Makunaíma e Jurupari.* Cosmogonias ameríndias. São Paulo: Perspectiva, 2002.

MENEZES, Ângela Dutra. *O português que nos pariu.* Rio de Janeiro: Record, 2011.

MÉTRAUX, Alfred. *A religião dos Tupinambás.* São Paulo: Ed. Nacional/EDUSP, 1979.

MONTOYA, Pe. Antônio R. de. *Conquista espiritual feita pelos religiosos da Companhia de Jesus nas províncias do Paraguai, Paraná, Uruguai e Tape.* Porto Alegre: Martins Livreiro, 1997.

MORAES, Neida Lúcia. *Carta de Pero Vaz de Caminha*: História de suas lutas e conquistas. Espírito Santo: Artgraf, 2002.

MUNDURUKU, Daniel. *Coisas de Índio: um guia de pesquisa.* São Paulo: Callis Editora, 2000.

MUSSA, Alberto. *Meu destino é ser onça*: mito tupinambá. Rio de Janeiro: Editora Record, 2009

NEUWIED, Maximiliano de Wied. *Viagem ao Brasil nos anos de 1815 a 1817. São Paulo:* Editora Nacional, 1940.

NEVES, Walter Alves e PILÓ, Luís Beethoven. *O povo de Luzia*: em busca dos primeiros americanos. Porto Alegre: Editora Globo, 2008.

NIMUENDAJÚ, Kurt. *As lendas de criação e destruição do mundo como fundamentos da religião dos Apapocuva Guarani*. São Paulo: Hucitec/ Edusp, 1987.

PIGAFETTA, Antonio. *A Primeira Viagem ao Redor do Mundo.* O diário da expedição de Fernão de Magalhães. Porto Alegre: L&PM, 2005.

PURI, Dauá. *Poeira de luz*. Pachamama Editora, 2016.

QUINTILIANO, Aylton. *A guerra dos Tamoios*. Rio de Janeiro: Relume-Dumará, 2003.

Revista do Patrimônio Histórico e Artístico Nacional, nº 21. Rio de Janeiro: SPHAN, 1986.

RIBEIRO, Darcy. *O povo brasileiro*: evolução e o sentido do Brasil. São Paulo: Companhia das Letras, 1995.

RUGENDAS, Johann Moritz. *Rugendas e a Viagem pitoresca através do Brasil*. São Paulo: Tecnoprint, 1958.

SÁ, Lúcia. *Literaturas da Floresta*: textos amazônicos e cultura latino-americana. Rio de Janeiro: Eduerj, 2012.

SILVA, Danuzio Gil B. da. *Os diários de Langsdorff*. São Paulo: Editora Fiocruz, 1997, 2 vols.

STRAUSS, Levi Claude. *Tristes trópicos*. São Paulo: Companhia das Letras, 1955.

SÜSSEKIND, Felipe. *O rastro da onça*: relações entre humanos e animais no Pantanal. Rio de Janeiro: 7letras, 2014.

TELLES, Lucila Silva; Maino'i rape. *O caminho da sabedoria*. Rio de Janeiro: IPHAN, CNFPC: UERJ, 2009.

TENÓRIO, Maria Cristina. *Pré-história da terra brasilis*. Rio de Janeiro: Editora Ufrj, 2000.

THEVET, André. *A Cosmografia Universal*. Rio de Janeiro: Fundação Darcy Ribeiro, 2009.

______. *Singularidades da França Antártica. São Paulo:* Itatiaia, 1978.

VIVEIROS DE CASTRO, E. *A Inconstância da Alma Selvagem*. São Paulo: Cosac & Naif, 2002.

WAGNER, Robert. *Thomas Ender no Brasil,* 1817-1818. Akdemische Druck-u.Varlagsanstalt Graz/Austria, 1997.

Alameda nas redes sociais:

Site: www.alamedaeditorial.com.br
Facebook.com/alamedaeditorial/
Twitter.com/editoraalameda
Instagram.com/editora_alameda/

Esta obra foi impressa em São Paulo, no outono de 2019. No texto foi utilizada a fonte Pallatino Linotype em corpo 11,25 e entrelinha de 17 pontos.